suhrkamp taschenbuch
wissenschaft 1169

Um bei dem Thema *Rußland und der Westen* nicht in abstrakte Spekulationen zu verfallen, definieren die Autoren dieses Bandes allgemeine Probleme, denen sich zwei Kulturen oder Völker gegenübersehen, und betrachten verschiedene Lösungen dieser Probleme bei den Denkern, in denen die zu vergleichenden national-kulturellen Werte personifiziert sind:
– das Problem der Ethik, dem Max Weber eine aktualisierend scharfe Form durch die These von zwei Ethiken gab;
– das Problem der politischen Freiheit, das bei Max Weber wiederum in zwei Varianten vorkommt: als das Drama der routinisierten Freiheit im Westen und als die Tragödie der verspäteten Freiheit in Rußland;
– das Problem der Gebildeten als Schicht – des westlichen Begriffs »Intellektuelle« und des russischen Begriffs »Intelligencija«;
– das Problem der »Perspektive des Kapitalismus« – des entstehenden Kapitalismus in Rußland und des entstandenen Kapitalismus im Westen;
– das Problem der Bürokratie und der Bürokratisierung, der staatlich-militaristischen in Deutschland zur Zeit des Ersten Weltkrieges und der totalitären in Rußland nach 1917.

Jurij N. Davydov, geb. 1929 in Kamenec-Podolsk, Ukraine, russischer Staatsbürger, Leiter der Abteilung für Geschichte der Soziologie am Institut für Soziologie der Akademie der Wissenschaften in Moskau. Zahlreiche Buchveröffentlichungen, unter anderem zu Hegel und Marx, zur Frankfurter Schule, zur Musiktheorie Adornos, zur Kunstsoziologie, zur Geschichte der bundesrepublikanischen Soziologie und zu Max Weber. In Deutsch sind erschienen: *Freiheit und Entfremdung*, Berlin 1964; *Die Kunst als soziologisches Phänomen. Zur Charakteristik der ästhetisch-politischen Ansichten bei Platon und Aristoteles*, Dresden 1974.
Piama P. Gaidenko, geb. 1934 in Nikolaevka, Ukraine, ukrainische Staatsbürgerin, Leiterin der Abteilung für Philosophie und Geschichte der Wissenschaft am Institut für Philosophie der Akademie der Wissenschaften in Moskau. Zahlreiche Buchveröffentlichungen, unter anderem zu Heidegger, Jaspers, Kant, zur Geschichte der deutschen Philosophie und zu Max Weber. Kommentierte Übersetzungen von Texten Max Webers ins Russische zusammen mit Jurij N. Davydov.

Jurij N. Davydov
Piama P. Gaidenko
Rußland und der Westen

Heidelberger Max Weber-
Vorlesungen 1992

Suhrkamp

Die Deutsche Bibliothek – CIP-Einheitsaufnahme
Davydov, Jurij N.:
Russland und der Westen : Heidelberger Max-Weber-
Vorlesungen 1992 / Jurij N. Davydov ; Piama P. Gaidenko. –
1. Aufl. – Frankfurt am Main : Suhrkamp, 1995
(Suhrkamp-Taschenbuch Wissenschaft ; 1169)
ISBN 3-518-28769-9
NE: Gaidenko, Piama P.:; GT

suhrkamp taschenbuch wissenschaft 1169
Erste Auflage 1995
© Suhrkamp Verlag Frankfurt am Main 1995
Suhrkamp Taschenbuch Verlag
Satz und Druck: Wagner GmbH, Nördlingen
Printed in Germany
Umschlag nach Entwürfen von
Willy Fleckhaus und Rolf Staudt

1 2 3 4 5 6 – 00 99 98 97 96 95

Inhalt

Vorwort

Das Thema »Rußland und der Westen« ist, selbst wenn man es aus dem Blickwinkel der Max Weber-Forschung betrachtet, fast unübersehbar und lädt ein zu abstrakten Spekulationen, die es nur diskreditieren können. Um dieser Gefahr zu entgehen, müssen wir unsere Vergleiche so konkret wie möglich machen und unsere thematischen Grenzen so bestimmt wie möglich ziehen. Unsere Methode ähnelt der der Gegenüberstellung von zwei Zeugen vor einem Richter. Wir definieren allgemein Probleme, denen sich zwei Kulturen oder Völker gegenübersehen, und betrachten verschiedene Lösungen dieser Probleme bei den Denkern, in denen die zu vergleichenden national-kulturellen Werte personifiziert sind.

Unter den Problemen, die die Aufmerksamkeit sowohl Max Webers (der in bezug darauf einen spezifisch westlichen Standpunkt vertritt) wie hervorragender Vertreter der russischen Kultur auf sich gezogen haben, ragen die folgenden heraus: 1. das Problem der Ethik, dem Max Weber eine aktualisierend scharfe Form durch die These von den zwei Ethiken gab (Kapitel 2); 2. das Problem der politischen Freiheit, das bei Max Weber wiederum in zwei Varianten vorkommt: als das Drama der routinisierten Freiheit im Westen und als die Tragödie der verspäteten Freiheit in Rußland (Kapitel 3); 3. das Problem der Gebildeten als Schicht, das sich mit der Frage verbindet, wie weit die Divergenz zweier Begriffe geht – des westlichen Begriffs »Intellektuelle« und des russischen Begriffs »Intelligencija« (Kapitel 4); 4. das Problem der »Perspektive des Kapitalismus« – des entstehenden Kapitalismus in Rußland und des entstandenen Kapitalismus im Westen (Kapitel 5); 5. das Problem der Bürokratie und der Bürokratisierung – der staatlich-militaristischen in Deutschland zur Zeit des Ersten Weltkrieges und der totalitären in Rußland nach 1917 (Kapitel 6).

Die russische Seite ist im ersten Fall in Lev Tolstoj personifiziert, im zweiten in den ideologischen Führern der ersten russischen Revolution von 1905 (vor allem in den »Kadetten«, d. h. den Mitgliedern der Konstitutionell-Demokratischen Partei Rußlands), im dritten in den Autoren des bedeutsamen und einflußreichen Bandes *Vechi* (*Wegzeichen*), im vierten in Sergej Bulgakov, dem größten russischen Sozialphilosophen am Anfang des 20. Jahrhunderts, im fünften in V. I. Lenin. Nur im vierten Fall handelt es sich dabei um eine unmittelbare und persönlich gefärbte Reaktion eines russischen Autors auf Webers Fragestellung, die ihm (Bulgakov) höchst bedeutend für die Lösung der »russischen Frage« zu sein schien (es ging um die Perspektiven der orthodoxen Wirtschaftsethik). In den anderen Fällen handelt es sich um Probleme, die wir nur einerseits in der Weberschen, andererseits in der russischen Formulierung betrachten können. Daraus entsteht ein gewisses Ungleichgewicht: ein tiefes, persönliches Interesse an Max Weber und an seiner Problematik nur in einem einzigen Fall, keine Beziehung zu ihm in den vier anderen. Drei weitere Texte sollen helfen, dieses Ungleichgewicht zu überwinden. In diesen drei Texten treten die Weltanschauung Webers (Kapitel 1), seine Theorie und Methodologie (Kapitel 7) und seine soziologische Lehre (Kapitel 8) in einer subjektiv gefärbten Analyse hervor, wobei sich der Gesichtspunkt dieser Analysen jedesmal verändert – entsprechend den Entwicklungsphasen unserer einheimischen Weberforschung, die sowohl durch eine kulturhistorische als auch durch politisch-ideologische Faktoren bestimmt wurden.

Sowohl bei Sergej Bulgakov, der zum erstenmal den russischen Leser mit den für Rußland aktuellen Aspekten der *Protestantischen Ethik* bekannt machte, als auch bei den eben erwähnten Fällen handelt es sich um die Ausarbeitung eines bestimmten (und wohl sehr voreingenommenen und parteiischen) Verhältnisses zu Weber, wobei vor allem die kranken Seiten des 20. Jahrhunderts berührt werden. Gleichzeitig handelt es sich aber auch um eine theoretische Selbstbestimmung gegenüber unserer russischen Kultur der Moderne. Die Polemik um Max Weber war für uns damals (und ist bis heute) ein Weg, uns die von ihm gestellten Fragen anzueignen. Sie ist zugleich ein Weg, auf dem sich unsere Kultur an die Moderne, d. h. an die Kultur des Westens, anschließen kann. Darüber hinaus spiegelt sich in dieser polemischen Art, sich das theoretische Erbe Max Webers anzueignen, eine Tendenz zur kulturellen Selbsterhaltung. Das Land, das nach Webers Feststellung unwiderruflich den Weg der europäischen, d. h. der modernen, Entwicklung betreten hatte, wollte sich doch etwas von der Eigenart seiner Kultur und Lebensweise erhalten.

Dennoch kann man dem größten Teil der russischen Intellektuellen kaum eine allzu begeisterte Gefolgschaft für die Idee der kulturellen Eigenart Rußlands vorwerfen – vielmehr war für die meisten eine absolute Identifizierung der Begriffe »modern« und »westeuropäisch« charakteristisch. So berichtet Bogdan A. Kistjakovskij die kritische Bemerkung von Georg Jellinek, einem seiner ausländischen Lehrer, der von der Gruppe »Befreiung« ausgearbeitete und später zum Programm der Konstitutionell-Demokratischen Partei Rußlands erhobene Entwurf einer russischen Verfassung sei völlig unselbständig und schildere in keinem einzigen Punkt irgendwelche Besonderheiten des russischen Weges zur politischen Demokratie. Auch Max Weber kam zu einem ähnlichen Schluß. Sein Hauptgedanke bestand darin, daß die Verwirklichung aller Grundforderungen dieses Verfassungsentwurfs und vor allem der Forderung nach allgemeinen, gleichen, geheimen und direkten Wahlen aufgrund der eigenartigen Konstellation politischer und gesellschaftlicher Faktoren in Rußland zu ganz anderen Ergebnissen führen müsse, als es sich die russischen Konstitutionellen Demokraten erträumten. Weber glaubte jedoch – im Unterschied zu Jellinek und in Übereinstimmung mit dem russischen Demokraten Petr Struve –, daß diese kulturelle und soziale Eigenart Rußlands den Konstitutionellen Demokraten keine andere Perspektive ließ als den Kampf für ihre konstitutionellen Forderungen, und zwar ganz unabhängig davon, was deren Verwirklichung für sie selbst bedeuten mochte.

Max Weber war der erste, der einen entscheidenden Schritt zur Überwindung der kulturellen Barriere zwischen Rußland und dem Westen tat. Dabei stützte er sich auf die bei der Untersuchung der Genese des kapitalistischen Geistes im Westen ausgearbeitete Analyse. In theoretischer Hinsicht erwies sich sein Versuch als erfolgreich, obwohl er seinerzeit keinen Widerhall fand. Denn es gelang ihm, den sozialen und politisch-ideologischen Mechanismus der Revolution zu begreifen, der im Rahmen einer ihm fremden Kultur ablief. Dies erlaubte es ihm, nicht nur den Gang der Revolution während der ersten neuen Monate richtig zu verstehen, sondern auch ihre möglichen künftigen Entwicklungen abzuschätzen.

Es gab aber unter den Triebkräften dieser Revolution ein Phänomen, das sich der soziologischen Analyse Webers entzog – nämlich die russische »Intelligencija«. Deshalb blieb ihm etwas an der russischen Zukunft unklar und seiner politischen Voraussicht unzugänglich: der künftige Totalitarismus und die totalitäre Bürokratie in Rußland. Diese beiden eng zusammenhängenden Phänomene, die russische Intelligencija und der sowjetische Totalitarismus, zwei Rätsel der Sphinx nicht nur für Rußland, sondern für das 20. Jahrhundert überhaupt, haben ihren soziologischen Ödipus noch nicht gefunden – einen ebenso scharfsichtigen Analytiker, wie es Max Weber für die ersten zwei Jahrzehnte dieses Jahrhunderts war.

Es gibt aber bereits jetzt Anzeichen dafür, daß ein im Zuge der »Weber-Renaissance« sich bildender »kollektiver Weber« imstande sein könnte, diese Aufgabe zu lösen. Das Niveau, auf das Max Weber die soziologische Wissenschaft am Anfang des Jahrhunderts hob, die von ihm hinterlassene und durch die moderne Soziologie bis jetzt noch nicht völlig genutzte theoretische Erbschaft, endlich die einzigartige historische Erfahrung unseres tragischen Jahrhunderts, all das läßt uns hoffen, daß die Rätsel des »Wolfshund-Jahrhunderts« (O. Mandelstam) nicht ungelöst bleiben werden.

Wir, die Verfasser dieses Buches, wollten diese Rätsel deutlicher formulieren und ihre prinzipielle Bedeutung nicht nur für die Entwicklung der russischen Soziologie, sondern für die moderne Soziologie überhaupt zeigen. Denn die Rätsel unserer historischen Vergangenheit (die nicht so weit hinter uns liegt, wie wir manchmal glauben möchten) besitzen eine tückische Eigenschaft: Wir neigen dazu, sie nicht vollständig zu lösen, um uns vermeintlich aktuelleren Problemen zuzuwenden; sie aber tauchen plötzlich wie ein unerledigter Feind in unserem Rücken auf, schlagen unerwartet zu, unser Drang nach vorn wird gestoppt, und wir begreifen schließlich, wie falsch die Unterschätzung ihrer strategischen Bedeutung war. So läßt das Rätsel der russischen Intelligencija, auf das Max Weber in seinen Arbeiten über die russische Revolution gestoßen war, an einen solchen unerledigten Feind denken. Können wir wirklich sagen, daß die moderne Soziologie den inneren Zusammenhang zwischen der Intelligencija und der sowjetischen Form des Totalitarismus begriffen hat? Indessen sollte dieses Problem nicht nur russische Soziologen beunruhigen, sondern auch westeuropäische.

All diese Fragen, die wir im Vorwort nur andeuten können, beschäftigen uns schon seit langem. Aber die aktuellen Probleme, die seit Beginn der »Perestrojka« ständig zunahmen, ließen uns keine Ruhe, die Probleme der Vergangenheit zu erfassen und wenigstens in eine relative Ordnung zu bringen. Eine Chance dafür gab uns die Einladung von Wolfgang Schluchter, die Heidelberger Max Weber-Vorlesungen zu übernehmen. Dafür sind wir ihm sehr dankbar. Aber nicht nur dafür, sondern auch für seine Entschlossenheit, Hartnäckigkeit und Konsequenz, mit denen er dieses Vorhaben trotz ungünstiger Umstände und Hindernisse verwirklichte. Außerdem danken wir ihm herzlich für seine Bemühungen, die unsere Kulturen scheidende Sprachbarriere zu überwinden und ein adäquates theoretisches Wechselverhältnis zu schaffen, unter anderem für seine unschätzbare Hilfe bei der Vorbereitung unserer Referate und Vorlesungen für das deutsche Auditorium. Nicht zuletzt wollen wir ihm danken für seine ständige Sorge um die »äußeren« Bedingungen unseres Heidelbergaufenthalts – das tat er im Geiste einer Ethik, die Max Weber »brüderlich« genannt hätte.

Da die Rede von Fürsorge ist, können wir Brigitte Schluchter nicht unerwähnt lassen, die alles tat, um unsere »Naturalisierung« in Deutschland zu erleichtern, um uns zu helfen, dieses wunderbare Land, seinen Geist und seine Seele tiefer zu begreifen. Ohne Brigitte Schluchter mit ihrer Herzlichkeit und Zuwendung hätten wir nicht in so kurzer Zeit so viel vom deutschen Leben und der deutschen Kultur verstanden.

Wir möchten auch M. Rainer Lepsius unseren herzlichen Dank sagen für seine höchst fruchtbare, zu theoretischen Diskussionen stimulierende Teilnahme an Besprechungen unserer Vorlesungen und für seine von einem freundlichen Humor geprägten Gespräche im engeren Kreis. Wir danken Uwe Schleth und Hans Oel für ihre Freundlichkeit und moralische Unterstützung, Hans-Peter Müller für sein lebhaftes Interesse an unserem Kolloquium »Max Weber und Lev Tolstoj« und ferner allen anderen Teilnehmern unserer Seminare für ihre aktive Mitarbeit.

Unser herzlicher Dank gilt schließlich den Mitarbeitern des Instituts für Soziologie: Hannelore Chaluppa, Ursula Rossi und Ruth Winkler, die so viel für uns getan haben – nicht nur in technischer Hinsicht, sondern auch, um für uns ein überaus freundliches Klima zu schaffen. Besonders wertvoll war uns die Hilfe von Hannelore Chaluppa und Ursula Rossi bei der technischen Vorbereitung der Texte für dieses Buch.

Jurij N. Davydov und Piama P. Gaidenko

Max Weber zwischen Immanuel Kant
und Friedrich Nietzsche

1. Methodologische Prinzipien
der Soziologie Max Webers

Am Ende des 19. Jahrhunderts, also in der Periode, in der sich Webers methodologische Einsichten herausbildeten, entstanden in Zusammenhang mit der These, daß die Kulturwissenschaften im Unterschied zu den Naturwissenschaften ihr eigenes methodologisches Fundament haben sollten, zwei Richtungen in der Philosophie. Das waren die Lebensphilosophie von Wilhelm Dilthey samt dem sich ihr annähernden Neuhegelianismus (z. B. Benedetto Croce) einerseits, der Neukantianismus der Badener Schule (Wilhelm Windelband, Heinrich Rickert) andererseits. Hugo Münsterberg, der sich zunächst an die Auffassung der Badener Schule hielt, ging später zu Diltheys Richtung über. Zwar waren beide Richtungen antinaturalistisch, indem sie die Prinzipien der Kultur- und der Naturerkenntnis als wesentlich verschieden betrachteten; die Gründe für diesen Antinaturalismus aber unterschieden sich. Während für Dilthey, Croce und Münsterberg sich die Kultur-(oder Geistes-)wissenschaften *ihrem Gegenstand nach* von den Naturwissenschaften unterschieden, war es für die Neukantianer *die Methode*, die dem Unterschied zugrunde lag.

Die erste Auffassung wurde von Dilthey formuliert. Er unterschied zwei Methoden bei der Erkenntnis des menschlichen Seelenlebens, also zwei Typen der Psychologie. Der erste Typ, die »erklärende Psychologie«, hat ihre Aufgabe darin, kausale Verhältnisse zwischen den Phänomenen des Seelenlebens festzustellen – wie die Naturforschung bei den Naturphänomenen. Die Naturwissenschaften müssen ihren Gegenstand so behandeln; er ist ihnen durch äußere Wahrnehmung als eine Vielzahl verschiedenartiger und unzusammenhängender Phänomene gegeben. Deshalb sind sie gezwungen, die Zusammenhänge mit Hilfe des Verstandes zu konstruieren. Die so gewonnenen Hypothesen werden dann mit Hilfe des Experiments überprüft. Eine auf diesem Wege erworbene Erkenntnis ist hypothetisch – im Unterschied zur apodiktischen mathematischen oder logischen Erkenntnis. Nach Dilthey ist der Gegenstand der Naturforschung so beschaffen, daß kein anderer Erkenntnisweg möglich ist. Das menschliche Seelenleben aber ist vom Gegenstand der Naturforschung verschieden, und deshalb wäre es höchst unvernünftig, es hier bei der naturwissenschaftlichen Methode zu belassen. Neben der erklärenden (konstruierenden) Psychologie, die schon existiert, will Dilthey deshalb eine »verstehende« (deskriptive) Psychologie ausarbeiten.

Die verstehende Psychologie soll nach Dilthey jenen seelischen Zusammenhang, der jedem Individuum unmittelbar gegeben ist, nicht hypothetisch konstruieren, sondern beschreiben. Ihre Aufgabe sei nicht eine rationale (verstandesmäßige) Begriffsbildung, sondern das Einfühlen ins einheitliche Gewebe der seelisch-geistigen Tätigkeit, ein Nacherleben und eine Beschreibung seiner Totalität. Wohl gibt es auf diesem Wege auch Schwierigkeiten, die Dilthey keineswegs zu verhüllen sucht, obgleich er sich mit ihnen nicht speziell beschäftigt. Denn in Wirklichkeit muß der neue Psychologe lernen, das ihm unmittelbar Gegebene zu beschreiben, und zwar auf dieselbe Weise wie ein Dichter. Die deskriptive Psychologie erweist sich als ebensosehr mit der Kunst verwandt wie die konstruktive mit der Wissenschaft.

Für Dilthey ist die Entwicklung der neuen Psychologie eine überaus wichtige Aufgabe, denn auf ihrer Grundlage erst können die wahren Geisteswissenschaften gebildet werden, denen bis jetzt ein eigenes Fundament fehlt.[1]

Eine Auffassung, die der Diltheys nahekommt, hat der italienische Philosoph Benedetto Croce ausgearbeitet. Nach Croce ist alles Individuelle Gegenstand der Anschauung, der Begriff aber hat es nicht mit dem Individuellen als solchem zu tun, sondern nur mit Beziehungen zwischen den individuellen Erscheinungen. Ein »Begriff des Individuellen« ist nach Croce eine »contradictio in adjecto«, deshalb ist es unmöglich, eine Wissenschaft vom In-

---

1 Auch Theodor Lipps nähert sich in diesem Punkt Dilthey an in der *Grundlegung der Ästhetik* (1903); M. Weber kritisiert an Lipps den Versuch, das intellektuelle Verständnis aus der Einfühlung abzuleiten (siehe sein Aufsatz »Knies und das Irrationalitätsproblem«, der 1906 in Band xxx von *Schmollers Jahrbuch* veröffentlicht wurde).

dividuellen als ein System von Begriffen zu schaffen. Alles Individuelle ist Gegenstand künstlerischer Darstellung. Da es aber die Geschichte mit dem Individuellen, wie es in der Zeit erscheint, zu tun hat, so ist auch sie eine Art Kunst. Philosophisch-methodologische Grundlage der Geschichtswissenschaft ist deshalb nicht die Logik, sondern die Ästhetik: Logik beschäftigt sich mit Begriffen, Ästhetik mit individuellen Intuitionen. Dabei darf man aber nicht vergessen, daß das Prinzip der Logik das Wahre, das der Ästhetik aber das Schöne ist, wie sofort von den Gegnern Croces, zu denen auch Max Weber zählte, bemerkt wurde.[2]

Beide Gedankenwege aber führen zu einem gemeinsamen Punkt: Die unmittelbare Erkenntnis, also die Intuition, wird als die kulturwissenschaftliche Methode angenommen, wobei die mittelbare, rational diskursive für die Naturwissenschaften bleibt. Indessen hat die psychologische Begründung der Geisteswissenschaften von Anfang an einen schwachen Punkt: Die unmittelbare, durch Einfühlung in die fremde Seelenwelt erworbene Erkenntnis kann nicht jene Allgemeingültigkeit beanspruchen, die allein Wahrheit garantiert. Zwar sieht Croce im Fehlen der Allgemeingültigkeit keinen besonderen Mangel; für Dilthey aber war dies ein ernstes Problem, denn er versuchte ja auf der neuen Grundlage eine neue Geisteswissenschaft zu errichten. Wie die Geisteswissenschaften eine ebenso verbindliche Allgemeingültigkeit wie die Naturwissenschaften erreichen können – das war die Frage, die Dilthey sein Leben lang zu beantworten suchte.

Für Max Weber wurde das Problem der Allgemeingültigkeit der Kulturwissenschaften zum zentralen Punkt seiner methodologischen Untersuchungen. In einem Punkt stimmte er mit Dilthey, Lipps, Münsterberg und ihren Anhängern überein. Er teilte ihren

2 Wie der italienische Soziologe Pietro Rossi bemerkt, ist Webers Kritik »wie bei Lipps auch bei Croce nicht gegen dessen Ästhetik gerichtet, sondern gegen das, was sich daraus für die Auffassung des Verstehens und der historischen Erkenntnis ergibt. Gegenstand der Polemik Webers ist im Falle Lipps' die Möglichkeit, die Erkenntnis der Individualität der anderen auf die Einfühlung und daher auf das Erleben zu gründen, im Falle Croces die Möglichkeit, die Geschichte auf die Anschauung und somit auf »Kunst« zu reduzieren und sie dem intellektuellen Erkennen gegenüberzustellen« (Pietro Rossi, *Vom Historismus zur historischen Sozialwissenschaft, Heidelberger Max Weber-Vorlesungen* 1985, Frankfurt am Main 1987, S. 194).

Antinaturalismus aus der Überzeugung heraus, daß der Analytiker des menschlichen Handelns nie von denselben Voraussetzungen ausgehen dürfe wie der Astronom, der die Himmelskörperbewegungen studiert. Wie Dilthey glaubte auch Weber, daß weder ein Historiker noch ein Soziologe, noch ein Wirtschaftswissenschaftler von der Tatsache abstrahieren dürfe, daß der Mensch ein bewußtes und sinnfähiges Wesen ist. Dennoch weigerte er sich, die intuitive Methode zu übernehmen, da diese zu keinen allgemeingültigen Ergebnissen zu führen vermag. »Die ›einfühlende Psychoanalyse‹ einer kranken Psyche bleibt nicht nur inkommunikables Privateigentum des dafür spezifisch begabten Forschers, sondern überdies bleiben auch ihre Ergebnisse gänzlich undemonstrabel und deshalb von absolut problematischer ›Geltung‹, solange nicht die Verknüpfung des einfühlend nacherlebten seelischen Zusammenhangs mit den aus der allgemeinen psychiatrischen ›Erfahrung‹ gewonnenen *Begriffen* gelingt. Sie sind ›Intuitionen‹ des dafür begabten Forschers ›über‹ das Objekt, aber inwieweit sie objektiv gelten, bleibt prinzipiell unkontrollierbar und daher ihr wissenschaftlicher Wert durchaus unsicher.«[3]

In Wahrheit ist die Psychoanalyse eine Kunst, die eine besondere Begabung erfordert; die Geisteswissenschaft, wie Dilthey sie schaffen will, stellt sich auch als eine Kunst heraus, denn um Wissenschaft zu werden, muß sie solche methodologische Prinzipien haben, die einem jeden beigebracht werden können. Nach Weber ist der Psychologismus der Grundirrtum bei Dilthey und anderen ihm nahestehenden Denkern. Psychologismus aber betrachtet die psychischen Prozesse und Akte, in denen alle Bewußtseinstätigkeit einschließlich der Erkenntnistätigkeit verläuft, als den Inhalt der Erkenntnis bestimmend. Auf dieselbe Weise könnte jemand behaupten, die Bedeutung eines Wortes sei durch die Form der dieses Wort bildenden Buchstaben bestimmt.[4]

3 Max Weber, *Gesammelte Aufsätze zur Wissenschaftslehre*, Tübingen 1988, S. 111.
4 Weber betont, es sei »der entscheidende Fehler all jener, leider auch von Fachhistorikern so sehr oft akzeptierten Theorien, welche das spezifisch ›Künstlerische‹ und ›Intuitive‹ der historischen Erkenntnis, z. B. der ›Deutung‹ von ›Persönlichkeiten‹, als das Privileg der Geschichte ansehen, daß die Frage nach dem psychologischen *Hergang* bei der Entstehung einer Erkenntnis mit der gänzlich andern nach ihrem logischen ›Sinn‹ und ihrer empirischen ›Geltung‹ verwechselt wird«. (Ebd.)

Anstatt den psychologischen Prozeß der Entstehung bestimmter Vorstellungen beim Historiker, d. h. die Frage, wie sich diese Vorstellungen *in seiner Seele* bildeten und wie er zum Verstehen ihres Zusammenhanges gekommen ist, also die Erlebniswelt des Historikers, zu untersuchen, schlägt Weber vor, die Bildungslogik jener Begriffe, mit denen der Historiker operiert, zu studieren, denn nur durch Überführung des »intuitiv Erkannten« in allgemeingültige Begriffe kann die subjektive Vorstellungswelt eines Historikers in die objektive Welt der geschichtlichen Wissenschaft verwandelt werden. In seinen methodologischen Untersuchungen schließt sich Weber deshalb der neukantianischen Variante einer antinaturalistischen Begründung der Geschichtswissenschaft an. Windelband und Rickert gehen davon aus, daß der Unterschied zwischen den Kultur- und den Naturwissenschaften weniger mit ihren Gegenständen als vielmehr mit ihren logischen Methoden zu tun hat. Am gründlichsten wurde dieser Standpunkt von Rickert durchdacht, dessen Werke Weber sehr schätzte.[5] Deshalb ist es zweckmäßig, einen kurzen Überblick über Rickerts Theorie der Bildung geschichtlicher Begriffe zu geben, ehe wir zur Darstellung von Webers Auffassung des Problems übergehen.

Im Unterschied zu Dilthey sieht Rickert die Grunddifferenz zwischen Kultur- und Naturwissenschaften nicht in ihrem Gegenstand, sondern in ihrer Methode. Gegenstand beider ist die unendliche Mannigfaltigkeit der empirischen Welt. Erkenntnis bedeutet eine Überwindung dieser Unendlichkeit mittels Begriffen. Ein Vereinigungsprinzip kann nach dieser Auffassung nicht im Objekt gefunden werden: Es wird vom erkennenden Subjekt geliefert, und eben dies garantiert Allgemeingültigkeit und Verbindlichkeit der wissenschaftlichen Erkenntnis. Die Aufgaben der Natur- und der Kulturwissenschaften sind nach Rickert identisch insofern, als sie die intensiv und extensiv unendliche Mannigfaltigkeit des unmittelbar Gegebenen mit Hilfe logischer Mittel – der Begriffe – ordnen, wobei die Begriffe ihrerseits sich auf Urteile gründen. Der Unterschied zwischen diesen Wissenschaften muß

---

5 »Es ist einer der Zwecke dieser Studie«, schreibt Weber in seinem Artikel »Roscher und Knies und die logischen Probleme der historischen Nationalökonomie«, »die Brauchbarkeit der Gedanken dieses Autors (Heinrich Rickert – P. G.) für die Methodenlehre unserer Disziplin zu erproben« (Weber, *Gesammelte Aufsätze zur Wissenschaftslehre*, a.a.O., S. 7).

also, sofern es überhaupt einen gibt, im Prinzip der Begriffsbildung, d. i. in verschiedenen Arten des Urteilens, bestehen.

In der Naturwissenschaft wird die Überwindung der unendlichen Mannigfaltigkeit durch Verallgemeinerung erreicht. Je allgemeiner ein Gesetz ist, desto näher ist der Naturforscher seinem Ziel. Rickert kritisiert Dilthey nicht wegen seines Versuches, zwei Arten von Wissenschaft zu unterscheiden – die von der Natur und die vom Geiste –, sondern wegen der Art und Weise, wie er diesen Versuch ausführt. Rickert ist hier radikaler: Er will eine *logische* Grenze zwischen Geschichts- und Naturwissenschaften ziehen. Dabei hält er es für äußerst wichtig, daß die Geschichtswissenschaften eben Wissenschaften bleiben, nachdem Dilthey durch Psychologisierung der historischen Erkenntnismethoden ihre Allgemeingültigkeit, d. i. ihre Wissenschaftlichkeit, fragwürdig gemacht hatte. Da aber jeder Wissenschaft Begriffe zugrunde liegen, mit deren Hilfe die empirische Mannigfaltigkeit vereinfacht wird, betrachtet es Rickert als seine Aufgabe, das Bildungsprinzip der kulturgeschichtlichen Begriffe zu zeigen. Während die Naturwissenschaften die Absicht haben, allgemeine Gesetze zu formulieren, hat die Kulturforschung ihr Ziel in der Erkenntnis des Individuellen und Besonderen. Allgemeine Begriffe muß jedoch auch sie gebrauchen: Ohne sie ist ja keine Erkenntnis möglich. Aber für die Kulturwissenschaften dient das Allgemeine nur als ein Mittel, nicht als Ziel.

Auf welche Weise ist aber eine allgemeingültige, diskursive Erkenntnis des Individuellen möglich? Denn ohne Zweifel kann es kein Kulturhistoriker als seine Aufgabe betrachten, unendlich vielfältige Phänomene der Vergangenheit in ihrer ganzen Fülle darzustellen. Auch das Generelle ist nicht sein Ziel. Vielmehr besteht seine Aufgabe laut Rickert darin, aus der unübersehbaren Vielfalt jene Momente herauszuziehen, welche, in einen Zusammenhang gebracht, das Charakteristische eines Besonderen schildern. Dafür braucht man nicht alle, sondern nur die Hauptmomente zu fixieren. Wie aber kann man wissen, welche das sind? Die Lösung heißt bei Rickert »Wertbeziehung«. Mit Hilfe der Wertbeziehung werden nur jene Momente aus der unendlichen Vielfalt empirischer Daten festgehalten, welche in bezug auf bestimmte Werte Geltung haben. Dabei wird die Wirklichkeit auf dieselbe Weise geordnet, wie sie im Alltagsleben vom handelnden Individuum organisiert wird. Der durch individuelles Ziel bestimmte Gesichtspunkt erlaubt es ihm, das für ihn Gültige in der mannigfaltigen Wirklichkeit von dem Nicht-Gültigen zu trennen.

Hier aber entsteht eine Frage: Wenn der Historiker die gleiche Methode gebrauchen muß, welche der Mensch im praktischen Leben benutzt, dann wird die Geschichtswissenschaft der Gefahr ausgesetzt, zum Alltagsbewußtsein reduziert zu werden und damit ihren Status als Wissenschaft zu verlieren. Um diese Schwierigkeit zu beseitigen, führt Rickert eine wichtige Begriffserläuterung ein (die auch Weber benutzt): Er unterscheidet nämlich das subjektiv-praktische *Werten* von der theoretischen *Wertbeziehung*. Während das Werten eine praktische, vom individuellen Interesse und Standpunkt des Menschen abhängige Einstellung ist, muß die Wertbeziehung durch etwas Allgemeines (und in diesem Sinne Objektives) bestimmt werden, das von individuellen Neigungen und Absichten des Forschers nicht abhängt. Die Unterscheidung zwischen wesentlichen und unwesentlichen empirischen Daten muß also unabhängig davon geschehen, wie dieser oder jener Mensch die hervorgehobenen Phänomene einschätzt. Dabei betont Rickert noch ein wichtiges Moment: Der Kulturforscher hebt anderes hervor als der Naturforscher, nämlich nicht das Allgemeine (für alle betrachteten Objekte), sondern das Allgemeingültige (für alle betrachtenden Subjekte). Und ein ›historisches Individuum‹, d. h. ein durch Wertbeziehung konstituiertes Objekt, besitzt um so mehr Allgemeingültigkeit, je größer sein Unterschied zu allen anderen historischen Individuen ist.

Zum Schluß bleibt noch, Rickerts Auffassung von den Werten – diesem Grund nicht nur des kulturgeschichtlichen, sondern jeden Wissens[6] – zu betrachten. Rickerts Lehre von den Werten stellt eine letzte Begründung der Allgemeingültigkeit der wissenschaftlichen Erkenntnis dar. Kant folgend, unterscheidet Rickert im erkennenden Subjekt zwei »Schichten«: die psychologische (empirisches Bewußtsein) und die gnoseologische (das Bewußtsein überhaupt, reines Bewußtsein), d. i. das empirische und das transzendentale Subjekt. Das empirische Subjekt ist individuell, das gnoseologische überindividuell. Jenes bewertet, und sein Werten ist immer subjektiv, dieses vollzieht den allgemeingültigen Akt

6 Der Naturwissenschaft liegt nach Rickert letztlich auch ein Wert zugrunde – nämlich der Wert der Wahrheit.

der Wertbeziehung. Also ist die wissenschaftliche Erkenntnis erst dank der Existenz des »wertbeziehenden«, überindividuellen gnoseologischen Subjekts möglich. Die Werte können nach Rickert den verschiedenen Gebieten angehören: Es gibt theoretische, politische, ökonomische, sittliche, religiöse, ästhetische; die Werte sind Wahrheit, Gerechtigkeit, Nutzen, das Gute, Gott, das Schöne.

Rickert folgend, formuliert Max Weber ein wichtiges Prinzip: Jede Erkenntnis ist ein Urteil. Sie ist keine Intuition, keine Einfühlung, kein unmittelbares Erfassen, sondern eben ein Urteil. Das Urteil setzt eine Gegenüberstellung des erkennenden Subjekts und des erkannten Objekts und eine die beiden vermittelnde Korrelation voraus. Jedes unmittelbare Eindringen ins Objekt, jede *Verschmelzung* von Subjekt und Objekt, ob auf psychologischer (Einfühlung) oder auf spekulativer Ebene (Identität von Subjekt und Objekt) wird von Weber im Zusammenhang mit wissenschaftlicher Erkenntnis eindeutig abgelehnt.[7]

Das Urteil setzt – nach Rickert wie auch nach Kant – eine Korrelation des Materials mit gewissen Prinzipien voraus. Als solche Prinzipien treten bei Rickert die Werte hervor. Die Wertbeziehung bleibt auch für Weber der das allgemeingültige Urteil konstituierende Akt.[8] Es ist das Urteil als Akt, durch den ein bestimmtes Material, ein bestimmter Inhalt auf den Wert bezogen wird, der ein Gegebenes aus dem Bereich des nur unbestimmt

7 Zwar wird, wie wir später sehen werden, die Einfühlung von Weber anerkannt (sogenannte »verstehende Soziologie«), doch nur als ein Hilfsmittel der historischen Forschung.

8 »Diese ›Beziehung‹ auf ›Werte‹ ist es nun aber, – und das ist ihre in unserem Zusammenhang entscheidend wichtige Funktion – welche zugleich den einzigen Weg darstellt, aus der völligen Unbestimmtheit des ›Eingefühlten‹ herauszukommen zu derjenigen Art von Bestimmtheit, deren die Erkenntnis individueller geistiger Bewußtseinsinhalte fähig ist. Denn im Gegensatz zum bloßen »Gefühlsinhalt« bezeichnen wir als ›Wert‹ ja eben gerade das und nur das, was fähig ist, Inhalt einer Stellungnahme: eines artikuliert-bewußten positiven und negativen »Urteils« zu werden, etwas, was ›Geltung heischend‹ an uns herantritt, und dessen ›Geltung‹ als ›Wert‹ ›für‹ uns demgemäß nun ›von‹ uns anerkannt, abgelehnt oder in der mannigfachsten Verschlingungen ›wertend beurteilt‹ wird. Die ›Zumutung‹ eines ethischen oder ästhetischen ›Wertes‹ enthält ausnahmslos die Fällung eines ›Werturteils‹« (Weber, *Gesammelte Aufsätze zur Wissenschaftslehre*, a.a.O., S. 123).

Sinnlichen, Subjektiven in den Bereich der objektiven Erkenntnis versetzt.[9]

Mit Rickert trennt Weber zwei Akte: die Wertbeziehung und die praktische Wertung. Jene verwandelt unseren individuellen Eindruck in ein objektives allgemeingültiges Urteil, diese kann uns nicht über die Grenzen der Subjektivität bringen. Die Wissenschaft von Kultur, Gesellschaft und Geschichte, erklärt Weber, soll ebenso frei von den Wertungen wie die Naturkunde sein. Obwohl der Gelehrte, der seinen eigenen politischen und moralischen Standpunkt, seinen eigenen ästhetischen Geschmack hat, ein positives oder negatives Urteilen, also ein wertendes Urteilen, einem gegebenen Phänomen oder einer Persönlichkeit der Geschichte gegenüber nicht vermeiden kann, soll dieses Urteilen außerhalb seiner Arbeit bleiben und nicht ihre Ergebnisse bestimmen. Sonst bekommen wir statt objektiver Darstellung Parteilichkeit. Wieviel Mühe es auch den Wissenschaftler kosten mag, seine subjektive Beziehung zu dem Gegenstand seiner Untersuchung »in Klammern zu setzen«, er ist dennoch verpflichtet, es zu tun.

Diese Forderung bedeutet nicht, der Gelehrte solle auf eigene Wertungen und Neigungen verzichten – sie dürfen bloß nicht in den Raum seiner wissenschaftlichen Urteile eindringen. Außerhalb dieses Raumes ist er berechtigt, sich nach Belieben zu äußern, nur nicht als Wissenschaftler, sondern als ein wertender Mensch.

Dieses Thema hat Weber immer umgetrieben. Selbst ein leidenschaftlicher Politiker, bemühte er sich in seinen Werken als unvoreingenommener, nur von Wahrheitsliebe geleiteter Forscher hervorzutreten. In seinem Vortrag »Wissenschaft als Beruf« äußerte er eine tiefe Mißbilligung jener Professoren, die den Katheder in eine politische Tribüne verwandeln und die Studenten zu ihrem Glaubensbekenntnis zu bekehren suchen. »Man sagt, und ich unterschreibe das: Politik gehört nicht in den Hörsaal. Sie gehört nicht dahin von seiten der Studenten … Aber Politik gehört allerdings auch nicht dahin von seiten des Dozenten. Gerade dann nicht, wenn er sich wissenschaftlich mit Politik befaßt, und dann

9 »Ob irgend jemand das ›Rot‹ einer bestimmten Tapete ›ebenso‹ sieht wie ich, ob es für ihn dieselben ›Gefühlstöne‹ besitzt, ist durch kein Mittel eindeutig festzustellen, die betreffende ›Anschauung‹ bleibt in ihrer Kommunikabilität notwendig unbestimmt … Beziehung des Individuellen auf mögliche ›Werte‹ bedeutet stets ein – immer nur relatives – Maß von Beseitigung des lediglich anschaulich ›Gefühlten‹« (ebd., S. 123 f.).

am allerwenigsten. Denn praktisch-politische Stellungnahme und wissenschaftliche Analyse politischer Gebilde und Parteistellung ist zweierlei.«[10]

Webers Forderung der Wertfreiheit in der Wissenschaft ist in seiner Weltanschauung verwurzelt: Wissenschaftliches Urteilen und praktisch-politisches Bewerten seien heterogene Tätigkeiten, deren Vermischung zur Ersetzung der theoretischen Argumente durch politische Propaganda führe.

Die Verpflichtung zur Werturteilsfreiheit ist für Weber Teil des Berufs des Wissenschaftlers: Er hat seine *subjektiven* Vorlieben und Neigungen für die *objektive* Wahrheit zu opfern. Wie einer der Weber-Forscher – René König – richtig bemerkte, war Webers Streben nach Werturteilsfreiheit letzten Endes mit seiner persönlichen Neigung zum Asketismus verbunden.[11] Es ist die Fähigkeit zur Selbstaufopferung – einer der höchsten Werte des Christentums –, die Weber immer besonders anzog. Von der Selbstaufopferung als einem der höchsten Werte Webers spricht auch W. Schluchter.[12]

Die Forderung der Werturteilsfreiheit ist aber nicht nur darum so schwer zu erfüllen, weil dafür die eigene Subjektivität geopfert werden soll. Es besteht noch ein zweites Hindernis: Der Unterschied nämlich zwischen der theoretischen Wertbeziehung und der praktischen Wertung ist nicht absolut, sondern relativ. W. Schluchter spricht hier von einer »*haarfeinen Linie* zwischen theoretischer Wertbeziehung und praktischer Wertung«.[13] Das konnte auch Weber nicht entgehen: Immerwährend suchte er nach methodologischen Mitteln, das Prinzip der Werturteilsfreiheit zu begründen.

Die Rickertsche Lehre von den Werten und dem Werturteil übernahm Weber nicht einfach, sondern er korrigierte sie teilweise, und zwar wesentlich. Im Unterschied zu Rickerts Auffassung, Werte seien etwas Übergeschichtliches, ist Weber geneigt, Werte als die Einstellung einer gegebenen geschichtlichen Epoche, als

---

10 Weber, *Gesammelte Aufsätze zur Wissenschaftslehre*, a.a.O., S. 600 f.

11 Siehe: René König, »Max Weber«, in: *Die großen Deutschen*, Bd. 4, 1957, S. 408 ff.

12 Wolfgang Schluchter, *Religion und Lebensführung*. Bd. 1: *Studien zu Max Webers Kultur- und Werttheorie*, Frankfurt am Main 1988, S. 408 ff.

13 Schluchter, a.a.O., S. 87.

eine ihr eigene Interessenrichtung, zu behandeln. Also werden die Werte aus dem übergeschichtlichen Bereich in die Geschichte versetzt, und die neukantianische Wertlehre wird dem Positivismus angenähert. »Über die Bedeutung des Ausdruckes ›Wertbeziehung‹ muß ich mich auf eigene frühere Äußerungen und vor allem auf die bekannten Arbeiten von H. Rickert beziehen ... Es sei daher nur daran erinnert, daß der Ausdruck ›Wertbeziehung‹ lediglich die philosophische Deutung desjenigen spezifisch wissenschaftlichen ›*Interesses*‹ meint, welches die Auslese und Formung des Objektes einer empirischen Untersuchung beherrscht.«[14]

Wissenschaftliches Interesse der Epoche – das ist etwas Objektiveres als das private Interesse eines Forschers, aber zugleich etwas Subjektiveres als das übergeschichtliche »Interesse«, das bei Neukantianern den Namen »Wert« trägt.

Daß die Werte von der Höhe des übergeschichtlichen transzendentalen Subjekts heruntergebracht und in ein »Interesse der Epoche«, also in etwas Relatives, verwandelt werden, bedeutet eine Sinnverschiebung gegenüber der Rickertschen Wissenschaftslehre. Zwar sieht Weber selbst seine Divergenz von Rickert als nicht wesentlich an, doch Rickert hat seinen Differenzpunkt zu Weber genau angegeben. In der Einleitung zur überarbeiteten Auflage seiner *Grenzen der naturwissenschaftlichen Begriffsbildung* von 1922 (diese Auflage hat er Max Weber gewidmet) schreibt Rickert: »Er (Max Weber – P. G.) hatte sich von der wissenschaftlichen Philosophie und ihren heutigen Möglichkeiten eine etwas einseitige Meinung gebildet, d. h. er glaubte eigentlich nur an die ›Logik‹.[15] Daher stand er auch meinem Plan einer universalen wissenschaftlichen Weltanschauungslehre auf Grund eines umfassenden Systems der Werte, ein Versuch, von dem meine Wissenschaftslehre nur einen Teil bildet, in ähnlicher Weise ›skeptisch‹ gegenüber wie einst in Freiburg meinem Plan einer Logik der Geschichte, obwohl ihm selbstverständlich jeder Relativismus der modernen philosophischen Schwächlinge sehr fern lag. Es kam eine starke und berechtigte Abneigung hinzu gegen alles, was

14 Weber, *Gesammelte Aufsätze zur Wissenschaftslehre*, a.a.O., S. 511.
15 Weber ist geneigt, diese Differenz als einen Unterschied zwischen der empirischen Anwendung des »Wertbeziehungsprinzips« und seiner philosophischen Begründung zu deuten, wobei das logisch Wesentliche unberührt bleiben solle.

er ›Gartenlaube‹ nannte, d. h. gegen jeden wissenschaftlichen Feuilletonismus. Das machte ihn bedenklich gegen eine Philosophie der Kunst, der Religion oder gar der Liebe auf werttheoretischem Fundament.«[16]

Inwieweit Webers Methodologie von der Werttheorie des Neukantianismus abhängt, hat Rickert sehr deutlich gezeigt; Weber entlehnt ihr das Wertbeziehungsprinzip nur als ein *logisches* Prinzip, das allgemeingültige Urteile in Kulturwissenschaften ermöglicht. Die Wissenschaftslehre Rickerts nimmt er nur als Logik. Also unterscheidet er sich von Rickert in folgenden zwei Punkten: (1) Rickert betrachtet die Werte als übergeschichtliche, als letzten Grund der wissenschaftlichen Erkenntnis und des menschlichen Handelns. Weber aber faßt sie als historische, für eine bestimmte Zeitperiode allgemeingültige Bildungen auf (»Interesse der Epoche«). (2) Auf dem Grund der Werttheorie will Rickert eine universelle Weltanschauungstheorie aufbauen; Weber aber betrachtet diesen Versuch als eine Utopie. Für ihn ist die Werttheorie vor allem ein logisches Forschungsmittel: Weber strebt nicht danach, eine systematische Wertphilosophie, sondern eine Wertverwirklichungstheorie zu schaffen. »Eine Theorie der Wertindividualitäten«, schreibt W. Schluchter, »läßt sich nämlich in zwei Richtungen überdehnen: in Richtung auf eine Wertphilosophie, die prätendiert, ein geschlossenes System allgemeiner Werte entwickeln zu können, und in Richtung auf eine Wertverwirklichungstheorie, die theoretisch den hiatus irrationalis zwischen ›Wertbegriffen‹ und wertvollen Wirklichkeiten, praktisch den zwischen Forderung und Handlung schließt.«[17]

Also erhält bei Weber sowohl der *Inhalt* als auch die *Bedeutung* der Werttheorie einen spezifischen Sinn. Beide Momente sind ja eng verbunden: Nachdem Weber sich weigert, eine übergeschichtliche Geltung der Werte, ihre Absolutheit in bezug auf die empirische Welt, anzuerkennen, kann er auch mit Rickerts Streben, ein absolutes Weltanschauungssystem auf dem Grund dieser Werte zu bauen, nicht übereinstimmen. Da die Werte für Max Weber nichts weiter als den Ausdruck der allgemeinen Anschauungen einer be-

---

16 Heinrich Rickert, *Die Grenzen der naturwissenschaftlichen Begriffsbildung*, 5. Aufl., Tübingen 1929, S. XXV-XXVI.

17 Wolfgang Schluchter, *Die Entwicklung des okzidentalen Rationalismus*, Tübingen 1979, S. 26.

stimmten Zeit darstellen, hat jede Zeit ihr eigenes Absolutes. Das Absolute stellt sich also als ein geschichtliches und folglich als ein relatives heraus.

Nun wollen wir sehen, auf welche Weise Weber die Bildungsmethode der historischen Begriffe in seiner konkreten Forschungspraxis anwendet. Er war ja einer der bedeutendsten Historiker und Soziologen, die sich bemühten, das neukantianische Begriffsinstrumentarium in ihrer empirischen Arbeit bewußt anzuwenden.

Die Rickertsche Lehre von den Begriffen als Mittel, mit deren Hilfe die intensiv und extensiv unendliche Mannigfaltigkeit der empirischen Wirklichkeit zu überwinden ist, spiegelt sich bei Weber in eigenartiger Weise in der Kategorie des *Idealtypus* wider. Allgemein gesprochen ist der Idealtypus nichts anderes denn das »Interesse der Epoche«, als eine theoretische Konstruktion dargestellt. Also wird der Idealtypus nicht aus der empirischen Wirklichkeit herausgezogen, sondern als ein theoretisches Schema konstruiert und erst dann der Empirie gegenübergestellt. In diesem Sinne nennt Weber den Idealtypus eine »Utopie«, seinen »unwirklichen« Charakter betonend. »Je schärfer und eindeutiger konstruiert die Idealtypen sind: je welt*fremder* sie also, in diesem Sinne, sind, desto besser leisten sie ihren Dienst, terminologisch und klassifikatorisch sowohl wie heuristisch.«[18]

Der Webersche Idealtypus ist also dem idealen Modell der Naturwissenschaft ähnlich. Weber selbst hat ihn wohl so verstanden. Die Gedankenkonstruktionen, welche wir Idealtypen nennen, werden »in dieser absolut idealen *reinen* Form vielleicht ebensowenig je in der Realität auftreten wie eine physikalische Reaktion, die unter Voraussetzung eines absolut leeren Raumes errechnet ist«.[19] Mehrmals spricht Weber vom Idealtypus als von einem Produkt unserer »Phantasie«[20], von einer rein gedankenhaften Bildung, die wir selbst geschaffen haben, um seine außerempirische Herkunft zu betonen.

Aber eben durch diese Entfernung von der empirischen Wirklichkeit, durch den Abstand zu ihr, kann der Idealtypus als ihr

18 Weber, *Gesammelte Aufsätze zur Wissenschaftslehre*, a.a.O., S. 561.
19 Weber, *Wirtschaft und Gesellschaft*. Erster Halbband, Tübingen 1985, S. 10.
20 Weber, *Gesammelte Aufsätze zur Wissenschaftslehre*, a.a.O., S. 192.

Maßstab dienen. »Um die wirklichen Kausalzusammenhänge zu durchschauen, *konstruieren wir unwirkliche*.«[21] Solche Begriffe, wie »Tausch«, »homo oeconomicus«, »Handwerk«, »Kapitalismus«, »Kirche«, »Sekte«, »Christentum«, »mittelalterliche Stadtwirtschaft« usw. sind nach Weber nichts anderes als idealtypische Konstruktionen, die als Mittel der Darstellung der individuellen historischen Bildungen gebraucht werden. Eine »realistische« – im mittelalterlichen Sinne des Wortes – Deutung der Idealtypen, d. i. ihre »Substantialisierung«, eine Identifizierung dieser Konstruktionen mit der kulturgeschichtlichen Wirklichkeit selbst, ist nach Weber einer der verbreitetsten Irrtümer.

Hier wird Webers kritische Einstellung gegen den Marxismus offensichtlich, da dieser sich eben auf einer »realistischen« Deutung jener Kategorien des Denkens, welche Weber als »Idealtypen« betrachtet, gründet. Nach Marx wirken die ökonomischen Gesetze der gesellschaftlichen Entwicklung mit der gleichen Notwendigkeit wie die Naturgesetze, und sie können deshalb vom Historiker ebenso genau festgestellt werden, wie ein Gesetz des freien Falls der Körper vom Physiker. Das war ja eine Auffassung, gegen die Weber kämpfte. Wie W. Schluchter zeigte, ist der Idealtypus »ein Kampfinstrument, mit dem Weber gleichzeitig an drei Fronten streitet: gegen jede Form der Abbildtheorie, gegen jede Form des Emanatismus – man könnte auch sagen: gegen jede Form einer hegelianisierenden Inkorporations- oder Wesenstheorie – und gegen den Monopolanspruch des naturwissenschaftlichen Erkenntniszieles«.[22]

Alle drei von Schluchter angezeigten Momente sind in der marxistischen Erkenntnistheorie der Geschichte anwesend: Elemente der Abbildtheorie, das – materialistisch gedeutete – Hegelsche Identitätsprinzip von Denken und Sein, das dem sogenannten »Emanatismus« zugrunde liegt, und endlich die Tendenz zur Identifizierung der Gesetze der historischen Entwicklung mit denen der Natur (»naturalistischer Monismus«).

Es steht aber vor Weber eine schwer lösbare Frage: Auf welche Weise wird ein bestimmter Idealtypus konstruiert? Eine seiner Erklärungen zu diesem Problem lautet: »Inhaltlich trägt diese Konstruktion (der Idealtypus) den Charakter einer *Utopie* an

---

21 Ebd., S. 287.
22 Schluchter, *Religion und Lebensführung*, Bd. 1, a.a.O., S. 53.

sich, die durch *gedankliche* Steigerung bestimmter Elemente der Wirklichkeit gewonnen ist.«[23] Diese Erklärung ist um so wichtiger, als sie eine gewisse Vieldeutigkeit des Begriffs »Idealtypus« offenbart. Einerseits betonte Weber, wie wir schon bemerkt haben, die »Unwirklichkeit« der Idealtypen, die nur eine »Utopie«, eine »Phantasie« darstellen. Andererseits aber werden sie, wie sich nun herausstellt, aus der Wirklichkeit selbst genommen, und zwar nicht ohne sie in einer gewissen Hinsicht zu »deformieren« – der Forscher muß ja die ihm typisch erscheinenden Elemente steigern, verschärfen, hervorheben. Es bedeutet aber, daß die empirische Welt sich dem Forscher nicht mehr, wie es Windelband und Rikkert glaubten, als eine chaotische Mannigfaltigkeit, sondern als eine bereits in gewissen Einheiten, Komplexen von Erscheinungen organisierte Mannigfaltigkeit darstellt.

Was soll nun der Idealtypus sein: eine apriorische Konstruktion oder eine empirische Verallgemeinerung? Die Betonung einiger Elemente der Wirklichkeit mit dem Zweck, einen Begriff wie z. B. »Handwerkerreligiosität« zu bilden, setzt voraus, daß aus einer Vielzahl individueller Erscheinungen ein wenn nicht allgemeiner, so doch *für viele gemeinsamer* Charakterzug abgesondert wird. Diese Prozedur fällt keineswegs mit der Bildung individualisierender historischer Begriffe zusammen, wie sie sich Rickert vorstellt. Sie ist vielmehr der Bildungsprozedur von generalisierenden Begriffen ähnlich. Um diese Schwierigkeiten zu lösen, muß man zwischen zwei Arten von Idealtypen – den historischen und den soziologischen – unterscheiden. Rickert hat bereits bemerkt, daß Soziologie im Unterschied zur Geschichte als eine generalisierende Wissenschaft betrachtet werden muß. In den nomothetischen Wissenschaften aber treten allgemeine Begriffe nicht als Mittel, sondern als Ziel der Erkenntnis auf. Also unterscheidet sich nach Rickert die Weise der Begriffsbildung in der Soziologie nicht von der naturwissenschaftlichen.

Die Eigenart des Weberschen Idealtypus und die mit ihr verbundenen Schwierigkeiten sind eben durch jene Tatsache bestimmt, daß der Idealtypus bei Weber als methodologisches Prinzip sowohl der soziologischen als auch der historischen Erkenntnis dient. Wie A. Walter in seiner Behandlung der Weberschen Soziologie schreibt, »sind die individualisierenden und die generalisie-

23 Weber, *Gesammelte Aufsätze zur Wissenschaftslehre*, a.a.O., S. 190.

renden Tendenzen bei Weber ... immer verflochten«, weil »Geschichte und Soziologie bei ihm oft unzertrennbar sind«.[24]

Diese Eigenart der Weberschen Methodologie haben besonders die russischen Historiker D. Petruševskij und A. Neusychin gewürdigt. Von größtem Interesse sind für Neusychin jene Werke Webers, die die historische Methode mit der soziologischen vereinigen, d. h. das Generelle mit dem Individuellen verbinden.[25]

Als Weber den Begriff »Idealtypus« zum ersten Mal 1904 in seinen methodologischen Schriften benutzte, betrachtete er ihn hauptsächlich als historischen Begriff. Deshalb betont er hier immerzu, daß der Idealtypus nur ein Instrument, kein Ziel der Erkenntnis sei. Idealtypische Konstruktionen sollen eine untergeordnete Hilfsrolle in der Arbeit eines Historikers spielen, der die Eigenart der individuellen geschichtlichen Phänomene festzustellen hat.

Aber selbst die Aufgaben der Geschichte als Wissenschaft hat Weber anders als Rickert verstanden: Er will sich nicht aufs Rekonstruieren des »wirklich Geschehenen« beschränken, wie es der an L. Rankes historischer Schule orientierte Rickert empfiehlt. Weber ist vielmehr geneigt, das Geschichtlich-Individuelle einer kausalen Analyse auszusetzen. Schon dadurch wird in die historische Untersuchung ein generalisierendes Element hineingebracht, und der Unterschied zwischen Geschichte und Soziologie wird abgeschwächt. Die Rolle des Idealtypus in der Soziologie und der Geschichtswissenschaft bestimmt Weber folgenderweise: »Die Soziologie bildet – wie schon *mehrfach* als selbstverständlich vorausgesetzt – *Typen*-Begriffe und sucht *generelle* Regeln des Geschehens. Im Gegensatz zur Geschichte, welche die kausale Analyse und Zurechnung *individueller, kultur*wichtiger Handlungen, Gebilde, Persönlichkeiten erstrebt.«[26]

Die Aufgabe der Geschichte (als Wissenschaft) besteht also nach Weber in der Feststellung kausaler Beziehungen zwischen individuellen geschichtlichen Bildungen. Hier dient der Idealtypus der

---

24 A. Walter, »Max Weber als Soziologe«, in: *Jahrbuch für Soziologie* 2, Karlsruhe 1926, S. 27.

25 Nach Neusychins Überzeugung ist die Soziologie nur auf einem historischen Boden möglich: Soziologie ist nichts anderes als »die in die Sprache der generellen Begriffe übersetzte Geschichte« (A. Neusychin, »Soziologičeskije issledovanija Maksa Vebera o gorode«, in: *Pod znamenem marksizma*, 1923, Nr. 8-9, ctr. 247).

26 Weber, *Gesammelte Aufsätze zur Wissenschaftslehre*, a.a.O., S. 559.

Entdeckung genetischer Zusammenhänge der Geschichtserscheinungen, deshalb werden wir ihn genetischen Idealtypus nennen.[27] Geschichte als eine Wissenschaft, die genetische Idealtypen anwendet, deren Absicht es ist, einen kausalen Zusammenhang zwischen historischen Ereignissen festzustellen, unterscheidet sich offensichtlich von der Rickertschen Auffassung der Geschichte.

Was ist aber ein soziologischer Idealtypus? Während die Geschichtswissenschaft nach Weber zur kausalen Analyse individueller, d. i. in Zeit und Raum lokalisierter Erscheinungen streben soll, besteht die Aufgabe der Soziologie darin, *allgemeine Regeln der Ereignisse* ohne Bezug auf zeitlich-räumliche Bestimmung dieser Ereignisse zu formulieren. In dieser Hinsicht müssen die Idealtypen als Arbeitsinstrumente eines Soziologen wahrscheinlich genereller sein als die genetischen Idealtypen eines Historikers, und sie können darum *reine* Idealtypen genannt werden. So konstruiert z. B. ein Soziologe reine Herrschaftsmodelle – das charismatische, das rationale, das patriarchale –, die zu jeder Zeit und überall auf der Erde gültig sein müssen. Also »arbeiten« die reinen Typen um so besser, je reiner sie, d. i. je weiter sie von den wirklichen, empirisch existierenden Herrschaftsformen entfernt sind.

»Reine Typen« der Soziologie vergleicht Weber mit den idealtypischen Konstruktionen der politischen Ökonomie – insofern, als das menschliche Handeln in beiden Disziplinen so dargestellt wird, als verliefe es unter *idealisierten Umständen*, und zweitens, als diese idealisierten Verläufe unabhängig von Zeit- und Ortsbestimmungen betrachtet werden. Es wird angenommen, daß, sofern die Bedingungen gegeben sind, die Ereignisse und das Handeln genau so, wie konstruiert, verlaufen würden. Verschiedenheit der Bedingungen und ihre Einwirkung auf den Verlauf des

27 Genetische Idealtypen bei Weber sind z. B. folgende: »mittelalterliche Stadt«, »Calvinismus«, »Methodismus«, »Kultur des Kapitalismus« usw. Alle Begriffe dieser Art seien durch Steigerung einer Charakterseite der empirisch gegebenen Tatsachen entstanden, erklärt Weber. Der Unterschied zwischen ihnen und allgemeinen Gattungsbegriffen besteht nach Weber darin, daß die letzteren durch Aussonderung eines *allen* gegebenen Erscheinungen eigenen Merkmals gebildet werden, während der genetische Idealtypus keine solche formelle Allgemeinheit voraussetzt.

Handelns werden nach Weber gerade am Maß der *Abweichung* vom Idealtypus identifiziert. Aber es ist die idealtypische Konstruktion, die uns diese Abweichung, also auch den Charakter der lokalen Umstände, bemerken und in allgemeingültigen Begriffen ausdrücken läßt.

Es stellt sich also heraus, daß sich die genetischen Idealtypen von den reinen nur dem Grade nach unterscheiden – d. i. nach dem Grad ihrer Allgemeinheit. Der genetische Typus wird in Raum und Zeit lokalisiert angewendet, während der reine nicht lokalisiert ist; der genetische dient als Mittel, die Zusammenhänge herauszufinden, die einmal stattgefunden haben, während der reine immer existierende Beziehungen zu finden erlaubt. Also wird der qualitative Unterschied, den es zwischen Geschichte und Soziologie für Rickert gegeben hat, durch einen »quantitativen« bei Weber ersetzt.

Wo es sich um geschichtliche Begriffe handelt, bemüht sich Weber, Rickerts streng individualisierendes Prinzip der Begriffsbildung durch mehr generalisierende Momente auszugleichen, und in der Soziologie ist es umgekehrt: Hier enthärtet er Rickerts nomothetisches Prinzip durch eine gute Dosis »Individualisierung«. Das letztere kommt unter anderem darin zum Ausdruck, daß Weber auf jeden Anspruch verzichtet, *Gesetze* des sozialen Lebens zu formulieren, indem er sich auf die bescheidenere Aufgabe beschränkt: *Regeln* zu finden, nach denen die Ereignisse verlaufen.

Es sind also jene Schwierigkeiten bei der Bildung idealtypischer Begriffe bei Weber hauptsächlich durch ihre verschiedenen Funktionen und Bildungsweisen in der Geschichtswissenschaft und in der Soziologie zu erklären. Während ein geschichtlicher Idealtypus nur ein Mittel der Erkenntnis genannt werden kann, ist dies für einen soziologischen Idealtypus nicht immer richtig.[28] Ferner: In die Geschichtswissenschaft bringt der Idealtypus ein generali-

---

28 Nach Wolfgang J. Mommsen hatten die idealtypischen Konstruktionen bei Weber zuerst nur dienende Funktion, aber in der letzten Periode (seit 1913) werden sie zu einem eigenständigen Erkenntnisziel (Mommsen, *Max Weber. Gesellschaft, Politik und Geschichte*, Frankfurt am Main 1982, S. 201). Aber diese Interpretation, wie W. Schluchter bemerkt, »schaltet den Problembezug der Begriffsbildung tendenziell aus und verabsolutiert eine unter mehreren möglichen Entwicklungstheorien« (Schluchter, *Die Entwicklung des okzidentalen Rationalismus*, a.a.O., S. 21).

sierendes Moment herein, in der Soziologie aber ist er vielmehr berufen, gesetzmäßige Beziehungen durch typische zu ersetzen. Also bedient sich Weber des Idealtypus, um die für die Theorie der Badener Schule charakteristische Kluft zwischen Geschichte und Soziologie zu verengen, wenngleich sie auch nicht völlig zu schließen.

Wie verhält sich die methodologische Kategorie des Idealtypus zum Prinzip der »Wertbeziehung«? In einem Brief an Rickert schreibt Weber, daß er die Kategorie des Idealtypus »für notwendig halte, um wertendes und wertbeziehendes Urteil scheiden zu können«.[29] Also hoffte Weber mit Hilfe der idealtypischen Konstruktionen Objektivität im Bereich der Handlungswissenschaften zu erreichen, d. i. einen Akt der Wertbeziehung (bei Weber der Beziehung auf ein »gemeinsames Interesse der Epoche«) zu verwirklichen, ohne dabei in rein subjektive Wertungen zu verfallen, welche sich ja auf die individuellen Interessen und parteilichen oder konfessionellen Vorlieben des Forschers zurückführen lassen. Da aber das »Interesse der Epoche« eine nur empirische Allgemeinheit besitzen kann, erweist sich die Scheidung der praktischen Wertung und der theoretischen Wertbeziehung als eine nur relative.

Im Begriffsapparat jedes Gelehrten werden die Werte verkörpert, an denen er sich orientiert. So kommen in Webers idealtypischen Konstruktionen wie »Bürokratie«, »Rationalisierung«, »Charisma« usw. verschiedene Werteinstellungen zum Ausdruck, welche einen bestimmten Aspekt zu finden erlauben, um mannigfaltige empirische Daten zur Begriffseinheit zusammenzuführen.

Deshalb wollen wir als nächstes den Begriff »Wert« analysieren – diesen Schlüsselbegriff Webers, welcher alle Fäden seines Forschungsprogramms verknüpft.

---

29 Brief vom 14. 6. 1904 aus Webers Nachlaß, in: Mommsen, *Max Weber. Gesellschaft, Politik und Geschichte*, a.a.O., S. 57.

II. Zum Problem des Wertes

In der deutschen Philosophie und Soziologie um die Jahrhundertwende spielte die Kategorie des Wertes eine außerordentlich wichtige Rolle. Dabei wurde ihr theoretischer Gehalt von verschiedenen Denkern und Schulen sehr verschieden interpretiert. Wie wir schon oben erwähnt haben, entnahm Max Weber seinen Wertbegriff der Lehre Rickerts, er veränderte aber seine Stellung wesentlich, indem er ihn seiner übergeschichtlichen Gültigkeit beraubte. Es fragt sich also, ob Webers Soziologie bei einem solchen Unterschied in der Auffassung des Wertes als eine »kantianisierende« bestimmt werden kann, wie es W. Schluchter, einer der führenden Weber-Forscher, tut. W. Schluchter argumentiert folgendermaßen: »Webers sich entwickelnde Soziologie ist kantianisierend insofern, als sie auf einer Konstitutionstheorie[30] der Erkenntnis, auf einer Evidenztheorie der ethischen und nichtethischen Werte und auf einer Theorie der ursprünglichen Vernünftigkeit des Menschen aufruht. Gemäß dieser Theorie ursprünglicher Vernünftigkeit steht der Mensch unter dem Gebot, zur Persönlichkeit zu werden.«[31]

In der Erkenntnistheorie und im Anerkennen der Evidenz der Werte folgt Weber wirklich der kantischen Tradition. Es gibt aber noch ein drittes – seiner Bedeutung nach erstes – Moment: nämlich die Theorie der ursprünglichen Vernünftigkeit des Menschen. In diesem Punkt ist Webers Verhältnis zum Kantianismus viel komplizierter. Aber eben auf dieses Moment ist ja Webers Interpretation des Inhalts von Wertbegriffen bezogen.

Ohne Zweifel stützte sich Weber auf die kantische Tradition in seiner Kritik der Abbildtheorie (sowohl in ihrer scholastischen, aristotelischen Form als auch in der materialistischen – von Holbach bis Marx) und in der Kritik der Geschichtsmetaphysik (die wir nach W. Schluchter »Emanatismus« nennen können). Was aber die ursprüngliche Vernünftigkeit des Menschen und die Bedeutung der Werte betrifft, so trennt sich hier Weber entschieden von Kant und auch von zeitgenössischen Kantianern.

---

30 Es ist hier wohl die von Kant herkommende Auffassung von Erkenntnis als Konstituieren (oder Konstruieren) des Gegenstandes der Erkenntnis gemeint.

31 Schluchter, *Religion und Lebensführung*, Bd. 1, a.a.O., S. 82.

Die Kantische Ethik gründet sich auf die Lehre vom *objektiven Reich der Zwecke*. Der Mensch als *sittliches Wesen* ist nach Kant Zweck an sich und besitzt also einen *absoluten Wert*. »Nun sage ich: der Mensch und überhaupt jedes vernünftige Wesen *existiert als Zweck an sich* selbst, nicht bloß als Mittel zum beliebigen Gebrauche für diesen oder jenen Willen ... Alle Gegenstände der Neigungen haben nur einen bedingten Wert ... Die Wesen, deren Dasein zwar nicht auf unserem Willen, sondern der Natur beruht, haben dennoch, wenn sie vernunftlose Wesen sind, nur einen relativen Wert, als Mittel, und heißen daher *Sachen*, dagegen vernünftige Wesen *Personen* genannt werden, weil ihre Natur sie schon als Zwecke an sich selbst ... auszeichnet ... Dies sind also nicht bloß subjektive Zwecke, deren Existenz als Wirkung unserer Handlung *für uns* einen Wert hat; sondern *objektive Zwecke*, d. h. Dinge, deren Dasein an sich selbst Zweck ist, und zwar ein solcher, an dessen Statt kein anderer Zweck gesetzt werden kann, dem sie bloß als Mittel zu Diensten stehen sollten, weil ohne dieses überall gar nichts von *absolutem Werte* würde angetroffen werden; wenn aber aller Wert bedingt, mithin zufällig wäre, so könnte für die Vernunft überall kein oberstes praktisches Prinzip angetroffen werden.«[32]

Ontologischer Grund der Kantischen Ethik oder Werttheorie ist die Persönlichkeit als absoluter Wert und Teilhaber am Reich der objektiven Zwecke als der Dinge an sich. Nur ein *vernünftiges* und somit *sittliches* Wesen, d. h. ein Wesen, das im anderen vernünftigen Wesen nicht nur ein Mittel, sondern auch einen absoluten Wert anerkennt, kann Mitglied der Gemeinschaft der Zwecke sein. Nur ein solcher Wert kann sich durch den kategorischen Imperativ der praktischen Vernunft bestimmen lassen, welcher *allgemein* ist und folglich ein *objektives Willensprinzip* ausmacht.

Hier haben wir die philosophische Begründung des klassischen Liberalismus. Der Wert jeder einzelnen Persönlichkeit ist eine Hauptgrundlage[33], und nicht zufällig hat er sich auf die Theorie

32 Immanuel Kant, *Grundlegung zur Metaphysik der Sitten*, 5. Aufl., Leipzig 1920, S. 52 f.

33 »Die rationale individualistische Lehre, daß der Staat alle seine Würde von den Einzelnen zu Lehen trage ... ist die Staatsdoktrin des Liberalismus. In den Interessen der Individuen besitzt er einen in der Erfahrung gegebenen Maßstab für den Wert oder Unwert bestehender staatlicher Einrichtungen«, schreibt der bekannte deutsche Theoreti-

des Naturrechts berufen – als auf ein diesen Wert begründendes Postulat. Übrigens hat Max Weber diese Bedeutung der Naturrechtstheorien und ihrer ideellen Forderungen sehr gut verstanden; nach seinem Ausdruck »wird der reinste Typus der wertrationalen Geltung durch das Naturrecht dargestellt«.[34]

Der absolute Wert der Persönlichkeit bei Kant kann letzten Endes auf das christliche Dogma von der Unsterblichkeit der Seele zurückgeführt werden. Zwar ist das Prinzip der Kantischen Ethik vernünftig erschlossen und nicht geoffenbart, wie in der christlichen Religion. Aber bei aller Verschiedenheit der Kantischen Philosophie von der christlichen Theologie, bei aller Kritik der rationalen Theologie, spielen die Glaubenspostulate in Kants Ethik eine bedeutsame Rolle. Nur in einem Fall kann die Persönlichkeit an erster Stelle – vor dem Staat und jeder Form der menschlichen Gesellschaft – stehen: wenn die individuelle Seele ewig ist, d. i. transzendent in bezug auf die empirische Welt, also auch auf die Geschichte. »Lebt der Mensch nur seine 70 Jahre«, schreibt K. S. Lewis, »dann haben Staat, Nation, Zivilisation, welche ja über Jahrtausende leben können, bestimmt einen größeren Wert als ein Individuum. Wenn aber das Christentum recht hat, dann bedeutet ein Individuum unermeßlich mehr, denn der Mensch ist ewig, während das Leben eines Staates oder einer Zivilisation im Vergleich dazu einen kurzen Augenblick dauert.«[35]

Gewiß sind Weber die Voraussetzungen der liberalen Weltanschauung nicht fremd. Den hohen Wert der menschlichen Persönlichkeit will auch er anerkennen. Aber die Kantische Begründung

ker des Rechts, Gustav Radbruch. (*Einführung in die Rechtswissenschaft*, Stuttgart 1961, S. 27). Das Wort »Individualismus« kann uns hier wohl irreführen: der Liberalismus ist zwar individualistisch in einem allgemein-methodologischen Sinn, insofern er von der Priorität des einzelnen Individuums vor Gesellschaft und Staat als Ganzen ausgeht. Da er aber den absoluten Wert dem Individuum nicht als dem natürlichen, sondern als dem sittlichen Wesen, welches durch das Sittengesetz und nicht durch egoistisches Interesse bestimmt wird, zuschreibt, so wollen wir hier nicht von Individualismus, sondern vielmehr von einem Universalismus sprechen, der sich an einer »Gemeinschaft sittlicher Wesen« orientiert.

34 Max Weber, *Wirtschaft und Gesellschaft*, Tübingen 1985, S. 19.

35 K. S. Lewis, »Christian Behaviour«, in: *Inostrannaja literatura*, Nr. 5, 1990, S. 210.

dieses Wertes, d. i. die Lehre vom objektiven Reich der Zwecke, wobei die vernünftige Persönlichkeit im Transzendenten eingewurzelt sein muß, will er keineswegs annehmen. Hier ist die prinzipielle Abgrenzungslinie. Davon spricht Schluchter: »Wer dem Gebot zur Persönlichkeit heute folgt, nimmt allerdings nicht mehr, wie bei Kant, teil an einem Reich vernünftiger Zwecke. Er folgt, um mit Georg Simmel zu sprechen, ausschließlich einem *individuellen* Gesetz.«[36]

Der Standpunkt Simmels, wie er ihn in seinem Aufsatz »Das individuelle Gesetz« darstellt, hat viele gemeinsame Momente mit Webers Auffassungen. Beide wollen das Prinzip der Normativität loswerden: Simmel in der Ethik, Weber im Recht. So schafft Weber, indem er sich von der normativen Rechtswissenschaft, wie sie z. B. bei G. Jellinek dargestellt ist, abstößt, die Soziologie des Rechts als Wissenschaft, welche nicht objektive Normen, sondern *die Wirklichkeit* behandelt. Und Simmel kritisiert die Kantische normative Ethik, die sich auf allgemeine Gesetze der Sittlichkeit gründet. Seine Hauptthese lautet: »Alles Wirkliche ... ist individuell ... alles Individuelle ist nur wirklich.«[37] Dementsprechend muß das Sollen als etwas Unwirkliches nicht individuell, sondern allgemein sein, und darin besteht sein Nachteil: Es läßt das Individuelle aus, indem es dieses mit dem Empirisch-Sensuellen identifiziert. Somit entsteht laut Simmel die falsche Alternative: das Allgemein-Ideale (Gesetz) wird dem Individuellen als Empirischem (Zufall) gegenübergestellt. Dieser Dualismus gründet sich, wie Simmel richtig bemerkt, entweder auf der Annahme des überempirischen Ideenreiches (Platon) oder des sich über der ganzen Schöpfungswelt als Quelle aller Werte erhebenden Gottes.[38] Ein solcher Dualismus beraubt nach Simmels Überzeugung das Individuelle jeder Bedeutung. Den wahren Wert besitzt das Individuum bei Kant nur insofern, als es dem allgemeinen sittlichen Gesetz folgt. Diese Dualistik, so Simmel, hat sich in unserem Bewußtsein fest eingewurzelt »dank der fortwirkenden Gewöhnung an den Dekalog ... Prototyp aller ethischen Gesetzlichkeit«.[39]

36 Schluchter, *Religion und Lebensführung*, Bd. 1, a.a.O., S. 82–83.
37 Georg Simmel, »Das individuelle Gesetz. Ein Versuch über das Prinzip der Ethik«, in: *Logos*, Bd. 4, Heft 1, 1913.
38 Ebd., S. 119.
39 Ebd., S. 137.

Um dem Individuellen als dem einzig Wirklichen die wahre Bedeutung zurückzugeben, muß man nach Simmel diese Dualistik beseitigen, weil die wesentliche Form des allgemeinen Gesetzes der wesentlichen Form des Lebens völlig fremd ist.[40] Diese Gegenüberstellung von Leben und Verstand (und auch Vernunft) ist Simmel mit Henri Bergson und anderen sogenannten »Lebensphilosophen« gemeinsam: Das Leben wird als organisch-kontinuierlich, fließend und individuell begriffen.[41] Der Vernunft bleibt nach Simmel die prinzipiell andere, atomisierende Leistung: »Der kategorische Imperativ hebt ... die Freiheit auf, weil er die einheitliche Totalität des Lebens aufhebt, zugunsten der atomisierten Taten, die und deren Wertung nach einem begrifflichen System das Leben unter sich beugen, ihm seine, d. h. ihre Bedeutung bestimmen.«[42] Der Versuch, den lebendigen und dynamischen Vorstellungsstrom aus dem Mechanismus einzelner, durch den eigenen logischen Inhalt begrenzter Vorstellungen zu erklären, ist nach Simmel eine »Vergewaltigung des Lebens« durch die Logik«.[43]

Eigentümlich nicht nur für Simmel, sondern für die Denkart am Beginn des 20. Jahrhunderts überhaupt ist die Identifizierung *des Vernünftigen* (des *Rationalen als* solchen) mit dem *Mechanischen*. Diese Tendenz hat unter anderem auch die Webersche Konzeption der Rationalität beeinflußt, welche sich letzten Endes auf formale Rationalität – eine Berechnungstechnik – reduzieren läßt. Von diesem Standpunkt aus ist es selbstverständlich, daß alle Äußerungen Kants zu allgemeinen Vernunftgesetzen nichts anderes als – nach Simmels Ausdruck – eine »mechanistische Tendenz in Kants Denken« erkennen lassen.[44] Die Kontinuität des Lebens, der individuelle Strom der Erlebnisse kann laut Simmel keinem

40 »Indem die Ethik aber sehr viel näher an dem Leben in seiner Unmittelbarkeit steht, zeigt sich nun auch durch das Medium dieser theoretischen Analogie, wie fremd die Wesensform des ›allgemeinen Gesetzes‹ ... der Wesensform des Lebens ist, das doch seine Wirklichkeit ihm anschmiegen *soll*; wie wenig eine noch so große Häufung solcher Gesetze der Bewegtheit und Mannigfaltigkeit des Lebens nachkommen kann – nicht aus quantitativer Unzulänglichkeit, sondern aus der Diskrepanz der prinzipiellen Form beider« (ebd., S. 122).

41 Ebd., S. 130 f.

42 Ebd., S. 131.

43 Ebd., S. 126.

44 Ebd., S. 132.

äußeren Sollen untergeordnet sein: »Von vornherein wenigstens wäre es also nicht ausgeschlossen, daß die Individualität zu denjenigen Bestimmungen des Menschen gehörte, die seiner Wirklichkeit und seiner Idealität ... gemeinsam sein dürfen.«[45] Und es bedeutet, daß ein Gesetz individuell, d. i. dem individuellen Leben immanent sein muß. Das so verstandene individuelle Gesetz (oder individuelle Sollen) wird dem Leben nicht gegenüberstehen; es ist »vital beweglich«[46] und im genauen Sinn mit dem sittlichen Sollen gar nicht identisch.[47]

Simmels Hauptargumente finden wir ähnlich bei Friedrich Nietzsche. Auch Nietzsche beginnt mit der Kritik der Kantischen Ethik. »Ein Wort noch gegen Kant als *Moralist*. Eine Tugend muß *unsre* Erfindung sein, *unsre* persönlichste Notwehr und Notdurft: in jedem andern Sinne ist sie bloß eine Gefahr. Was nicht unser Leben bedingt, schadet ihm: eine Tugend bloß aus einem Respekts-Gefühle vor dem Begriff ›Tugend‹, wie Kant es wollte, ist schädlich. Die ›Tugend‹, die ›Pflicht‹, das ›Gute an sich‹, *das Gute mit dem Charakter der Unpersönlichkeit* und Allgemeingültigkeit – Hirngespinste, in denen sich der Niedergang, die letzte Entkräftung des Lebens, das Königsberger Chinesentum ausdrückte. Das Umgekehrte wird von den tiefsten Erhaltungs- und Wachstumsgesetzen geboten: daß jeder sich *seine* Tugend, seinen kategorischen Imperativ erfinde ... Nichts ruiniert tiefer, innerlicher als jede ›unpersönliche‹ Pflicht, jede Opferung vor dem Moloch der Abstraktion.«[48]

Und Nietzsche zieht die Schlußfolgerung: »Was zerstört schneller, als ohne innere Notwendigkeit, *ohne eine tief persönliche Wahl*, ohne *Lust* arbeiten, denken, fühlen? als Automat der ›Pflicht‹? Es ist geradezu das Rezept zur décadence, selbst zum Idiotismus ... Kant wurde *Idiot*.«[49]

45 Ebd., S. 120.
46 Ebd., S. 137.
47 Ebd. »Vielleicht sei gerade das so gefaßte Sollen eine viel allgemeinere Form, die nicht nur von ethischen Wertungen erfüllt ist, sondern auch von eudämonistischen, sachlichen, äußerlich praktischen, ja von perversen und anti-ethischen.«
48 Friedrich Nietzsche, *Umwertung aller Werte*. Erstes Buch: *Der Antichrist*, in: *Sämtliche Werke in zwölf Bänden*, Bd. VIII. Stuttgart 1964, S. 200.
49 Ebd.

Das Prinzip der Individualität und der Einzigartigkeit hat, wie wir wissen, auch Rickert betont. »Eine mit naturwissenschaftlichen Allgemeinbegriffen arbeitende Ethik müßte in der Tat dem Sinn des individuellen persönlichen Lebens, und damit dem Sinn des praktischen, aktiven sozialen Lebens überhaupt, verständnislos gegenüberstehen.«[50] Versteht man Individuum als Gattungsexemplar, so hört nach Rickert das Individuum sofort auf, Individuum zu sein.

Rickerts Deutung der Individualität aber unterscheidet sich wesentlich von der Simmels. Diese Deutung beruht auf dem Begriff der objektiv gültigen ethischen Werte. Die Geschichte und die sittlichen Werte bilden sozusagen zwei die menschliche Individualität bestimmende Koordinaten. Das sittliche Individuum kann laut Rickert nur als »historisches« Individuum handeln. Deshalb werden auch die sittlichen Aufgaben der Menschen immer individuell unterschieden. Der Lebenssinn eines »historischen« Individuums besteht nach Rickert in der Erfüllung individueller *sittlicher Aufgaben*, die ihm und nur ihm gestellt sind.

Also betont hier Rickert gleich Simmel die Rolle der Individualität, akzeptiert aber dabei die vor der Persönlichkeit stehende Aufgabe als etwas Objektives. Wohl wird diese Aufgabe durch die Eigenartigkeit der geschichtlichen Situation spezifiziert, doch ist sie ohne absolute Werte unlösbar. Ein solcher Gedankengang erlaubt Rickert folgenden Schluß: »Der Begriff eines allgemeingültigen ethischen Imperativs schließt das Recht der individuellen Persönlichkeit und ihrer Besonderheit nicht aus, sondern es werden im Gegenteil für den Menschen Individualität und Besonderheit als Vorbedingung zur Erfüllung seiner Pflichten sittlich notwendig.«[51]

Rickert bewahrt also den Kantischen kategorischen Imperativ in einer erneuerten Form: »Du sollst, wenn Du gut handeln willst, durch Deine Individualität an der individuellen Stelle der Wirklichkeit, an der Du stehst, das ausführen, was nur Du ausführen kannst, da kein anderer in der überall individuellen Welt genau dieselbe Aufgabe hat wie Du.«[52]

50 Heinrich Rickert, *Die Grenzen der naturwissenschaftlichen Begriffsbildung*, Tübingen 1929, S. 710.
51 Ebd., S. 711.
52 Ebd., S. 711 f.

Ohne Zweifel handelt es sich um eine indirekte Polemik Rickerts gegen Simmel, welcher die Kantische Ethik als mit dem Begriff der Individualität unvereinbar abgelehnt hatte. Rickert aber hält es für möglich, das Individuelle mit dem sittlich Allgemeingültigen zu vereinbaren.[53] Sein Verhältnis zur Idee des »individuellen Gesetzes« hat Rickert auch direkt geäußert: »Nur fehlt bei Simmel die Beziehung auf die geschichtliche Realität, und daher bekommt sein individuelles Gesetz eine etwas romantische Ich-Färbung, die hier ganz fernliegt.«[54]

Wir sehen, daß Rickerts Wertlehre und seine Theorie der Geschichts- und Kulturwissenschaften sehr eng miteinander verbunden sind. Rickert will beweisen, daß allgemeiner Wert und individuelle Gestaltung für die Geschichte zusammengehören: »das, worin sie (die Geschichtswissenschaft – P. G.) die Individualität eines Menschen erblickt, ist der Inbegriff dessen, was dieses eine und nur dieses eine Individuum mit Rücksicht auf die *allgemeinen Kulturwerte* bedeutet hat«.[55]

Was aber Simmel anbetrifft, so zieht er konsequente Schlüsse aus seinen Voraussetzungen: Das *individuelle Gesetz ist nichts anderes als das Leben des Individuums selbst.* Denn das Leben folgt doch – laut Nietzsche – im Unterschied zu Kants kategorischem Imperativ mit seiner Forderung an alle vernünftigen Wesen dem Prinzip der Einzigartigkeit, dessen Forderung lautet: Sei dir selbst treu!

In diesem Punkt stimmen Simmel und Weber überein. Wohl sind für den letzteren die methodologischen Einstellungen der Lebensphilosophie mit ihrer Betonung von »Erlebnis«, »Einfühlung«, »Sich-hineinleben« unannehmbar – eben diesen Einstellungen hat Weber die Rickertsche Methodologie, wenn auch mit wesentlichen Korrekturen, gegenübergestellt. In diesem Punkt aber kommt Weber Simmel sehr nahe, insofern sich beide auf Kant beziehen und sich zugleich in Richtung Nietzsches bewegen.[56]

53 »Falls gerade die allgemeinsten Imperative von der Ethik so verstanden werden, kann kein ethischer ›Individualismus‹ noch behaupten, allgemeine Gebote drohten wegen ihrer Allgemeinheit den Sinn des einmaligen besonderen Lebens und der individuellen Persönlichkeit zu zerstören« (ebd., S. 712).

54 Ebd., S. 712.

55 Ebd., S. 711.

56 Das bemerkt Schluchter in bezug auf den Begriff des »individuellen

Wie Simmel, lehnt Weber erstens die Kantische Verwurzelung der Werte in der transzendenten Welt ab, und zweitens überprüft er den Begriff »Vernunft«, welchen Kant mit Platon, Aristoteles, der mittelalterlichen Theologie und der Metaphysik des 17. Jahrhunderts gemeinsam hat. Wohl hat Kant die Ansprüche der Vernunft auf theoretischem Gebiet wesentlich eingeschränkt, auf praktischem aber ließ er ihre Funktionen intakt, wodurch die *Allgemeingültigkeit* sittlicher Forderungen bewahrt wurde. Weber aber will die Kantische These von der ursprünglichen Vernünftigkeit des Menschen nicht annehmen, also kann seine Soziologie – wenigstens in diesem wichtigsten Aspekt – kaum als eine »kantianisierende« bezeichnet werden.

Gewiß neigte Weber in seinen politischen Ansichten immer zum Liberalismus. Aber philosophisch gründet sich der Liberalismus eben auf Kants Lehre vom Reich der objektiven Werte, d. i. der sittlichen Gemeinschaft vernünftiger (= freier) Wesen. Wie kann man der liberalen Doktrin treu bleiben, wie kann sie überhaupt weiterexistieren, nachdem man ihre religiöse und dann ihre philosophische Grundlage aufgehoben hat: nämlich den Glauben an die Unsterblichkeit der Seele und die Überzeugung von der ursprünglichen Vernünftigkeit und also der Freiheit des Menschen im Kantischen Sinne? Ist das »individuelle Gesetz« imstande, den kategorischen Imperativ und die tief mit ihm verbundene Naturrechtslehre[57] zu ersetzen, die Lehre, die in verschiedenen Formen

Gesetzes«: »Obgleich man Webers Auffassung mit der Simmels nicht gleichsetzen darf, steht er doch wie dieser in diesen letzten Fragen gleichsam zwischen Kant und Nietzsche« (Schluchter, *Religion und Lebensführung*, Bd. 1, a.a.O., S. 83).

57 Vernünftig sein, d. i., den Forderungen nicht der egoistischen Neigung, sondern der – altruistischen – Vernunft zu gehorchen, ist nach Kant in gleichem Maße die sittliche Pflicht wie auch das natürliche (ursprüngliche, eingeborene) Recht jedes Menschen. »Freiheit (Unabhängigkeit von eines anderen nötigender Willkür), sofern sie mit jedes anderen Freiheit nach einem allgemeinen Gesetz zusammen bestehen kann, ist dieses einzige, ursprüngliche, jedem Menschen kraft seiner Menschheit zustehende Recht« (Immanuel Kant, *Metaphysik der Sitten*, Leipzig 1919, S. 43).

Liberalismus als politische Richtung orientiert sich nicht am Individuum als einem rein natürlichen Wesen (das nur egoistisch ist), nicht an der Persönlichkeit als einem psychologischen Begriff, sondern an der moralischen Persönlichkeit – an der Person als Subjekt des Naturrech-

mehr als zwei Jahrtausende hindurch existierte: von den antiken Stoikern und mittelalterlichen Theologen bis zu Kant und dem Liberalismus des 19. Jahrhunderts?

Ich glaube, es war eben diese Frage, die sich Weber in all ihrer Schärfe stellte – gleichsam zusammen mit der Überprüfung des traditionellen Vernunftbegriffs. Eigentlich ist diese Überprüfung für den Protestantismus überhaupt charakteristisch: Schon Luther stellt den frommen Glauben der gottlosen Vernunft (der ancilla diaboli) gegenüber. Bei Weber wird die Vernunft hauptsächlich als eine wertfreie Rationalität dargestellt (d. h. als eine Technik des Operierens mit Begriffen, als Rechnen und Kalkulation im weitesten Sinne, mit einem Wort – als sogenannte formale Rationalität); der Wille im Gegensatz dazu als eine rationalitätsfreie Quelle von Werten, als Vermögen hervorragender Menschen, Charismatiker, Werte zu schaffen – als Vermögen anderer, unter verschiedenen Werten zu wählen. Also behandelt Weber die Freiheit nicht als Fähigkeit, sich dem allgemeinen sittlichen Gesetz unterzuordnen, sondern als Folge des individuellen Gesetzes – der inneren Stimme des eigenen Willens. Man soll nur diese Stimme möglichst deutlich zu vernehmen lernen, sie nicht durch die Stimmen fremder Willen dämpfen lassen.

Gleich Simmel, kommt hier Weber ganz nahe an Nietzsche – Kants Kritiker – heran. Der Widerstand gegen die sowohl in der Wissenschaft als auch in der Rechtsordnung verkörperte Vernunft

tes. Was eine Person ist, erklärt Kant sehr deutlich: »Person ist dasjenige Subjekt, dessen Handlungen einer Zurechnung fähig sind. Die moralische Persönlichkeit ist also nichts anderes als die Freiheit eines vernünftigen Wesens unter moralischen Gesetzen (die psychologische aber bloß das Vermögen, sich der Identität seiner selbst in den verschiedenen Zuständen seines Daseins bewußt zu werden); woraus dann folgt, daß eine Person keinen anderen Gesetzen als denen, die sie (entweder allein oder wenigstens zugleich mit anderen) sich selbst gibt, unterworfen ist« (ebd., S. 27).

Kants Schlußgedanke von der Autonomie des freien Willens, d. h. des allgemein gesetzgebenden Willens, scheidet den deutschen Philosophen von allen jenen, die eine religiöse Begründung für Sittlichkeit und Recht gesucht haben, um den menschlichen Willen dem göttlichen Gesetz unterzuordnen (der oben zitierte K. S. Lewis bietet uns gerade eine solche Begründung an, wobei er die von Augustin ausgehende Tradition fortsetzt). Vom Standpunkt Kants ist eine solche Ethik heteronom und also unannehmbar.

wuchs in der zweiten Hälfte des 19. Jahrhunderts zusammen mit der Kritik an der Aufklärung, deren Hoffnungen sich auf ein künftiges Wohlergehen der Menschheit und den Triumph des Rechts gegründet hatten. Bei Nietzsche, wie auch später bei Weber, trug dieser Widerstand einen aristokratischen Charakter und war eng mit dem Streben verbunden, »Routine« und »Durchschnittlichkeit« des immer rationaler werdenden Lebens zu überwinden, jene fade, salzlose, alles Emotionelle im Menschen unterdrückende Alltäglichkeit zu durchbrechen, die keinen Platz für Fest, für Wunder läßt.

Diese Gesinnung hat Webers Zeitgenosse Gustav Radbruch (dessen Werke Max Weber kannte und schätzte) sehr gut ausgedrückt. »Wir können Wissenschaft und Rechtsordnung, Naturgesetz und Norm als eine großartige Veranstaltung betrachten, bestimmt, das Unberechenbare, den Zufall aus der Welt zu vertreiben. Aber wenn es ihnen nun wirklich gelänge, das Leben in lauter Berechenbarkeit aufzulösen, wäre es dann noch wert, gelebt zu werden? Der Zufall, das Unberechenbare und Unerwartete, Überraschung und Enttäuschung, die süße Qual des Ritardando und die berückende Gefahr des Accelerando machen ja gerade die verführerische Musik aus, um deretwillen wir das Leben lieben: ›Von ohngefähr – das ist der älteste Adel der Welt‹ (Nietzsche). Was wäre das Leben, wenn wir nicht mehr auf ›das Wunderbare‹ warteten? Der nicht völlig in der Alltäglichkeit versunkene Mensch wird immer auch der Gewißheit des ›Glücks‹ das Glück der Ungewißheit vorziehen. ... Obgleich nun die Rechtsordnung noch weit davon entfernt war, der Unberechenbarkeit Herr geworden zu sein, litt vor den Kriegen eine immer wachsendere Zahl gerade feinerer Naturen unter der *farblosen Regelmäßigkeit* (vgl. die formale Rationalität Webers – P. G.) unseres bürgerlichen Lebens ... Der Abenteuertrieb, sich auf sich selbst gestellt an der Gefahr zu bewähren, der faustische Drang, sein Ich zum Welt-Ich zu erweitern, die Freude an ungeregelter Buntheit und Fülle des Daseins, das ›Lebe gefährlich‹, lehnen sich deshalb innerlich gegen die Regel und Ordnung des Rechts auf und treiben, bewußt oder unbewußt, zum emotionellen Anarchismus.«[58]

58 Gustav Radbruch, *Einführung in die Rechtswissenschaft*, Stuttgart 1961, 10. Aufl., S. 245 f. Den letzten Satz habe ich nach der Ausgabe 1913 zitiert. Nach den Kriegen hat Radbruch ihn korrigiert: »... und

42

Es ist, als hätte dies nicht der deutsche Professor und Rechtslehrer, die Verkörperung des Geistes der Gerechtigkeit und Ordnung in Europa, sondern der russische Philosoph und Romantiker K. N. Leontev geschrieben, welcher, gleich Nietzsche, das liberale Europa mit seiner »farblosen Korrektheit bürgerlich-rationeller Ordnung, (seinem) Durchschnittsmaßstab in allem und (seiner) Verbundenheit an alles Irdisch-Niedrige« haßte und verabscheute.

Da der Name Leontev hier genannt wurde, sollte man anmerken, daß dieser russische Kämpfer gegen »Alltagsroutine«, gegen geist- und farblose standardisierte europäische Zivilisation Rettung und Gegengift nicht nur in »Krieg und Anarchie« (nach Radbruchs Ausdruck), nicht nur in der Ekstase von Kampf und Erotik sah, sondern in erster Linie in den Sakramenten des Christentums, in den Geheimnissen des Glaubens als der Quelle des so notwendigen Wunders. Im Gegensatz zum orthodoxen Leontev wird allerdings kein auf protestantischem Boden geborener Denker – insbesondere kein Nietzsche oder Weber – das Wunder von und innerhalb der Kirche erwarten. So bedeutet für Weber die Rückkehr in den Schoß der alten Kirchen eine geistige Kapitulation, ein freiwilliger Verzicht auf der Suche nach dem wahren »Wunder«.[59] Das ist kaum ein Zufall. Unter allen christlichen Konfessionen ist ja der Protestantismus die im höchsten Maße rationalistische, und gleichzeitig war es eben der protestantische Geist, der sich in den letzten Jahrhunderten als Träger des Revolutionismus erwies. Das mag seltsam klingen, aber das

trieben, bewußt oder unbewußt, vor 1914 und noch unverhüllter und inhumaner nach 1933 der Kriegsromantik und in der Zwischenzeit der Geheimbundsromantik zu.«

Mit Nietzsches Worten zieht uns das Dionysische – Prinzip des Krieges und Kampfes, der Gefahr und des Unterganges – kräftiger an als das Apollonische. »Je mehr es dem Rechte gelang, schützende Zäune zwischen Mensch und Mensch aufzurichten, um so mehr schwand der Anlaß, sich im Kampf miteinander zu erproben. ... Das Pflichtbewußtsein entsteht nur unter dem Schutze des Rechts und des Friedens, aber als ›Material der Pflichterfüllung‹ (Fichte), als ›Wetzstein der Tugend‹ (Kant) scheinen Anarchie und Krieg den Vorzug zu haben« (ebd., S. 246).

59 Weber, »Wissenschaft als Beruf«, in: *Gesammelte Aufsätze zur Wissenschaftslehre*, a.a.O., S. 612.

Paradox ist nur scheinbar. Denn es ist der Rationalismus, der das Wunder aus dem Transzendenten ins Immanente herüberbringt. Das immanente Wunder aber bedeutet nichts anderes als den sogenannten »Dionysismus« in seinen verschiedensten Formen: sei es als Kampf um die Macht (der »Wille zur Macht«), als Krieg oder Revolution – als »Fest der Unterdrückten und Ausgebeuteten« (Marx).

Es ist eben dieses Eingeschlossensein im Immanenten, dieses Beschränktsein auf das Diesseitige, vereint mit dem Streben nach Durchbruch und Wunder, was jenen Punkt ausmacht, an dem Weber, Nietzsche und Marx übereinstimmen. Zwar hat Weber, im Unterschied zu Nietzsche und Marx, nie die Religion als eine feindliche Macht betrachtet. Mehr als das: Er hatte nach meiner Meinung eine vage Sehnsucht nach dem Transzendenten – in diesem Sinne spricht er von seiner »religiösen Unmusikalität«[60]; als Frucht dieses Sehnsuchtsgefühles kann seine vortreffliche Untersuchung über die Wirtschaftsethik der Weltreligionen gelten.

Das »Wunder« erscheint im Weberschen »Weltbild« in Gestalt des *Charismas*: Es ist gerade jene »Gnadengabe«, das unter Menschen höchst seltene übernatürliche Vermögen, das eine große Rolle im sozialen Leben spielt und nach Weber Gang und Richtung des geschichtlichen Prozesses bestimmen kann.[61] In der Weltanschauung und im wissenschaftlichen Programm Webers hat der Charismatiker die Stelle der Vorsehung eingenommen: Er ist nun der säkularisierte, »innerweltliche« Gott. Er

60 Siehe den Brief Webers an Ferdinand Tönnies von 1908, in: E. Baumgarten, *Max Weber. Werk und Person*, Tübingen 1964, S. 104.
61 Weber entnahm den Begriff »Charisma« den Untersuchungen von P. Sohm über die altchristliche Gemeinde. Dieser Begriff spielt eine große Rolle nicht nur in Webers Religionssoziologie, sondern auch in seiner Herrschaftssoziologie. »Von gelegentlicher Verwendung des Terminus (»Charisma« – P. G.) im religionssoziologischen Kapitel von ›Wirtschaft und Gesellschaft‹ schritt Weber zu einer systematischen Ausarbeitung in den herrschaftssoziologischen Kapiteln. Weniger bemerkt worden ist, daß er dabei auch den Begriff der Gemeinde von der religiösen in die Herrschaftssphäre übertrug und sie als die typische charismatische Vergemeinschaftung definierte« (Günther Roth, *Politische Herrschaft und persönliche Freiheit. Heidelberger Max Weber-Vorlesungen 1983*, Frankfurt am Main 1987, S. 141).

revolutioniert die Welt, indem er immer wieder die alte, Routine gewordene Ordnung ablehnt und eine neue Ordnung stiftet. Charisma, nach Weber, ist die größte der jenseitigen Mächte; sie tritt als *sinnschaffender Wille* hervor und teilt dem geschichtlichen Leben seinen Sinn zu. Charismatiker sind für Weber biblische Propheten, es sind auch Christus, Buddha und Mohammed. Charismatiker sind ferner hervorragende Feldherren (Heerführer) wie Napoleon und Staatsmänner wie Bismarck, Theodore Roosevelt oder Gladstone, der »Diktator des Wahlschlachtfeldes«.

Charisma ist revolutionär; es ist nicht nur gegen Tradition, sondern auch gegen Rationalität gerichtet – mit einem Worte, gegen jede Routine und Alltäglichkeit. Nach Weber gibt es den ewigen Kampf zwischen Charisma und Tradition oder Rationalisierung, zwischen individuellem Schöpfertum und der leblosen und unpersönlichen Eigengesetzlichkeit der durch den Menschen selbst hervorgebrachten sozialen Mächte und Strukturen. Also wird bei Weber zum schöpferischen Prinzip der Geschichte nicht die Providentia (Vorsehung) wie im Christentum, auch nicht die Ratio wie in der Aufklärung, sondern *Leidenschaft*; hier tritt er wiederum als Nietzsches Gesinnungsgenosse auf. Webers Charisma ist ein Kind des dionysischen Elements.

Aber paradoxerweise identifiziert Weber mit der Leidenschaft einen anderen – für ihn auch höchst wertvollen – Charakterzug des Menschen: die Fähigkeit, sich einer Sache völlig zu widmen und sich nur durch den Sachgehalt bestimmen zu lassen; nicht dem eigenen »Ich«, sondern der Sache treu und ergeben zu bleiben. Ohne diesen Zug kann es, so Weber, keinen großen Politiker geben. »Man kann sagen, daß drei Qualitäten vornehmlich entscheidend sind für den Politiker: Leidenschaft, Verantwortungsgefühl, Augenmaß. *Leidenschaft im Sinne von Sachlichkeit*: leidenschaftliche Hingabe an eine ›Sache‹, an den Gott oder Dämon, der ihr Gebieter ist.«[62]

Webers Charismatiker ist gerade jener »Zufall«, jenes »Wunder«, von welchem Radbruch sprach. Seine Erscheinung bezeichnet einen göttlichen Eingriff in den Routinegang der Geschichte, aber diese Gottheit ist nur *immanent*. Zwar ist die Erscheinung eines charismatischen Führers ein außerordentliches Ereignis, doch ins-

62 Max Weber, *Gesammelte politische Schriften*, Tübingen 1988, S. 545 ff.

gesamt gibt es in der Geschichte viele charismatische Gottheiten; also bekennt sich Weber eigentlich zur Vielgötterei – nach seinem Ausdruck: zum »Polytheismus der Werte«.[63]

Und noch ein wichtiges Moment tritt hinzu: Charisma bekommt bei Weber rein formelle Bestimmungen – abgesehen davon, welche Werte der Charismatiker verwirklicht, welches Gottes Diener er sein will. So erscheint das Charisma als eine Gabe »jenseits von Gut und Böse«, als eine – mit einem anderen Wort – *dämonische Gabe*. Wo es viele Götter gibt, dort werden sie Dämonen genannt. Um ihnen zu dienen, muß der Mensch in sich *Leidenschaft* haben – jenen Zustand, welcher auch im Christentum als *Ergriffenheit von dämonischer Macht* verstanden wurde und folglich als Unfreiheit des Menschen und als ein Schicksal.[64] Für den Christen sind Leidenschaft und Liebe nicht nur nicht identisch, sondern sogar entgegengesetzte Begriffe: Der Gott hat den Menschen *frei* geschaffen, weil er von ihm eine freie Liebe (Agape) verlangt, keinesfalls aber jenen erotisch-ekstatischen Aufschwung (Eros) oder jene dionysisch-verhängnisvolle Raserei, die ausweglos tragisch sind. Charisma ist nach Weber jene Macht, welche jedem Recht zugrunde liegen muß. Eigentlich hat hier die Charisma-Lehre die Stelle der Naturrechtstheorie eingenommen.[65]

63 »Überall freilich geht diese Annahme, die ich Ihnen hier vortrage, aus von dem einen Grundsachverhalt: daß das Leben, solange es in sich selbst beruht und aus sich selbst verstanden wird, nur den ewigen Kampf jener Götter miteinander kennt, – unbildlich gesprochen: die Unvereinbarkeit und also die Unaustragbarkeit des Kampfes der letzten überhaupt möglichen Standpunkte zum Leben, die Notwendigkeit also: zwischen ihnen zu entscheiden« (M. Weber, *Gesammelte Aufsätze zur Wissenschaftslehre*, a.a.O., S. 608).

64 »Wie man es machen will, ›wissenschaftlich‹ zu entscheiden zwischen dem *Wert* der französischen und deutschen Kultur, weiß ich nicht. Hier streiten eben auch verschiedene Götter miteinander, und zwar für alle Zeit. Es ist wie in der alten, noch nicht von ihren Göttern und Dämonen entzauberten Welt, nur in anderem Sinne: wie der Hellene einmal der Aphrodite opferte und dann dem Apollon und vor allem jeder den Göttern seiner Stadt, so ist es, entzaubert und entkleidet der mythischen, aber innerlich wahren Plastik jenes Verhaltens, noch heute. Und über diesen Göttern und in ihrem Kampf waltet das Schicksal, aber ganz gewiß keine ›Wissenschaft‹« (Weber, *Gesammelte Aufsätze zur Wissenschaftslehre*, a.a.O., S. 604).

65 Wolfgang J. Mommsen bemerkt in dieser Hinsicht: »Max Weber

Man hat gesagt, daß »eine heilige Stelle nie leer bleiben könne«. Der Säkularisierungsprozeß zerstörte den Gottesglauben – dieses vielleicht tiefste unter allen Bedürfnissen des Menschen. An seine Stelle trat der Glaube an den diesseitigen Träger einer »Gnadengabe«, immer häufiger in Gestalt des »Parteiführers«. Nietzsche ersetzte Gott durch den Übermenschen, Weber ersetzte ihn durch den Charismatiker (auch eine Art Übermensch). In diesen zwei Gestalten haben wir zwei Varianten des romantisch-aristokratischen Heldenkults vor uns. Beide verkörpern gerade jenen Persönlichkeitswert, welchen vor ihnen der Liberalismus und noch früher das Christentum – sich wohl auf ganz andere Gründe stützend – verteidigt haben. Es bleibt aber die Frage: Inwiefern hat Weber sich mit Nietzsche solidarisiert?

Gleich Nietzsche ist Weber überzeugt, daß die geschichtliche Wirklichkeit als solche keinen »objektiven« Sinn hat. Das ist ja die einzig konsequente Schlußfolgerung, die man vom Standpunkt des transzendenzlosen Immanentismus aus ziehen kann. Der Sinn muß vom Menschen in die Welt hineingebracht werden: vom charismatischen, Geschichte lenkenden Führer – wo es sich um Sinn in *praktischer* Hinsicht handelt; vom Gelehrten – dem Historiker, der einen »stets wechselnden endlichen Teil des ungeheuren chaotischen Stromes von Geschehnissen, der sich durch die Zeit dahinwälzt«[66], mit Hilfe der Wertbeziehung im Geiste ordnet –, wo es um Sinn in *theoretischer* Hinsicht geht.

Weiter von Kant weg und näher an Nietzsche ist Weber auch mit seiner Auffassung von der Natur der Werte: Er pflanzt sie in den Boden des »sinnschaffenden« und dabei individuellen Willens (denn Charisma ist ja nichts anderes als individueller Wille). In diesem Boden wurzelt auch die Freiheit: Freiheit einer Persönlichkeit besteht laut Weber in der adäquaten Wahl des Wertes, welcher ihrem eigenen Willen entsprechen soll. Die Hauptaufgabe im Leben eines jeden Menschen ist, die richtige Entscheidung zu treffen: genau jenen »Gott oder Dämon« zu wählen, welchem zu dienen dieser Mensch von Geburt an berufen ist. Darin besteht

knüpfte, auch hierin der deutschen Entwicklung zugehörig, stärker an das individualistisch-aristokratische Element des europäischen Liberalismus an als an seine naturrechtlich-egalitäre Komponente« (W. J. Mommsen, *Max Weber. Gesellschaft, Politik und Geschichte*, a.a.O., S. 46).

66 Weber, *Gesammelte Aufsätze zur Wissenschaftslehre*, a.a.O., S. 213 f.

das Wesen der Weberschen »Dezisionsethik«, wie sie Mommsen nennt.[67]

Diese erstaunliche Verbindung von unbeschränkter Willkür im Reich der Werte (Kampf der Götter und Dämonen) mit der größten Verantwortung, Redlichkeit und einer fast asketischen Selbstverleugnung des Menschen in der Wahl seines Wertes ist der Zug, der Weber als Gelehrten, Politiker und Menschen am meisten charakterisiert.

Hier kommt aber zugleich sein wesentlicher Unterschied zu Nietzsche zum Vorschein. Zwar ist auch bei Nietzsche intellektuelle Redlichkeit eine der Hauptforderungen; da er aber vom Tode Gottes überzeugt ist, wird sein Übermensch nur von seinem eigenen Willen geleitet, während sich Weber zwar auf viele, doch immerhin auf Gottheiten beruft. Der Mensch, der frei sein will, soll nicht nur sich selbst, seiner Willkür und seinem eigenen »Ich« treu bleiben, sondern einem höheren Prinzip, sei es auch diesseitig, unbeständig, geschichtlich veränderlich. Was Weber also von Nietzsche nicht übernehmen will, ist der *Narzißmus der Heldenpersönlichkeit*. Webers charismatischer Held ist berufen, *einer Sache zu dienen*, die Eitelkeit der nackten Selbstbehauptung ist ihm fremd. Kein Zufall also, daß Weber *Leidenschaft als Bestimmtsein durch Sachgehalt* definiert: Leidenschaft als Hauptmerkmal des Charismatikers darf nicht eine Leidenschaft zu bloßer Selbstbehauptung sein!

Vielleicht ist dies der Punkt, wo man den Rest des Kantischen (und Rickertschen) Glaubens an die »ursprüngliche Vernünftigkeit des Menschen«, von welchem W. Schluchter spricht, bei Weber suchen sollte. Sachliche Orientierung setzt eine Verantwortungsethik voraus. Also handelt es sich nicht nur um Leidenschaft, sondern auch um Vernunft, um »Augenmaß« und um »die Fähigkeit, die Realitäten mit innerer Sammlung und Ruhe auf sich wirken zu lassen«.[68] Mit anderen Worten, es wird eine Distanzierung von Dingen und Menschen gefordert, und dies bedeutet einen klaren und nüchternen Vernunftzustand, nicht die bacchische Trunkenheit der Leidenschaft. Der wahre Politiker braucht laut Weber eine »Selbstbezähmung«, eine asketische *apatheia*,

---

67 Siehe Mommsen, *Max Weber. Gesellschaft, Politik und Geschichte*, a.a.O., S. 104.

68 Weber, *Gesammelte politische Schriften*, a.a.O., S. 546.

aber gleichzeitig kann die Politik, wie auch jede andere wahre menschliche Tat, »nur aus Leidenschaft geboren und gespeist werden«.[69]

Ist es nicht die alte, für die mittelalterliche christliche Tradition so charakteristische, vom Protestantismus aber abgelehnte Einheit von Glaube und Vernunft, zu der Weber hier – in einer für ihn so wichtigen Frage – zurückkehren will?

Die asketische Selbstbezähmung ist für Weber nicht weniger wertvoll als die Leidenschaft. Berufsdienst und Verantwortungsethik sind Prinzipien, die das ganze Leben des Gelehrten Weber bestimmt haben. Dabei fällt noch ein Unterschied zwischen Weber und Nietzsche auf: Jene Verachtung der Masse, der »Vielen, allzu Vielen«, welche das ganze Werk Nietzsches durchdringt, ist für den deutschen Soziologen unmöglich und unannehmbar. Das ist ja verständlich: Jene sachliche Orientierung bringt uns über die Grenzen der Individualität hinaus in den Bereich des Allgemeinen, wo andere Menschen nicht als die dem Individuum gegenübergestellte und feindliche »Masse«, sondern als »andere Ichs« hervortreten, die mit meinem Ich durch eine gemeinsame Aufgabe, durch Dienst an einer gemeinsamen Sache, verbunden sind. Solche Verbindung trägt noch einen Widerschein des Kantischen »Reichs der Zwecke« an sich!

Das bedeutet aber, daß es wenigstens einen Punkt geben kann, wo die Vernunft nicht unbedingt als Feind des Glaubens auftritt, wo der Geist der Seele (der »Leidenschaft«) nicht als Widersacher begegnet. Dann hören die »Anderen«, die »Vielen« auf, eine blinde und stumpfsinnige Masse zu sein und werden zu Gesinnungs- und Glaubensgenossen des »Helden«. Dann aber muß auch der Charismatiker nicht mehr nur formell bestimmt werden, nicht nur danach, ob er eine Gnadengabe besitzt, Menschen sich unterzuordnen, unabhängig vom Charakter seines Dämons. Dann muß der Held auch nach seinem Inhalt bestimmt werden, und in diesem Fall bekommen wir ein Kriterium an die Hand, um den Charismatiker Christus vom Charismatiker Lenin zu unterscheiden.

Dann aber wird der von Weber so betonte Gegensatz von »Charisma« und »Routine« merklich abgeschwächt, und eine andere Frage tritt in den Vordergrund, das Hauptgewicht verschiebt sich

69 Ebd.

auf eine andere Unterscheidung. Was für einen Charakter hatte das Charisma (oder der charismatische Herrschaftstypus), welcher veralltäglicht wurde? Dann aber müssen die die Idealtypen der Soziologie bestimmenden Grenzen anders gezogen werden als bei Max Weber. Denn eine Routine wird sich ebenso wesentlich von der anderen unterscheiden, wie jene verschiedenen Charismatiker, die den ursprünglichen Anstoß zur Entwicklung einer bestimmten Routine gaben.

Max Weber und Lev Tolstoj:
Verantwortungs- und Gesinnungsethik

Die gründliche und umfassende Analyse, der Wolfgang Schluchter die Webersche Auffassung dieser Kategorien in seinem zweibändigen Werk über Max Weber unterzog (1, Bd. 1, 165-363), gibt uns Gelegenheit, das Thema von Titel und Untertitel zu umgrenzen. Ich werde versuchen, die weite und vielfach verzweigte Problematik der Weberschen Deutung Lev Tolstojs in den Rahmen der Frage nach dem Verhältnis der beiden Ethiken zu stellen. Dies ist auch deshalb naheliegend, weil die Kollision »zweier Ethiken« die Eigenart der Weltanschauung Webers überhaupt bestimmt und ihn das Thema Tolstoj, dem er ein ganzes Buch widmen wollte, mindestens anderthalb Jahrzehnte verfolgte, wie Hamlet der Geist des Vaters.

1. Zur Geschichte des Problems

1. Der Name Tolstoj taucht in der Regel an den Stellen der Weber-Texte auf, wo er mit der Notwendigkeit konfrontiert wird, einen besonderen Typus der Ethik zu bestimmen, den er Verantwortungsethik nannte. Dies offenbar deswegen, weil er keine effektivere Bestimmungsweise dieser von ihm entdeckten Ethik besaß als die vergleichende. Dabei bot sich die Gegenüberstellung dieser Ethik mit der Kants an, aber auch mit der der »Tolstowstwo« (Tolstoj-Bewegung), die damals in aller Munde war.
Zwar mußte man für diese Gegenüberstellung die Ethik Kants etwas »stilisieren«, gar neu benennen, nämlich als Gesinnungsethik. Das Stichwort »Gesinnung«, mit dem Wort »Verantwortung« zusammengeführt, bestimmte den Bereich der künftigen Gegenüberstellung. Tolstoj erschien dabei immer wieder als der kompromißlos konsequente (»moderne«) Verfechter der Gesinnungsethik, in dessen künstlerischem wie religiös-philosophischem Schaffen diese Ethik jenen Grad der Zugespitztheit erreicht, den Weber gerade beim Aufbau des Idealtyps für notwendig erachtet. Er bezeichnet jedoch – was kennzeichnend ist –

nirgendwo Tolstojs Version der Gesinnungsethik als den Idealtyp dieser Ethik: Sie war lediglich das anschaulichste Beispiel dafür.

2. Im Kontext der Gegenüberstellung »zweier Ethiken« erscheint Tolstoj im ersten Artikel Webers über die russische Revolution von 1905. Zwar haben die Begriffe Gesinnungsethik und Erfolgsethik hier weder die spätere logische Bearbeitung noch die spätere Bezeichnung erhalten, aber die Grundlinie der Gegenüberstellung ist schon klar sichtbar. Anlaß für ihre grundsätzliche Unterscheidung sind die Einstellungen zur Politik: die Frage, welche Konsequenzen für die Zusammensetzung des künftigen gesetzgebenden Organs Rußlands – der Staatsduma – sich aus der Verwirklichung des allgemeinen Wahlrechtes, also der primären Forderung der russischen Demokraten, ergeben könnten.

3. Weber legte nicht ohne eine gewisse Verwunderung in seinem Artikel den Standpunkt »russischer Demokraten« dar (einer davon war offenbar B. Kistjakovskij), die hier nach dem Prinzip »Fiat justitia, pereat mundus« verfuhren (1, 123). Ihre Position setzt Weber folgendermaßen auseinander: (a) völlige Negierung der »Erfolgsethik« – selbst im politischen Bereich; (b) Ausschluß aller anderen Werte, außer ethischer; (c) »Nichtanerkennung des ethisch Indifferenten als existent oder doch als möglichen ›Wertes‹« (2, 124).

4. Indem Weber so das Hauptmotiv der künftigen Gegenüberstellung von Gesinnungs- und Verantwortungsethik einführt, stellt er fest, daß bei solchen Voraussetzungen »unbewußt jener biblische (später wird er »evangelische« sagen – J. D.) Satz wieder in Kraft (tritt), der sich am tiefsten in die Seele nicht nur Tolstojs, sondern des russischen Volkes überhaupt geprägt hat: ›Widerstehe nicht dem Übel‹« (2, 124). Die Verbindung dieses Satzes mit den Besonderheiten des russischen Volkes wird später gelöst, weil Weber dieses Thema allgemeiner auslegt. Aber die Verbindung mit der Gesinnungsethik bleibt erhalten, dieser Satz wird nachgerade zu ihrem kennzeichnendsten Zug. Dabei erscheinen als Personifizierung dieses Themas, welches nun von nationaler Spezifik befreit ist, neben Tolstoj Christus, die Apostel und Franziskus von Assisi (3, 550).

II. Zur Definition der Begriffe

1. Indem wir die recht komplizierte Geschichte (oder genauer: Vorgeschichte) der Weberschen Begriffe Verantwortungsethik und Gesinnungsethik sowie die Vielfalt der Beziehungen, die zwischen den Gliedern dieses Begriffspaares bestehen, in Betracht ziehen, werden wir auf das Problem ihrer Definition aufmerksam, zumal diese Begriffe mitunter in einer Weise benutzt werden, die sich von der Weberschen unterscheidet. Ein Beispiel dafür ist der bekannte russische Philosoph N. O. Losskij (Verfasser der ersten Übersetzung von Kants *Kritik der reinen Vernunft* ins Russische) in dem Buch »Bedingungen des absolut Guten«, das er schon im Exil verfaßte (4, 126).

2. Diese Aufgabe versetzt uns in eine »polemische« Situation, weil in unterschiedlichen Kontexten mitunter unterschiedliche Aspekte betont werden. Deshalb ist es hier sehr wichtig, sich an das Hauptprinzip der Bildung dieser Begriffe zu halten, an die Methode der Gegenüberstellung. Diese Gegenüberstellung legt die Unterscheidung immer tiefer, und in diesem Zusammenhang erfolgt die »gegenseitige Präzisierung« der beiden »Pole« des zu analysierenden Begriffspaares. Aber je tiefer sie gelegt wird, desto »handgreiflicher« wird ihre Verbindung. Ihre Beziehungen lassen mitunter an die bekannte Formel der christlichen Theologie denken: »untrennbar und unvermischbar«. Nach demselben Schema, das, psychologisch gedeutet, Dostoevskij als »Haßliebe« bezeichnet (d. h. das Zueinander und Gegeneinander: das erste gerade deshalb, weil es das zweite gibt, und das zweite gerade deshalb, weil es das erste gibt), gestaltete sich die »persönliche« Einstellung Webers zu Tolstoj.

3. Gerade die »gegenseitige Definierbarkeit« (und »gegenseitige Präzisierbarkeit«) dieser ethischen Kategorien nach der Methode ihrer Gegenüberstellung garantiert erstens ihre grundsätzliche Beziehung aufeinander, gleichgültig, ob sie positiv oder negativ gefärbt ist, und zweitens ihren idealtypischen Charakter. Beide Spielarten der Ethik stehen am Ende als Idealtypen da. Ähnlich, wenn auch unter entgegengesetzten »ethischen Vorzeichen«, operierte Tolstoj. Denn wie seine ethisch-theologischen Werke der Spätphase bezeugen, bestimmte er seine Ethik der Liebe (welche Weber als eine Variante der Gesinnungsethik typologisierte) gerade nach der – immer stärker radikalisierten – Gegensätzlichkeit

zur »Ethik« des »Hasses«, d. h. zur Politik, welche die Gewalt rechtmäßig macht.

4. Im festen Rahmen eines derartigen »Bezuges« erscheint die Gesinnungsethik bei Weber als der Bewußtseinstyp (und entsprechend als der Handlungstyp), der durch den Glauben an den Selbstwert des Inhalts der Gesinnung bestimmt wird, mit der sich das moralisch handelnde Individuum wappnet. Es wird also der Inhalt der Gesinnung betont, der über eine immanente Logik verfügt, nicht aber das »Überzeugtsein« als ein rein psychologisches Erlebnis des Glaubens. Deshalb ist es nicht richtig, die Gesinnungsethik zu den subjektiven »Systemen der Ethik« (so Losskij) zu zählen, zumindest dann nicht, wenn man dabei den subjektiven und den objektiven Idealismus nicht auseinanderhält. Zwar gab Weber selbst einen gewissen Anlaß zu einer solchen Auslegung der »Gesinnungsethik«, aber den Gesinnungsinhalt und die (unvermeidlich psychologisierte) Gesinnungsform, d. h. das Erlebnis der Überzeugtheit, die Gesinnung als einen psychologischen Glaubensakt, wollte er trennen.

Im Gegensatz dazu betont Weber bei der Verantwortungsethik nicht den Selbstwert der Gesinnung, sondern das empirisch feststellbare »Ergebnis« der Handlung. Die Verantwortung wird vor allem mit diesem Ergebnis verbunden – mit der Fähigkeit eines Individuums, es vorauszusehen und zu berücksichtigen. Jedoch zeigt sich letzten Endes, daß die Verantwortung viel tiefgreifender ist, daß sie sich nicht nur auf den »äußeren«, sondern auch auf den »inneren« Bereich der moralischen Handlung erstreckt.

5. Indem wir die Eigentümlichkeit der »Bildungsweise« des Weberschen Begriffspaares unter die Lupe nehmen, werden wir an den weiteren Kontext seiner soziologischen Lehre erinnert, der eine bestimmte Typologie der sozialen Handlungen zugrunde liegt. Denn hier werden wir unter anderem auch mit der typologisierenden Dichotomisierung und der gegenseitigen Definition der (»dichotomisierten«) Gegensätze konfrontiert. Es entsteht so der Eindruck, daß Weber dort in ähnlicher Weise vorgegangen ist.

Urteilt man nach den »Soziologischen Grundbegriffen«, die das erste Kapitel von *Wirtschaft und Gesellschaft* bilden (5, 1-30), so steht im Mittelpunkt dieser Typologie der Grund»motive« der menschlichen Tätigkeit nicht so sehr ihre Rationalität, die von einem Typ zum nächsten ansteigt, als vielmehr die Gegensätzlichkeit von zwei grundlegenden Orientierungen: entweder auf den Wert, der die Apriori-Voraussetzung der Ordnung der empirischen Realität bildet, oder auf das empirisch feststellbare Ergebnis der zweckmäßigen Tätigkeit (Einsatz von Mitteln, die dem genau gewählten Ziel gemäß sind). Die »Neutralisierung« des ethischen Sinnes dieser ursprünglichen Gegensätzlichkeit im Rahmen des axiologischen »Pluralismus« hebt nicht die grundsätzlich verschiedenen Richtungen der innerlich inkompatiblen Orientierungen der »wertrationalen« und der »zweckrationalen« Handlung auf (5, 12 f.). Das »Geburtstrauma«, das mit der Bildungsweise der Dichotomie »Gesinnungsethik versus Verantwortungsethik« zusammenhängt, bleibt auch hier in Kraft.

III. Radikalisierungslogik der »zwei Ethiken«

1. Die »idealtypische« Zuspitzung der Gegensätzlichkeit dieser »zwei Ethiken« offenbart also paradoxerweise nicht nur ihre »Nichtvermischbarkeit« auf der Oberfläche, sondern auch ihre gegenseitige Abhängigkeit, ihre »Untrennbarkeit«, die einer tieferen Analyse unterzogen werden müßte. Warum fand man die »Koexistenz« dieser zwei Ethiken undenkbar? Weil postuliert wurde, daß: (a) die »Reiche«, für die sie bestimmt sind, einander ausschließen (denn sie gewinnen erst da ihre volle Geltung). Das »Reich« der Gesinnungsethik ist nach Weber »nicht von dieser Welt« (3, 557), das »Reich« der Verantwortungsethik dagegen ausschließlich von »dieser Welt«; (b) die Ziele, die von diesen »zwei Ethiken« verfolgt werden, inkompatibel sind. Geht es im einen Fall um »die Errettung der Seele«, so im anderen – pauschal gesagt – um die »Errettung des Leibes« und all dessen, was damit verbunden ist, weil es (in)direkt sein »empirisches Dasein« sichert; (c) die Mittel, deren sie sich bedienen, letzten Endes auch gegensätzlich sind. Bei der Verantwortungsethik, deren Idealfall bei Weber immer wieder die Berufsethik des Politikers ist, ist dies die Gewalt, bei der Gesinnungsethik umgekehrt die Nichtanwendung von Gewalt oder, wie dies von Weber immer wieder betont wird, Tolstojs Nichtwiderstand dem Bösen gegenüber. (Obwohl Tolstoj selbst den positiven Sinn des Ausgangsbegriffes seiner Ethik betonte und dafür das Wort »Liebe« bevorzugte.)
2. Warum aber erwies sich letzten Endes gerade ihre »Trennbar-

keit«, »Nichtvermischbarkeit« als undenkbar? Es geht hier nicht nur darum, daß sie ohne Bezug aufeinander undefinierbar wären, d. h. nicht nur um die logische Undenkbarkeit ihres absolut voneinander abgesonderten Daseins. Es geht hier vielmehr darum, daß, selbst nach Webers eigener Formulierung, jede dieser zwei Ethiken einen »partiellen Charakter« hat, weil ihm klar wurde, daß sie als Ethik nicht zustande kommen könnten, wenn sie nicht wichtige »Elemente« ihres Widerparts übernähmen. Diese gegenseitige Abhängigkeit oder, wie Weber selbst sagt, »Ergänzung« (3, 559) zweier von ihm schroff gegenübergestellter Ethiken fand ihren Niederschlag in seiner berühmten Aussage, Gesinnungsethik bedeute bei weitem nicht Verantwortungslosigkeit und Verantwortungsethik nicht das Fehlen einer Gesinnung (im Sinne von Prinzipienlosigkeit) (3, 551).

3. Die Gesinnungsethik wird schon deshalb zu (in-)direkten und (un-)bewußten Entlehnungen aus der entgegengesetzten Ethik bewogen, weil, obwohl ihr Reich nicht »von dieser Welt« ist, ihre Träger, die großen Virtuosen der akosmischen menschlichen Liebe, in dieser Welt wirkten (3, 557). Auch diese waren gezwungen, die empirischen Folgen ihrer Handlungen zu berücksichtigen oder physisch zu erleben. Um so weniger Anlaß hatten sie zu glauben, daß ihre Anhänger mit den Nachwirkungen ihrer Handlungen nicht zu rechnen hätten.

Selbst wenn er »tatsachenwidrig« handelte, mußte der Anhänger der Gesinnungsethik, sofern er seine Prinzipien in »dieser« Welt behaupten wollte, die »Effizienz« seiner Handlung in Betracht ziehen, und sei es auch nur in der rein negativen Form der Ignorierung von Folgen. Letzten Endes mußte zumindest eine primitive »Umsicht« und »Voraussicht« (seinem Nächsten keinerlei Schaden zuzufügen) gefordert werden, eine Art Verantwortung für die Ergebnisse der Handlungen, die schon die Bewußtheit des menschlichen Verhaltens verlangt, zumindest bei einem vernünftigen und mit gutem Gedächtnis ausgestatteten Menschen.

4. Die Verantwortungsethik wiederum kann sich als Ethik nicht konstituieren, ohne erstens mit der Gesinnungsethik die Idee der Schuld (Pflicht) zu teilen bzw. diese Idee aus der Gesinnungsethik zu entlehnen und ohne zweitens irgendein ideelles Prinzip (Forderung, Verpflichtung, Norm) zu setzen. Pflicht ist immer Pflicht gegenüber oder in bezug auf etwas. Eben dies meint Weber, wenn er sagt, daß selbst ein militanter Verfechter der Verantwortungs-

ethik, ein Politiker, der Gewalt als Mittel einsetzt, die Verantwortung für ihren Einsatz nicht übernehmen kann ohne den Glauben an den überempirischen Wert der Sache, der er dient. Denn nur in diesem Dienen für etwas wird die Gefahr des subjektivistisch-gegenstandslosen Einsatzes der Gewalt überwunden.

iv. Ideelle Dimension der Gegensätzlichkeit »zweier Ethiken«

1. Dies bedeutet, daß die beschriebene »idealtypische« Radikalisierung der Gegenüberstellung »zweier Ethiken«, die paradoxerweise zu ihrer gegenseitigen Durchdringung führt, es nicht erlaubt, den Unterschied auf einfache Gegensatzpaare zu bringen wie Ideelles und Reelles, Inneres und Äußeres, Geistiges und Empirisches. Die Kollision spitzt sich vielmehr dadurch zu, daß sich beide Ethiken in denselben Dimensionen treffen. In beiden stellten wir einen gewissen Grad der Orientierung ebenso auf die eine wie die andere Dimension des menschlichen Daseins fest. Und das bedeutet, daß die Gegensätzlichkeit der beiden Ethiken die beiden Dimensionen durchdringt, und sie muß folglich untersucht werden, indem man nicht die »idealistische« »Intention« der einen Ethik der »realistischen« der anderen gegenüberstellt, sondern zwei wesenhaft divergierende Typen sowohl der »idealistischen« als auch der »realistischen« Orientierung (wovon wir uns noch später überzeugen werden).

2. Die »Erfolgsethik«, als die ursprünglich die Verantwortungsethik erscheint, kann deshalb nicht auf die moralische Verantwortung eines Menschen für das »äußere« Ergebnis seines praktischen Tuns, das ihm als eine empirisch feststellbare »Folge« »zur Last gelegt« wird, beschränkt werden. Die »intellektuelle Ehrlichkeit« (noch vor Nietzsche nannte sie Belinskij das »Heldentum der Folgerichtigkeit«) fordert vom Menschen, der Entschlossenheit zeigt, zwar durchaus die ganze Verantwortung für die Ergebnisse seines Tuns, auch für jene Mittel, mit deren Hilfe dieses Ergebnis erzielt wurde und die es gebrandmarkt haben. Aber sie fordert auch die Verantwortung für das Ziel, das sich in diesem Ergebnis verkörperte (6, 607). Aber selbst das ist nicht alles.

3. Der Verantwortungsethiker muß auch die Verantwortung für

seine Gesinnung, für seinen »letzten Glauben«, für seinen Geltungswert übernehmen. Das heißt, daß er selbst diesen Glauben als solchen (wie auch den letzten Geltungswert, der sein »Gegenstand« ist) zum Gegenstand der Wahl, der freien Entscheidung dafür oder dagegen, machen muß. Denn erst dann kann ein Mensch als auch für den Glauben verantwortlich gelten, und das bedeutet ja echt radikal verantwortlich zu sein für alles, was ihn zu einer bestimmten Tat (Handlung) führte und was sich in ihrem Ergebnis verkörperte. Aber auf diese Weise verschiebt sich die Verantwortung für das empirisch feststellbare »äußere« Ergebnis des menschlichen Tuns mit all ihrem strengen Wahrheitsanspruch immer weiter in die Tiefen des menschlichen Geistes. Hier zeigt sich der versteckte Teil des Eisberges, der eine empirisch verantwortungsvolle Tat kennzeichnet, die in unverbrüchlicher Verbindung mit ihrer »Folge« beurteilt wird. Und folglich befindet sich hier auch das Zentrum der Verantwortung.

4. Wenn wir dies nun mit der Gesinnungsethik vergleichen, so können wir nicht umhin zu sehen, daß die Grenzlinie, die sie trennt, wesentlich verschoben ist. Sie beginnt bei der Verantwortung für das empirisch feststellbare Ergebnis, welches das Individuum, das es erzielte, sich selbst »zur Last legt«. Und sie endet dort, wo die letzte Gesinnung, der »Glaube«, zum Gegenstand der eigenen Entscheidung und folglich der Wahl gemacht wird (6, 608 f.).

Die tiefste »Wurzel« der Unterschiede zwischen Gesinnungsethik und Verantwortungsethik besteht, wie es nun scheint, also darin, daß, während bei der ersteren die Gesinnung (der »Glaube«) der Wahl vorausgeht, bei der letzteren die Wahl der Gesinnung vorausgeht. Und das heißt, daß sich die Wahl selbst dabei auf die radikalste Weise ändert. Erscheint sie im ersten Fall als eine Wahl des Menschen, welcher an Gott glaubt, zwischen Gut und Böse, so im zweiten Fall als die Wahl des Gottes selbst, als die Wahl zwischen »Gott und Teufel«, »Gott und Dämon«, oder überhaupt als die Wahl eines von vielen »gleichberechtigten« Göttern, wie es der heidnische Polytheismus behaupten müßte, falls er konsequent genug wäre (6, 608 f.).

5. Aber auf diese Weise erweist sich diese Wahl (wie dies schon von dem Analytiker Alexander von Schelting feinfühlig hervorgehoben wurde, auf welchen Wolfgang Schluchter aus ähnlichem Anlaß verweist) (1, 274–279), als »jenseits aller Ethik« wie über-

haupt als jenseits »einzelner Wertsphären und ihrer Forderungen« (7, 52). Ich neige in dieser Frage zwar zu Tolstojs ontologischer Auslegung der Ethik (darum wird es weiter unten noch gehen), aber ich bin durchaus nicht geneigt, hier übereilt zu urteilen und diesen Standpunkt mit Schelting als »über«empirisch zu kennzeichnen. Doch die Tatsache, daß er nicht mehr ethisch ist, weil es sich hier nicht um den Gegensatz von Gut und Böse handelt, ist zweifellos wahr. »Jenseits« der Ethik (und dementsprechend »jenseits von Gut und Böse«) sein ist meines Erachtens nicht dasselbe, wie sich über sie zu erheben. Natürlich geht es um einen Versuch, eine solche Position zu bezeichnen, bei der ein Verantwortungsethiker völlig frei ist, das Prinzip zu wählen, auf dessen Grundlage er dann den Unterschied zwischen Gut und Böse feststellt. Aber man müßte noch beweisen, daß dieser Unterschied vollständig davon abhängt, welches Prinzip der Unterscheidung wir wählen. Und dafür müßte man endgültig an das Wort Nietzsches glauben: »Gott ist tot«.

6. Tatsächlich setzt die Forderung, einen Gott zu wählen (oder auch einen Teufel), welche an den Verantwortungsethiker gestellt wird, den wahrhaft dramatischen Zustand eines Menschen voraus, der den Glauben an Gott eingebüßt hat und gleichzeitig die Unerträglichkeit dieses Verlustes zutiefst verspürt, wie ein brennendes Bedürfnis, die entstandene Lücke durch etwas zu füllen (wobei diese Forderung ihn mit der berauschenden Aussicht der absoluten Freiheit besticht und mit der (nach Dostoevskij) »durchdringenden« Schönheit der stoisch-heldenhaften Geste bannt). Weber, der der Gabe des Glaubens an Gott beraubt war (religiös unmusikalisch, um mit ihm selbst zu sprechen), wollte den Glaubensakt, der sich offenbar nicht im bloßen Wollen erschöpft, durch einen rein willensmäßigen Akt ersetzen – wobei er nüchtern einsah, daß diese von einem Individuum absolut eigenwillig getroffene Wahl – eines Gottes nach dem »Tode Gottes« – sich grundsätzlich nicht von der Wahl eines Teufels unterscheidet. Wer er ist, dieser »Gewählte«, Gott oder Teufel, das hängt, grob gesagt, davon ab, »wie man's nimmt«.

v. Webers Gesinnungsethik
und Tolstojs Liebesethik

1. Wie wir sahen, büßt die Antinomie zwischen Gesinnungsethik und Verantwortungsethik in der Tiefe endgültig ihren formalen Charakter ein. Der »reine« Formalismus ist für das Wesen des Problems irrelevant. Eine rein formale Entgegensetzung dieser beiden Ethiken macht das Wesen ihres Unterschiedes nicht sichtbar, und zwar schon deshalb nicht, weil für die Gesinnungsethik das Wesentlichste gar nicht in formalen Definitionen des Glaubens besteht, auf deren Ebene der Glaube an Gott (das Gute) mit dem Glauben an den Teufel (das Übel) gleichgesetzt werden könnte, sondern im Inhaltlichen. Denn der Glaube, im Unterschied zu der formal genommenen Gesinnung (Gesinntsein – Gesinnungswert überhaupt), ist inhaltlich per definitionem, wenn dieser Sachverhalt auch nicht ausdrücklich thematisiert wird. Diese »Definition« setzt voraus, daß der Glaube an Gott immer schon Glaube an ein Gutes ist, denn Er ist das höchste Gut. Ergo: Der Glaubensakt ist weder »über«ethisch noch ethisch neutral. An Gott glaubt man wie an ein Gutes und an ein Gutes wie an Gott; und der Glaubensakt ist folglich gleichzeitig der erste ethische Akt: der der radikalen Unterscheidung von Gut und Böse.

2. Hierin findet man den wesentlichsten Unterschied zwischen dem Glauben (der ja immer Glaube an Gott, d. h. an das Gute ist) und der Gesinnung – dem Gesinntsein, dem »Gesinnungswert«, wie er von Weber gelegentlich gedeutet wird. Die Gesinnung in ihrer Weberschen Deutung ist im Zusammenhang mit der Verantwortungsethik der säkularisierte Glaube, ein Glaube, der durch einen Willensakt vermittelt wird, und zwar durch die »Entschiedenheit«, mit der eine ursprüngliche Wahl getroffen wird. Durch diesen Willensakt verliert der Glaube tatsächlich die ethischen Qualitäten, den moralischen Gehalt, und verwandelt sich in ein rein formelles »Gesinntsein«, das die Verbindung des »Glaubens« mit der Persönlichkeit des Individuums und seiner individuellen Entscheidung betont. Bedingung der Möglichkeit solcher »Säkularisierung« des Glaubens ist das stillschweigende Zugeständnis, daß eine »Spaltung« besteht zwischen dem Zustand (Befinden) des Glaubens und seinem »Gegenstand«, dem, woran ein Mensch glauben möchte. Diese »Spaltung« bleibt unüberwindbar, wie

heftig und leidenschaftlich dieses »Wollen« des Glaubens auch sein mag. Eben darin, in diesem Gott»wollen«, um den »gelähmten Willen« zu überwinden, zu dem der Nicht-Glaube führt, erfolgt der Ersatz des Glaubens durch den Willen zum Glauben. Und zugleich werden zwei Aspekte, zwei »Momente« des Aktes auseinandergerissen, die im Glauben an Gott als etwas Unteilbares erscheinen – als Einheit von Religion und Ethik. Der einheitliche Akt zerfällt in die »Wahl des Gottes«, der sich nun als »ethisch neutral« erweist, und die ursprüngliche Unterscheidung von Gott und Teufel, Gut und Böse, die zuerst einen moralischen Sinn hatten, aber nun der axiologischen »Pluralisierung« unterzogen wurden, die die Relativierung der Ethik hervorrufen kann.

3. All das wird besonders offenbar eben in den Fällen, in denen Weber beim Aufbau seines Idealtyps Gesinnungsethik auf die Liebesethik Tolstojs (zwecks klarer Definition der idealtypischen Besonderheiten der Verantwortungsethik) zurückgreift. Die (un-) willkürliche Formalisierung der Ethik Tolstojs in den Fällen, wo sie als Beispiel für einen Idealtypus auftritt, d. h. von ihrer »qualitativen« Eigentümlichkeit abgesehen wird, unterstreicht nur die Bedingtheit solcher Verwendung der »Liebesethik« Tolstojs. Und anstatt zugunsten der Angemessenheit des Idealtyps der Gesinnungsethik Zeugnis abzulegen, beginnt dieses Beispiel dagegen Zeugnis abzulegen, indem es sich in eine der »unbequemen Tatsachen« verwandelt, mit der die Theorie fertig werden muß.

4. All das »Unbequeme« von Tolstojs »Liebesethik«, die Weber als Beispiel der Gesinnungsethik anführt, zeigt sich, sobald wir an den inhaltlichen Vergleich der letzten Gesinnungen herangehen, die sich mit der Ethik Tolstojs und mit der Weberschen Ethik der Verantwortung verbinden. Und wir haben das Recht zu diesem Vergleich um so mehr, als Weber selbst ja die Unvermeidlichkeit einer bestimmten Gesinnung nicht nur im Fall der Gesinnungsethik, sondern auch im Fall der Verantwortungsethik anerkannte. Indem wir Schluchter (1, 311) völlig zustimmen, der sich in dieser seiner Erkenntnis nicht nur auf A. von Schelting, sondern auch auf das äußerst interessante Werk von Dieter Henrich (8, 129) beruft, sehen wir den Kern dieser letzten Gesinnung der Weberschen Ethik der Verantwortung in dem berühmten »werde, was du bist«, das sich eine radikal individualisierte Persönlichkeit zu ihrem »kategorischen Imperativ« macht. Ohne aber auf die Form

dieser letzten »Entschiedenheit« einzugehen, versuchen wir den Inhalt zu explizieren, der dahinter steht: Dieses ».. .was du bist« – was ist das? Denn erst dann wird es möglich, die letzten Gesinnungen der zu vergleichenden Ethiken inhaltlich gegeneinander abzuwägen.

5. Wie zurückhaltend wir (den neukantischen »Panmethodologen« folgend) die Ontologie auch einschätzen, wir werden dennoch zugeben müssen, daß dies bereits eine ontologische Frage ist – eine Frage nach dem Sein der Persönlichkeit, die sich (und folglich ihr persönliches »Dasein«) auf radikal individualistische Weise bestimmt, d. h., die über sich nur das Simmelsche »Individualgesetz« walten läßt, das von ihr selbst als das Gesetz ihres einmaligen und nie wiederkehrenden Daseins definiert wird. Auf diesem Niveau, das kaum anders denn als ontologisch bezeichnet werden kann, erhalten wir endlich das Recht, die letzten Gesinnungen von Webers Verantwortungsethik und Tolstojs Liebesethik auf eine inhaltliche Weise zu vergleichen, die Weise also, die meines Erachtens die einzig angemessene ist.

Im Rahmen eines solchen Vergleiches bestätigen wir das von uns bereits erzielte Ergebnis, daß die letzte Gesinnung der Gesinnungsethik – die Überzeugung von der Existenz des Guten – der ursprünglichen Wahl vorausgeht, während gerade diese Wahl bei der Verantwortungsethik dieser Gesinnung vorausgeht und sich also als eine außerethische Wahl erweist. Darüber hinaus gewinnen wir noch etwas Wichtigeres, und zwar das, was uns den Weg zur ontologischen Auslegung derjenigen tiefgreifenden Gegensätzlichkeit der beiden Ethiken finden läßt, welche uns schon früher offenbar wurde – in ihrem »Spiegelbild«.

6. Das erste, was bei Betrachtung der letzten Gesinnung der Verantwortungsethik auffällt – gerade vor dem Hintergrund ihres inhaltlichen Vergleichs mit der Liebesethik Tolstojs –, ist die absolute Zerbrechlichkeit dieses individuell-»persönlichen« Seins. Das verspürt man bereits auf der rein logischen Ebene, beim Analysieren der Definition der verantwortungsethischen Maxime, die als der leibhaftige Widerspruch (fast von der Art des Hegelschen »dialektischen« Umschlags) erscheint: »Sei das, was du bist«. Denn darin ist selbst nicht klar, ob dieses »Etwas«, dem das ethisch verantwortliche Individuum sich verpflichtet fühlt, tatsächlich »ist«. Wenn dieses »Etwas« bereits das »ist«, was es sein soll, wozu braucht man dann die »Verpflichtung« (das »Sollen«)

und dementsprechend auch die »Entschiedenheit«, seine Pflicht zu erfüllen? Wozu braucht man, grob gesagt, »die offene Tür einzurennen«, wenn diese Pflicht ontologisch bereits erfüllt ist?

Wenn aber dieses »Etwas« nicht »ist«, woher würde man dann wissen, was dieses Nichtsein »sein« muß? Und dies, ohne darauf einzugehen, daß in diesem Fall noch etwas anderes ins Spiel kommt: ob dieses gesuchte »Etwas« überhaupt etwas »sein« soll. Wir müssen zugeben, daß es hier allerdings gar nicht um das »Sein«, sondern um das »Werden« geht, um jenen »dialektisch« paradoxalen »Zustand«, bei dem »Etwas« gleichzeitig »ist« und »nicht ist«, nicht »existiert« und doch »existieren« muß (hier bereits im Sinne von »kann«, womit »Pflichtmäßiges« tatsächlich alle Reste des ethischen Sinnes einbüßt). Und als um so unbestimmter erweist sich dann auch der Imperativ selbst: die Forderung, »das« zu sein (was denn, um Gottes willen?), was ich »bin« (und ob ich »bin«, wenn ich noch zu »sein« habe?). Dort, wo ein Imperativ derart zweideutig klingt, kann er da überhaupt noch als Imperativ gelten?

7. Es ist aber interessant, daß Webers Verantwortungsethik selbst hier es nicht schafft, sich von Tolstojs »Ethisierung« des Seins »freizukaufen«, d. h. von der Gleichsetzung von Sein und Wohl (im Geiste des »platonisierenden« Christentums der russischen Orthodoxie). Denn der »meta«ethische (wenn nicht ontologische) Imperativ der »Verantwortung«, der die Stelle des gestürzten Absoluten besetzt hat, indem er vom Individuum fordert, das zu »sein«, was es (bereits?) »ist«, verwandelt dieses – noch nicht zustandegekommene – »ist«, das zwischen Sein und Nichtsein schwebt, in den höheren »Gegenstand« des Sollens, d. h. in den höchsten Geltungswert. Also haben sich, entgegen der neukantischen Gegenüberstellung von »Seiendem« und »Geltendem«, »Realem« und »Idealem«, das Dasein und der Wert vermischt, wenn auch auf eine paradoxe – »dialektische« – Weise. (Aber wurde nicht auf dieselbe paradoxe Weise auch die Identität von »Idee« und »Wirklichkeit« bei Hegel erreicht?)

Unter den vielen Werten stellt zwar nur einer in den Augen Webers einen eigentlich ethischen Wert dar. Jedoch haben den Begründern der neukantianischen Sozialethik wie Windelband und Rickert zufolge alle Werte, beginnend mit dem Wert der Wahrheit, einen ethischen Ursprung. Weber selbst konnte nicht die vollständige »ethische Neutralität« der ursprünglichen Wahl eines leitenden Wertes durch das Individuum (wie er auch sei: ob »Gott« oder »Dämon«) behaupten, wenn schon die entscheidende Wahl als Erfüllung der höchsten Pflicht angesehen wurde. Deshalb mußte er ständig zwischen zwei Ethiken schweben – einer »großen« (»meta«ethischen) und einer »kleinen« (der Ethik im eigentlichen Sinne).

8. Unsere Aufgabe läuft folglich auf die inhaltliche Explizierung zweier Weisen der Seinsauffassung hinaus, und das Sein erscheint als Wohl (bei Tolstoj) oder als höchster Wert (bei Weber), d. h. so oder anders »ethisiert«, direkt und unmittelbar im einen Fall, indirekt und kompliziert mittelbar im anderen Fall (durch die Dialektik des Hegelschen Werdens, das als Erfüllung der »Entscheidung« eines Individuums dargestellt wird, das zu werden, was es – bereits! – ist). Daran zeigt sich noch deutlicher, daß bei der Verantwortungsethik die Erkenntnis von der Zerbrechlichkeit des Daseins dominiert, während die Liebesethik Tolstojs von einem unverbrüchlichen Glauben an seine Unzerstörbarkeit getragen wird. Und das verwundert nicht: Denn Webers Auffassung des Daseins ist radikal »nominalistisch« ausgerichtet und sozusagen »idiographisch« orientiert am »Modell« einer individuell bestimmten und deswegen endlichen (»sterblichen«) Persönlichkeit. Tolstojs Auffassung dagegen ist nicht einfach bloß »realistisch« (im mittelalterlichen Sinne dieses Begriffspaares), sondern »universalistisch«, auf das »Modell« einer universellen »Einigkeit« ausgerichtet, eines lebendigen und geistigen Universums, das eben Gott ist, Liebe ist, als das alles vereinigende Prinzip, welches in jedem Akt der »Einigung« auf das wohlwollende Durchsetzen des Seins ausgerichtet ist.

Das verantwortungsethisch aufgefaßte Dasein ist ein Dasein im Antlitz des Todes, wie dies kurz nach Weber die Existenzphilosophen behauptet haben (allen voran sein Schüler Karl Jaspers). Dagegen ist das Dasein, das im Geiste der Liebesethik Tolstojs gedeutet wird, das Dasein im Antlitz der Unsterblichkeit. Denn der Tod ist vom Standpunkt Tolstojs nur noch unsere Vorstellung (im Sinne Schopenhauers, den er voll akzeptierte, indem er sich ihn im Rahmen seiner eigenen Weltanschauung »aneignete«). Er ist eine Illusion (der »Schleier der Maja«), die aber unvermeidlich entsteht und dem Menschen den wahren Sinn des Daseins verbaut, was ihn zu egoistischen »lieblosen« Handlungen führt. Übrigens nehmen sie um so mehr ab, je mehr sich der Mensch von

Liebesgefühlen leiten läßt, die ihm ursprünglich zusammen mit seinem Dasein gegeben sind. Denn die Liebe ist nichts anderes als die »Kraft« des Daseins selbst.

vi. Schlußbemerkungen

1. Vor diesem Hintergrund sieht die »Gesinnung«, an die die Liebesethik appelliert, wesentlich anders aus als im Rahmen der Weberschen idealtypischen Gegenüberstellung von Gesinnungsethik und Verantwortungsethik. Im Rahmen dieser Gegenüberstellung, deren »wahre Quelle und Geheimnis« nach unserer Überzeugung die neukantianische Spaltung zwischen der »Realität« und dem Sollen ist – und dahinter ahnen wir schon den Dualismus von Sein und Nichtsein (Tod als Verwandlung des individuellen Seins ins Nichtsein) –, erscheint die Gesinnung als etwas absolut Unbeholfenes. Deshalb auch das Bedürfnis, wenn schon nicht dem »unpraktischen Charakter« der Gesinnungsethik die »Praktikabilität« der Verantwortungsethik gegenüberzustellen, so doch die erste durch die zweite zu ergänzen, und dies aufgrund der Überzeugung, daß die Realität eine Stätte des Kampfes der miteinander nicht auszusöhnenden Kräfte, d. h. eine Stätte permanenter Gewalt sei.

Daher die Folgerung, die jener ähnelt, die unserer einheimischen Literaturpolemik (in den sechziger Jahren des 20. Jahrhunderts) von einem Dichter verkündet wurde, der keinem liberalen oder demokratischen Lager angehörte: »Das Gute soll mit Fäusten sein.« Ethik muß, soll sie praktisch sein, ihre Prinzipien (»Gesinnungen«) an jene Mittel binden, die im harten »Kräftekampf« zwischen Gut und Böse eine Rolle spielen. Und dafür ist es nötig, entweder die ethischen Prinzipien selbst abzuschwächen oder solche Weisen der ethisch berechtigten Beteiligung an diesem Kampf zu finden, die eine Möglichkeit dafür gewähren, die Gewaltanwendung zu »minimalisieren«, indem man (nicht ohne Appell an das, was Hegel die »List der Vernunft« nannte) diese Kräfte derart gegeneinander ausspielt, daß sie einander »neutralisieren«. Die »Gesinnung« kann einen Sieg also nur dann davontragen, wenn sie die Kräfte der Wirklichkeit für ihre Zwecke selbst »nutzt«.

2. Tolstoj war die Vorstellung einer »umgekehrten Proportionalität« zwischen der moralischen Höhe der Gesinnung und ihrer

»Daseinskraft«, ihrer Wirklichkeitsfülle, völlig fremd – eine Vorstellung, die implizit das neukantianische »Werte existieren nicht, sondern gelten nur« mit dem Weberschen Schluß von der »Unbeholfenheit«, zumindest im politischen Bereich, verbindet. Für einen russischen Propheten der Liebesethik mußte dies wie eine Beleidigung klingen – der Menschen sowohl wie des Gottes. Denn der höchste Sinn des Seins und gleichzeitig die alles besiegende Gewalt ist Liebe. Und in jedem Akte der wahren (d. h. immer auch tätigen) Liebe erweist sich der Mensch dem Gott gleich, während in der Natur dieses Gottes, welcher gleich Liebe ist, das wahrhaft Menschliche zur Geltung kommt: die Alleinigkeit der Menschheit. Was die Gesinnung (den Glauben) des Menschen angeht, so ist sie – wiederum – nichts anderes als ein individueller Akt derselben Liebe: zu Gott und deshalb zum Menschen, zum Menschen und deshalb zu Gott. Und gerade aus diesem Grunde verfügt die Gesinnung über Seinsfülle und Macht. Die Gesinnung (der Glaube) ist ein realer, wenn man will, ontologischer Akt der Liebe, ihre »Emanation«.

3. Das ist der Grund, weshalb laut Tolstojs Liebesontologie die Gewaltlosigkeit als Verkörperung solcher Gesinnung gar keine »Unbeholfenheit«, kein Fehlen von Kraft darstellt. Das Umgekehrte ist richtig: Sie ist Kraft, und eine stärkere (denn dahinter steht die ganze Macht des Universums des Guten, d. h. Gottes), eine unermeßlich viel stärkere als die unvermeidlich partikulare, weil die Menschen voneinander trennende Kraft des Bösen, die Gewalt. Es ist die einzige Kraft, die fähig ist, Gewalt zu besiegen und letztlich zu löschen – darin eben besteht die mit nichts zu vergleichende Macht der Nicht-Gewalt.

Tolstoj protestierte wiederholt gegen jenes Mißverständnis (dessen Opfer unter vielen anderen auch Weber wurde), als ob sein Prinzip der Gewaltlosigkeit Gewalttäter begünstige: »Widerstehe nicht dem Übel«, weiche gehorsam vor ihm, gib die Positionen des Guten preis, mit einem Wort, flüchte dich in die »herkömmliche« russische Passivität. Gegen eine solche Auslegung seines Hauptgedankens, der der Bergpredigt entnommen ist, tritt er auf – es ging bei ihm nur um eine einzige Art des »Nichtwiderstandes«: Widerstehe nicht dem Übel mit Gewalt. Nur die Gewalt als die Verkörperung des Bösen, welche die Liebe ausschließt, wurde von ihm aus der Gesamtheit der zulässigen Mittel entfernt. »Ich habe erklärt«, so formuliert er, »daß nach der Lehre Christi das ganze Leben des Menschen Kampf gegen das Böse, Widerstand gegen das Übel durch Vernunft und Liebe sei, aber daß Christus von all diesen Mitteln des Widerstandes nur ein unvernünftiges Mittel ausschließt, das darin besteht, daß man das Böse mit dem Bösen bekämpft« (9, 310 f.).

4. Außerdem würde die Auslegung dieser Idee der »Tolstowstwo« im Sinne des östlichen »Quietismus« dem Verständnis der Liebe widersprechen, das Tolstoj bis zum Lebensende predigte und das am stärksten in seinem Buch *Der Pfad des Lebens* erklingt, welches sein geistiges Testament wurde (10). Laut dieser Auffassung ist die Liebe »Bemühung« (usilie) (10, 16, 317-322, 326-328, 331-333, 377, 382, 514, 515), die sich auf eine immer engere und umfassendere Einigung der Menschen in Akten des gegenseitigen Wohltuns richtet. Das ist eine recht aktive, obwohl keine »aktivistische« Einstellung, der jeder rein intellektualistisch gedeutete Stoizismus fern liegt. Sie enthält nicht nur den Gegensatz zum Bösen, sondern auch die Gegenwirkung wider das Böse, allerdings nicht mit den Mitteln, die dem Bösen eigen (weil innerlich sozusagen »wahlverwandt«) sind.

5. Damit verbinden sich weitgehende Veränderungen in der Auslegung der Begriffe »Gesinnung« und »Ergebnis«. Tolstojs Glaube war vom praktischen »Ergebnis« nicht durch eine Art kugelsichere Scheibe getrennt, wie dies Weber annahm, als er die »Maximen« seiner »zwei Ethiken« einander gegenüberstellte. Denn der Glaubensakt ist laut Tolstoj gleich dem Akt der Liebe, und je erhabener, reiner und wahrer er ist, desto wirksamer und realer ist er, und desto weitergehende Folgen kann er haben.

Hier haben wir einen Gegensatz zu dem vor uns, was Weber meinte, wenn er die »Flamme der reinen Gesinnung« (3, 552) ironisierte, um den grundsätzlich unpraktischen Charakter des gesinnungsethischen Fliehens ins »Innere« aus dem »Äußeren« zu betonen. Denn laut Tolstoj kann selbst die einfachste »Sorge« um die Reinheit und Erhabenheit des Glaubens, insofern er Liebe, wohltätige Bemühung ist, nicht ergebnislos auch im empirischen Sinne bleiben. Und die oben erwähnte Bemühung ist auf Gott, den Sich-Bemühenden und einen anderen Menschen gleichermaßen gerichtet, und das Ergebnis wird nicht so ignoriert, wie dies beim Idealtyp Gesinnungsethik vorausgesetzt wird.

6. Das Wichtigste besteht jedoch darin, daß das »Ergebnis« selbst anders aufgefaßt wird, weil gerade diese dynamische Bemühung

der Liebe am »ergebnisreichsten« erscheint, vereint sie doch den Glauben der Menschen an Gott mit der praktisch-tätigen Liebe eines Individuums zu einem »anderen«, dem Nächsten, wer und was dieser auch sei. »Ergebnis« ist vom Standpunkt der Ethik Tolstojs – vor allem und hauptsächlich – diejenige Selbstveränderung des Menschen, die die Selbstveränderung anderer Menschen fördert und ihre Einigung in Liebe, d. h. in Gott, erleichtert. Laut Tolstojs wichtigstem Postulat kann nämlich die Änderung der »äußeren Einrichtungen«, in deren ungerechter Welt Menschen leben, nur aus der Selbstveränderung jedes von ihnen erfolgen, einer Selbstveränderung, die völlig frei in dem Sinne ist, daß sie allen »Einfluß von außerhalb« ausschließt. Daraus folgt, daß eine Handlung, die von Selbstveränderung zeugt, als Hauptergebnis betrachtet werden muß, auf welches die Liebesethik baut und für welches sie die Verantwortung übernimmt.

7. Da aber diese Handlung als Ergebnis der Selbstverwandlung des Menschen nur dort als vollzogen gelten kann, wo diese »innere« Bemühung »außerhalb« erfolgt – in der Bemühung der Liebe, die der Mensch auf einen anderen Menschen, auf andere Menschen richtet –, so fehlt in dieser Handlung als »Ergebnis« die harte Opposition von »Innerem« und »Äußerem«, von der bei Weber die Gesinnungsethik ihre ursprüngliche Gegensätzlichkeit zur Verantwortungsethik gewann. Die »Bemühung« der Liebe verbindet »Inneres« und »Äußeres« wie »diese Welt« und »jene« auf eine derart intensive Weise, daß diese Spaltung für Tolstoj überhaupt jeglichen Sinn verliert. Aus diesem Grunde streitet er auch »das Leben nach dem Tod« ab und behauptet, daß »das echte Wohl im wirklichen, und nicht im Leben nach dem Tod« bestehe (10, 481).

In allen Fällen spricht Tolstoj vom geisterfüllten Leben das gleich der Liebe ist, die alles Lebendige und den Kosmos in der gemeinsamen Bemühung einigt. Deshalb wirken Webers Worte vom »Virtuosen der akosmischen Liebe zum Menschen«, dessen Reich nicht von dieser Welt sei und der doch in ihr handle (3, 657), als unanwendbar auf Tolstoj und seine Helden. Sowohl er als auch sie kennen lediglich eine Welt – die Welt, die durch die Bemühung, die Kraft, die Energie der Liebe vereinigt (und folglich vergeistigt) wird, ohne die es weder diese Welt noch etwas anderes geben würde.

8. Deshalb erweist sich das ethische Problem für ihn gleichzeitig als ein praktisches, als ein durchaus »diesseitiges« (wenn man im

Sinne der idealtypisch gedeuteten Verantwortungsethik denkt).
Dies läßt ihn die Gewalt als Mittel des Kampfes gegen das Böse
verwerfen, nicht so sehr, weil sie ein »moralisch gefährliches Mittel« wäre (3, 553), sondern weil sie einfach ineffizient, unzweckmäßig ist. Ihre »Ineffizienz« wurzelt in einer logischen, nicht
ethischen Erwägung schlichtester Art: Wenn Gewalt durch Gewalt bekämpft wird, verdoppelt sich das Böse, d. h. es vermehrt
sich, statt sich zu vermindern.

An diesen und ähnlichen Erwägungen Tolstojs – und in seinen
schöngeistigen Werken gibt es viele Beispiele ihrer Konkretisierung für unterschiedliche »lebenspraktische Situationen« – wird
deutlich, daß seine Liebesethik – anders als die Gesinnungsethik
Webers – nicht verlangt, vollständig über die Folgen der ethisch
orientierten Handlung hinwegzusehen, gar den Menschen von der
Verantwortung für diese Folgen zu befreien, indem die Verantwortung dafür Gott allein zugeschoben wird.

9. Nach Tolstoj ist jegliche Handlung voller Liebe und jegliche
Tat, von Liebe getragen, bereits Wirken des Menschen als Gott
(ebenso wie Wirken Gottes als Mensch): Beide sind in jedem Akt
wahrer Liebe mitanwesend. Laut dieser Ontologie (oder »Onto-
Theologie«, denn insoweit sich Gott als Dasein erweist, ist die
Theologie unvermeidlich auch Ontologie) kann das »Ergebnis«
keine Tat der Zukunft sein, weil die letztere so gut wie die Vergangenheit keine wahre Wirklichkeit ist. Wirklich ist nur die Ewigkeit, und diese ist immer »hier und jetzt« – im Moment des
Handelns, im Augenblick der höchsten Anspannung der Liebe.

»Die Liebe ist«, schreibt Tolstoj in seinem Schlußwerk, »Gelten
des göttlichen Wesens, für das es keine Zeit gibt, und deswegen
kommt Liebe nur in der Gegenwart, jetzt, jede Minute des Gegenwärtigen zur Geltung« (10, 336). »Es gibt keine Liebe in der
Zukunft: Liebe gibt es nur in der Gegenwart« (10, 336). »Das
Leben jetzt, in der Gegenwart, ist der Zustand, in dem Gott in uns
lebendig ist. Und deshalb ist ein echter Augenblick des Lebens am
wertvollsten« (10, 336). »Nur in der Gegenwart kommt die göttliche Kraft des Lebens zur Geltung, und deshalb muß die Tätigkeit der Gegenwart über Fähigkeiten des Göttlichen verfügen,
d. h. vernünftig und gut sein« (10, 335). »Ein Augenblick ist nur
ein Augenblick, und dem Menschen scheint er so unwichtig zu
sein, daß er ihn verstreichen läßt, aber gerade darin ist sein Leben,
nur in einem gegenwärtigen Augenblick kann er die *Bemühung*

(von mir hervorgehoben – J. D.) unternehmen, mit deren Hilfe das Reich Gottes in und außer uns erlangt wird« (10, 333). »Die Tätigkeit des geistigen Wesens des Menschen besteht nur in der Bemühung des Bewußtseins. Und die Bemühung des Bewußtseins ist immer außerhalb der Zeit da, weil sie nur in der Gegenwart liegt, und die Gegenwart liegt außerhalb der Zeit« (10, 332). Sie liegt nach Tolstojs Überzeugung in der Ewigkeit, d. h. in Gott. Deshalb ist jeder momentane Akt der menschlichen Liebe göttlich; dies ist die »Stelle«, wo Mensch und Gott gleich sind.

10. Aber dieser (ethisch) »schöne Augenblick« – den man, im Unterschied zum Goetheschen »Augenblick« nicht verweilen zu lassen braucht (denn er ist schon »ein Augenblick der Ewigkeit«) – ist laut Tolstojs »Onto-Theologie« die »Stelle«, wo eine Handlung gleichzeitig als ihr eigenes »Ergebnis« in Erscheinung tritt, gleichzeitig ihre eigene Folge ist. Anstelle der »Verantwortung für die Zukunft«, von der Weber sprach, erscheint bei Tolstoj die »Verantwortung für die Gegenwart«, dafür, daß sich im gegenwärtigen Augenblick, der von Liebe verklärt ist, die Ewigkeit offenbart. Dieses Ergebnis soll einer Wertung unterzogen werden. Dabei ist diese Wertung gleichzeitig auch ethisch (man könnte sogar sagen: ethisch-religiös oder ethisch-ontologisch) und lebenspraktisch. Eine Handlung, die »hier und jetzt« vorgenommen wird, ist gerade dasjenige Endergebnis, für das der Mensch volle Verantwortung übernimmt, nicht für eine (imaginäre) Zukunft, in die man immer fliehen kann, wie dies immer wieder getan wurde, und zwar vor allem von den Politikastern, die das, was sie in der Gegenwart taten, nicht zu verantworten geneigt waren (geschweige denn an Ort und Stelle ihres »Tuns«), sondern nur das, was nach ihrem listigen Glauben aus ihren Taten in der Zukunft hervorgehen werde, dann, wenn man bereits sagen kann: »Vorbei ist vorbei«.

Diese »fällige Zukunft« kam laut Tolstoj nie zustande und teilte somit das Schicksal all der Illusionen von Menschen, die vor der Verantwortung fliehen wollen, denn diese Verantwortung besitzt den vollen Sinn nur in der Gegenwart und nur als Verantwortung für etwas, das von ihnen in der Gegenwart getan wird. Denn sowohl »onto-theologisch« als auch ethisch, sowohl empirisch als auch lebenspraktisch ist nur noch die Gegenwart real, die im Gegensatz zu der bereits bestehenden Vergangenheit und der noch nicht bestehenden Zukunft aufgefaßt wird.

11. Solche Verantwortung »tritt« laut Tolstoj unabänderlich »ein«,

nicht nach der »Tat«, sondern im Moment des Tuns selbst am Tatort. Der Täter wird ebenda – im Akt seines Tuns – belohnt, wenn es gut ist, weil der Lohn für die Wohltat die Wohltat selbst ist, und der Lohn für Liebe Liebe. Oder aber umgekehrt, er wird bestraft, wenn sein Tun übel (eine Übeltat) ist, wobei er sich selbst diese Strafe auferlegt, wie dies z. B. bei Anna Karenina aus dem gleichnamigen Roman Lev Tolstojs der Fall ist, die ihm nach seinen Worten einen »bösen Streich« spielte: Entgegen der Absicht des Autors »ging sie und warf sich unter den Zug«. Darin sieht Tolstoj den wahren Sinn des Bibelwortes: »Mein ist die Rache, und ich werde es vergelten«. Diese Worte hat er als Motto seinem eben genannten Roman vorangestellt. Denn darin, daß die »Vergeltung« für jede menschliche Handlung in dieser selbst beschlossen liegt, sieht der Prophet der Liebesethik den »Fingerzeig Gottes«. Gott selbst läßt den Menschen, der die Tat tut, alle Schwere der Verantwortung dafür übernehmen – nicht im »Morgen«, nicht in der »Zukunft«, sondern im »Hier und Jetzt«. Darin besteht der eigentliche Sinn des christlichen Wortes: »Handle richtig und verlaß dich im übrigen auf Gott.«

Literatur

1. Schluchter, W., *Religion und Lebensführung*, Bd. I u. II, Ffm 1988.
2. Weber, M., »Zur Lage der bürgerlichen Demokratie in Rußland«, in: *Max Weber-Gesamtausgabe*, Bd. I/10, Tübingen 1989.
3. Weber, M., »Politik als Beruf«, in: M. Weber, *Gesammelte politische Schriften*, Tübingen 1988.
4. Losskij, N. O., *Uslovija absoljutnogo dobra*, Moskva 1991.
5. Weber, M., *Wirtschaft und Gesellschaft*, Tübingen 1985.
6. Weber, M., »Wissenschaft als Beruf«, in: M. Weber, *Gesammelte Aufsätze zur Wissenschaftslehre*, Tübingen 1988.
7. Schelting, A. von, *Max Webers Wissenschaftslehre. Das logische Problem der historischen Kulturerkenntnis. Die Grenzen der Soziologie des Wissens*, Tübingen 1934.
8. Henrich, D., *Die Einheit der Wissenschaftslehre Max Webers*, Tübingen 1952.
9. Tolstoj, L. N., *Tri pritschi. Sobranie sočinenij v dvadcati tomach*, Bd. 12, Moskva 1964.
10. Tolstoj, L. N., *Put' žizni, Polnoje sobranie sočinenij*, Bd. 45, Moskva 1956.

Chancen der Freiheit in Rußland
Max Webers Sicht der russischen Revolution von 1905

Gegenstand unserer Erörterungen sind zwei Artikel Max Webers zum Thema Rußland. Jeder dieser Artikel wuchs sich zu einer größeren Schrift aus – »Zur Lage der bürgerlichen Demokratie in Rußland« (1) und »Rußlands Übergang zum Scheinkonstitutionalismus« (2).[1] Trotz der Tatsache, daß sie von westlichen Forschern nicht gänzlich ignoriert wurden, kam ihr Inhalt bei weitem nicht so zur Geltung, wie er es verdient gehabt hätte – weder vom Standpunkt der Weberforschung noch vom Standpunkt der Analyse der ersten russischen Revolution und ihrer Rezeption im Westen.

Inzwischen sind es sowohl die gegenwärtige Situation in der Weberforschung als auch Aufgaben einer vertieften soziologischen Betrachtung der Revolution von 1905 in Rußland, deren Themenkreis immer mehr in Tuchfühlung mit unseren derzeitigen Problemen gerät, die uns dazu bewegen, Webers Schriften erneut unter die Lupe zu nehmen.

Sobald wir jedoch damit beginnen, diese beiden Artikel aufmerksam zu lesen, wobei jeder von ihnen eine Mischung von Reportage und Geschichtschronik der ersten neun Monate der russischen Revolution darstellt, unterbrochen von Exkursen in die Vorgeschichte, stoßen wir sogleich auf große Schwierigkeiten. Bei allem

1 Diese Artikel erschienen ursprünglich im ersten Heft von Bd. 22 und im ersten Heft von Bd. 23 des von E. Jaffé, Werner Sombart und Max Weber herausgegebenen *Archivs für Sozialwissenschaft und Sozialpolitik* 1906. Sie sind eher einem westlichen Leserkreis ein Begriff (obwohl auch manchem unserer Landsleute nicht unbekannt), aber nur in einer äußerst gekürzten Fassung, so wie sie post mortem gedruckt wurde. Der 1989 von Wolfgang J. Mommsen unter Mitwirkung von Dittmar Dahlmann herausgegebene 10. Band der Max Weber-Gesamtausgabe (I/10: *Zur Russischen Revolution von 1905. Schriften und Reden 1905-1912*) gibt uns den authentischen, auf das sorgfältigste überprüften Urtext der erwähnten Artikel. Das Erscheinen dieses Bandes erneuerte das Interesse für Webers Schriften über die russische Revolution 1905/06 und regte uns an, sie einer neuen Analyse zu unterziehen. Damit hängt auch unsere vorliegende Arbeit zusammen.

guten Willen gelingt es Weber nämlich nicht, entweder die Rolle eines notwendigerweise etwas oberflächlichen Reporters oder die eines Chronisten, der völlig unparteiisch zu sein hätte, zu spielen. Darüber hinaus erweisen sich die Weberschen Texte bei aller äußerlichen Schlichtheit als gesättigt mit Assoziationen und Parallelen. Ferner aber zeigt sich, daß sie in ihrer inhaltlichen Kompliziertheit überhaupt nicht angemessen gelesen geschweige denn begriffen werden können, ohne daß man die Voraussetzungen der Sozialphilosophie von Weber berücksichtigt.

Die dogmatische Sozialphilosophie der Freiheit

Diese Sozialphilosophie bildete sich im großen und ganzen während der Arbeit an den zu betrachtenden Artikeln aus und harrte ihrer weiteren Entfaltung und Konkretisierung vor einem breiteren historischen Hintergrund. Ihre Grundzüge sind bereits in einer Serie von Artikeln erkennbar, die als Teile eines ganzen Werkes gedacht waren, und zwar unter dem Titel *Die protestantische Ethik und der ›Geist‹ des Kapitalismus* (3), eines Werkes, das heute zum klassischen Bestand der Soziologie gehört. Die grundlegende »chronologische Tatsache« ist also, daß dieses Werk (zusammen mit Webers Reaktion auf die ersten polemischen Rezensionen, die ihm folgten (4)) als der unmittelbare Vorläufer der Rußland-Artikel zu gelten hat. Dieser Sachverhalt fand seinen Niederschlag in der eigentümlichen »soziologischen Reflexion«, die den »Hintergrund« für die Webersche Chronik der russischen Revolution von 1905 bildete. Diese taucht ab und zu im Text auf, insbesondere am Ende der Artikel. Daraus ergibt sich die Notwendigkeit, der folgenden Darlegung wenigstens eine kurze Einschätzung der Sozialphilosophie des Autors der *Protestantischen Ethik* voranzustellen.

In ihrem Zentrum steht die Idee der Freiheit, und zwar einer »kultursoziologisch« begriffenen Freiheit. Für Weber hieß das, sie in Verbindung mit der »Konstellation« zu sehen, in deren Zeichen sie ins Leben trat und die ihr gesellschaftspolitisches Schicksal in der Neuzeit mitbestimmte. Die »Konstellation« von Himmelskörpern, auf die sich Astrologen berufen, wenn sie »Linien« der individuellen menschlichen Schicksale zu zeichnen suchen, wird hier soziologisch als eine einmalige Kombination sozialer, kultureller und historischer »Faktoren« gedeutet. Diese Kombination war es, die laut Weber die »Erscheinung« der freien Persönlichkeit ermöglichte. Diese verläßt sich nur auf sich selbst und bestimmt ihren Lebensweg nach höchsten Idealen und Werten. Das Problem der Freiheit wird dabei im protestantischen Geiste gedeutet – als Freiheit der individuell bestimmten Persönlichkeit, die bei gesundem Verstand und nüchternem Gedächtnis ist, mit Gott im Herzen und Vernunft im Kopf handelt und ebendeshalb ihre Handlungen vollständig verantworten kann. Dieses Problem erscheint also in historischer Konkretheit. Es geht vor allem um die Bedingungen der Entstehung und der weiteren Existenz eines Persönlichkeitstyps. Gemeint ist die Persönlichkeit, die nicht einfach im westlichen, sondern eben im protestantisch-westlichen Sinne frei ist, und in diesem Sinn hielt Weber sie für den adäquatesten Ausdruck des europäischen Geistes.

In ihrer klassischen Spielart ist eine solche Freiheit nichts Zukünftiges bzw. Gegenwärtiges, sondern etwas Vergangenes. Ihre klassische Epoche fällt in die Zeit des Frühkapitalismus[2], vor allem in die Zeit der großen Entdeckungen und der Reformation. Das ist jedoch graue Vorzeit, denn der Geist der Freiheit, der den Frühkapitalismus speiste, objektivierte sich inzwischen, um mit Fichte und Hegel zu sprechen, in formalisierten und bürokratisierten Strukturen des reifen, hochentwickelten Kapitalismus.

Heute zwingen diese Strukturen dem Individuum Verhaltensstil und Lebensweise auf – der Kapitalismus hat aufgehört, Sache der freien Entscheidung einer Persönlichkeit zu sein. Ihr wird kaum noch schöpferische Spannung abgefordert, der der Westen die klassischen Manifestationen der freien Entscheidung und der selbständigen Handlung ebenso wie die echt demokratische Ordnung des öffentlichen Lebens verdankt.

Die Situation in der Welt ist nach Weber nun durch »die heutige hochkapitalistische Entwicklung« bestimmt (1, 271). Er sagt darüber, dies bedeute Standardisierung der Produktion und »Uniformierung des äußeren Lebensstils«, »gesetzmäßige« Einwirkung der materiellen Interessen, der »materiellen Konstellation« (1, 270 f) und endlich Formalisierung und Bürokratisierung der ge-

---

2 Gemeint ist die Entstehungsperiode des neuzeitlichen Kapitalismus, d. h. des industriellen Kapitalismus, weil der Handelskapitalismus bereits in der Antike und nicht nur in Europa vorhanden war.

sellschaftlich-politischen Verhältnisse. Und er resümiert: »... Alle ökonomischen Wetterzeichen weisen nach der Richtung zunehmender Unfreiheit« (1, 270). Der Druck dieser wirtschaftlichen Atmosphäre auf die demokratischen Institutionen und auf die freie Persönlichkeit steige.

Daraus zieht er den Schluß, der Rußland unmittelbar betrifft: »Es ist höchst lächerlich, dem heutigen Hochkapitalismus, wie er jetzt nach Rußland importiert wird und in Amerika besteht, – dieser ›Unvermeidlichkeit‹ unserer wirtschaftlichen Entwicklung, – Wahlverwandtschaft mit ›Demokratie‹ oder gar mit ›Freiheit‹ (in *irgend* einem Wortsinn) zuzuschreiben, während doch die Frage nur lauten kann: wie sind, unter seiner Herrschaft, alle diese Dinge überhaupt auf die Dauer ›möglich‹?« (1, 270).[3] Von nun an sind Freiheit und Kapitalismus Gegensätze. Die Freiheit muß der ökonomischen Notwendigkeit abgerungen werden!

Die Tragödie der verspäteten Freiheit

In dem Augenblick, in dem der Westen zu ahnen beginnt, daß seine bürgerlich-demokratischen Ideale der Freiheit der Vergangenheit angehören, daß das Streben danach auf immer größere Probleme stößt[4], bricht in Rußland jene Revolution aus, deren Ziel gerade die Erlangung dieser Freiheiten ist.

In der russischen Revolution verschärfte sich deshalb die Antinomie zwischen individueller Freiheit und sozial-ökonomischer Notwendigkeit aufs äußerste. Das Drama der Freiheit wurde hier zur Tragödie – zur Tragödie der verspäteten Freiheit. Die Tatsache der russischen Revolution legte nach Weber zwar davon Zeugnis ab, daß Rußland die Freiheit brauchte. Aber diese Freiheit stand nicht mehr in einer Wahlverwandtschaft mit der ökonomischen Notwendigkeit.

Die tragische Situation, die entsteht, wenn man in unserem Jahr-

---

3 Das sollten sich jene unserer führenden Persönlichkeiten der Perestrojka überlegen, die heutzutage unsere Perspektiven der Freiheit und Demokratie aufs engste mit der Entwicklung der Marktwirtschaft verknüpfen, die zudem in ihrer modernen, d. h. hochbürokratisierten Form genommen wird (und nicht in der frühkapitalistischen).

4 Wobei die Schwierigkeiten, auf die wir noch zu sprechen kommen werden, nicht nur »äußerlich«, sondern auch »innerlich« sind.

hundert die Freiheit zum ersten Mal erkämpfen muß – diese Situation zeigt das wahre Wesen der Freiheit: ihre ursprüngliche Antithese zur ökonomischen Notwendigkeit. Diese Antinomie verkörperte sich in der russischen Revolution. »Niemals«, so betont Weber, »ist ein Freiheitskampf unter so schwierigen Verhältnissen geführt worden wie der russische« (2, 678).

Aber gerade deshalb schien diese Revolution zunächst in der Lage zu sein, den verwelkten[5] Idealen der Epoche des Frühkapitalismus nicht nur neue Frische, sondern auch neuen Einfluß zu verleihen. Man braucht sich deshalb nicht darüber zu wundern, daß die Revolution, die bei den liberalen und den radikaldemokratischen Intellektuellen des Westens große Hoffnungen und Erwartungen hervorrief, auch beim Verfasser der *Protestantischen Ethik* reges Interesse weckte. Sie zwang ihn dazu, alle bisherigen wissenschaftlichen Pläne beiseitezusetzen und sich in den Zauberkreis der Probleme zu begeben, um die sich jene Revolution drehte.

Die Revolution wurde dabei auch von Weber unter zwei sich kreuzenden Gesichtspunkten betrachtet. Wenn diese Gesichtspunkte auch einander nicht widersprachen, so standen sie doch in Spannung zueinander. Für die Teilnehmer, deren Bestrebungen Weber adäquat verstehen und ausdrücken wollte, bedeutete die Freiheit etwas Zukünftiges, umkränzt von blühenden Illusionen. Für die meisten »westlichen« Beobachter (auch für die meisten von Webers deutschen Lesern) war diese Freiheit Alltag, eingetaucht in ein dumpfes Grau. Deshalb bestand im ersten Fall die Gefahr, das Geschehen in Rußland überzubewerten (und zu pathetisieren), und im zweiten, es unterzubewerten (und zu trivialisieren), in beiden Fällen aber, die bedrohlichen Potenzen außer acht zu lassen, die die russische Freiheit sowohl in der nächsten als auch in der weiteren Zukunft gefährden mußten. Auf diese Gefahren war Weber bedacht, ohne dabei die Erzgefahr zu vergessen, die damit zusammenhing, daß sich der Freiheitskampf in Rußland seinem Höhepunkt näherte, als er im Westen schon längst vorüber war.

Die Eigenart der hier in groben Umrissen beschriebenen Position Webers als eines zwar »distanzierten«, aber keineswegs unparteiischen Beobachters des Freiheitskampfes in Rußland, der dessen

---

5 Wegen ihrer »Utilisierung« im Alltag des Westens, wo die politischen Freiheiten eine gewöhnliche Realität wie »täglich Brot« geworden sind.

welthistorischen Zusammenhang berücksichtigte, gab Anlaß für mancherlei Irritationen. Das Streben des Verfassers der Artikel über die erste russische Revolution, bei der Einschätzung von Paradoxien, Problemen und Gefahren der russischen Freiheit möglichst objektiv zu bleiben, wurde ab und an als Zeichen von Pessimismus gedeutet, als Ergebnis der nur schlecht verborgenen Überzeugung, daß die Freiheit im »westlichen« Sinne, verstanden vor allem als die rechtlich geschützte Freiheit des Staatsbürgers, in Rußland keinerlei Chance habe.

Eine Auffassung dieser Art findet sich jetzt wieder in einem Artikel von Alexander Kustarëv, der unter dem Titel »Der Ausbruch der russischen Revolution: die Version Max Webers« in *Voprosy filosofii*, Heft 8, 1990 erschien. Nach Kustarëv ist der Hauptton von Webers Artikel pessimistisch. Weber sehe »keine Perspektive für die bürgerliche Demokratie in Rußland«. Er äußere zwar »gewisse Hoffnung an einigen Stellen. Aber das ist eigentlich keine Hoffnung, sondern wohlwollendes Wünschen«. Das sei eine »Kombination von Pessimismus und Erfolgswünschen«, die aber jeglicher Grundlage entbehre (5, 120). Und dieser eigenartige Erfolgswunsch für eine offensichtlich hoffnungslose Sache wird damit erklärt, daß »Weber als besonderer Liberaler an den bedingungslosen Wert der Freiheit glaubte, aber nicht an die Verwirklichung des Freiheitsideals« (ebd.).

Was nun das Freiheits»ideal« betrifft, so ist es als solches natürlich tatsächlich nicht zu verwirklichen. Aber die Freiheit selbst, verstanden als die Gesamtheit bürgerlich-demokratischer Freiheiten, konkretisiert als ein Gefüge von Institutionen, auch nicht? Falls entgegen der Hypothese des Verfassers des eben erwähnten Aufsatzes Weber die Verwirklichung der russischen Freiheit doch nicht so hoffnungslos eingeschätzt haben sollte, wie ist dann jener »allgemeine Ton« zu deuten, den Kustarëv bezeichnet als hoffnungslos pessimistischen Erfolgswunsch, gerichtet an Menschen, denen die Niederlage sicher ist?

Heute, wo wir abermals versuchen, die Freiheit als institutionelles Gefüge zu verwirklichen und sie in eine Alltäglichkeit unseres gesellschaftlichen und politischen Lebens zu verwandeln, klingen die Fragen, die Weber in seinen Artikeln aufwarf, überhaupt nicht sinnlos. Sie erschienen ja am Beginn unseres »blutigen« Jahrhunderts, und für uns ist es ein blutiges Jahrhundert geblieben.

Webers wichtigste Frage ist nicht die des »reinen« Philosophen (nach dem Schicksal des »Freiheitsideals« überhaupt), sondern die des Sozialphilosophen und Soziologen. Er fragt nach den Überlebenschancen der schon errungenen Freiheit, deren »lebendiger Geist« zur Zeit der Reformation erwachte, um sich daraufhin im sozialen, wirtschaftlichen und politischen Handeln seiner Träger während des 17. und 18. Jahrhunderts so zu verkörpern, daß der »hochentwickelte Kapitalismus« entstehen konnte.

Für uns ist jedoch die wichtigste der Weberschen Fragen immer noch die nach den Möglichkeiten, die Freiheit allererst zu erlangen, nach dem Schicksal der Freiheitsbewegungen, die die Ideen und Forderungen der Reformation und der frühbürgerlichen Revolutionen während der »spätbürgerlichen Entwicklung« Westeuropas und der USA neu beleben, die der Welt ihre eigenen Maßstäbe der wirtschaftlichen Tätigkeit und des politischen Handelns vorhalten. Das sind jene Bewegungen, deren langer Zug in Rußland am Ende des 19. und Anfang des 20. Jahrhunderts begann. Heute versuchen wir abermals, jene Freiheit zu erkämpfen, die bereits der russischen Semstwo-Bewegung vorschwebte.

Also kehren wir zu Kustarëvs Deutung dieser »zweiten« Weberschen Frage zurück: Schloß er tatsächlich für Rußland die »Freiheitsperspektive« aus (und zwar wegen der »Verspätung« seiner Befreiungsbewegung)? Galten seine »Erfolgswünsche« tatsächlich einem aussichtslosen Unternehmen? Und weiter: Sind wir auch heute wieder zu spät erschienen mit unseren »frühbürgerlichen« Befreiungsbestrebungen, Losungen und sogar praktischen Handlungen? Klingen die Erfolgswünsche an unsere heutige Befreiungsbewegung, die wir nicht nur von wohlwollenden, sondern auch von politisch höchst erfahrenen westlichen Beobachtern hören, nicht noch vieldeutiger, als wenn sie von Max Weber kämen?

Kustarëvs Schlußfolgerungen sind falsch. Er interpretiert Webers Texte von einem Gesichtspunkt aus, der zu Webers in diametralem Gegensatz steht. Den von Kustarëv gewählten Gesichtspunkt kritisiert Weber in beiden Aufsätzen. Für ihn wäre es ein »großes Unheil für die Sache der Freiheit«, der »Demokratie« und des »Individualismus« gewesen, hätte man sie mit dem »gesetzmäßigen« Einwirken der materiellen Interessen verbunden. Derjenige, so sagt er, der sich immer noch an den »objektiven Gesetzen« der ökonomischen Entwicklung orientiere, d. h. die »Wetterfahne einer Entwicklungstendenz« sein wolle, »möge so schnell wie nur möglich diese altmodischen Ideale verlassen« (5, 270). Wenn dem aber so ist, dann kann als Argument gegen die Freiheit und als Beweis der Aussichtslosigkeit jeglichen Strebens danach keinesfalls der Sachverhalt gelten, daß Freiheit und wirtschaftliche Notwendigkeit in vollkommen entgegengesetzte Richtungen zeigen. Fazit: Der Pessimismus gegenüber den Freiheitschancen in Rußland folgt nicht aus Webers sozialphilosophischen Postulaten, sondern aus den bewußten oder unbewußten weltanschaulichen Voraussetzungen mancher seiner Interpreten.

Dasselbe kann man auch über Kustarëvs »zu spät« sagen. »Die russische Gesellschaft des 20. Jahrhunderts«, so schreibt er, bestand nach Weber aus einer ganzen Reihe von »unfähigen Zirkeln« (5, 120). »Weder die reife geldschwere Klasse noch die Sozialdemokratie, geschweige denn die Bürokratie sind fähig und geneigt, das zu verwirklichen, was von der jungen Bourgeoisie erreicht wurde, dort, wo sie eine autochthone Erscheinung war. Immer wieder denkt Weber bei der Beobachtung Rußlands: zu spät« (5, 120). Hier haben wir das bekannte marxistische Klischee von der »uralten ökonomischen Rückständigkeit« Rußlands vor uns.

Aber dies ist nicht alles. Weber »verknüpft« die »Chancen« für Demokratie und »Individualismus« nicht nur nicht mit dem »gesetzmäßigen« Einwirken der materiellen Interessen. Er verknüpft sie auch nicht mit dem Niveau des materiellen Wohlstands überhaupt. In diesem Sinne wurde auch die frühbürgerliche Freiheit, etwa in Deutschland, nicht so sehr »dank etwas«, als vielmehr »trotz etwas« durchgesetzt, trotz der »materiellen« Umstände, unter denen das deutsche Volk sein Dasein fristete. »Aber wir unserseits sollten ... doch nicht vergessen«, so erinnert er, »daß wir der Welt das Unvergänglichste in jener Epoche gegeben haben, als wir selbst ein blutarmes weltfremdes Volk waren, und daß ›satten‹ Völkern keine Zukunft blüht« (2, 679). So lauten die Schlußworte des zweiten Artikels über die erste russische Revolution, in denen das Pathos ihres deutschen »Chronisten« hervorbricht, woran sich zeigt, daß sein ganzes Unternehmen auch nach innen gerichtet war.

Dasjenige Deutschland aber, von dem Weber hier redet, war »blutarm« nicht nur im übertragenen, sondern auch im direkten Sinne dieses Wortes. Es litt unter Mangel an Nahrung. Wie das Rußland vom Anfang des Jahrhunderts, konnte es zur Zeit seines höchsten moralisch-geistigen Schaffens keineswegs zu den politisch oder wirtschaftlich »satten« Völkern gerechnet werden. Hier mußte man folglich die Freiheit der Notwendigkeit abtrotzen, die häufig in Gestalt der direkten Not erschien und so den Menschen unentwegt dazu verleitete, sich zu unterwerfen!

Hier gerät Weber in Widerspruch nicht nur zu den »ökonomischen Deterministen«, sondern auch zu den sogenannten deutschen »Realpolitikern«. Der »Druck des zunehmenden Reichtums, verbunden mit der zum System gesteigerten Gewohnheit, ›realpolitisch‹ zu denken« – schreibt Weber –, erschwert »den Deutschen die Möglichkeit, das stürmisch erregte und nervöse Wesen des russischen Radikalismus sympathisch zu empfinden« (2, 679).

Aber die russische Freiheit ist nicht nur für Rußland, sondern auch für den Westen wichtig, wenn dieser sich darüber auch nicht im klaren ist. Im globalen Ringen zwischen der Freiheit und der Notwendigkeit hat nach Weber auch die russische Befreiungsbewegung ihren ganz bestimmten Platz. Diese Bewegung tritt vor allem der politischen und intellektuellen »Sattheit« der westlichen Gesellschaft entgegen – der »Übersättigung« mit rechtlichem Schutz, parlamentarischer Demokratie und – was am gefährlichsten ist – mit persönlicher Freiheit. Gibt es eine größere Gefahr für die Freiheit als die Gleichgültigkeit der Menschen, die ohne diese Freiheit nicht auskommen, aber weder diese Freiheit noch ihren Verfall bemerken?

Deshalb schätzt Weber vor allem die große geistige Spannung so hoch, die die russische Befreiungsbewegung demonstrierte und die nach seiner Überzeugung schon an sich wertvoll ist, indem sie das Erwachen der Völker aus dem satten Schlummer fördert. Niemals, sagt er, »ist ein Freiheitskampf geführt worden mit einem solchen Maß von rücksichtsloser Bereitschaft zum Martyrium, für die, scheint mir, der Deutsche, der einen Rest des Idealismus seiner Väter in sich fühlt, tiefe Sympathie besitzen müßte« (2, 678).

Wo aber sah Weber die Chancen der russischen Freiheit?

Sah er sie vor allem hier, in jener geistigen Spannung, in jener »rücksichtslosen Bereitschaft zum Martyrium«?

»Das Auge des Zuschauers«, schreibt er, »zumal dasjenige politisch und ökonomisch ›satter‹ Völker, ist nicht gewohnt und, von der Ferne aus, auch nicht in der Lage, durch den Schleier aller dieser Programme und Kollektivaktionen hindurch bei solchen Massen das mächtige Pathos der Einzelschicksale, den rücksichtslosen Idealismus, die unbeugsame Energie, das Auf und Ab von stürmischer Hoffnung und qualvoller Enttäuschung der Kämpfer zu unterscheiden« (2, 675 f.). Deshalb ist er bestrebt, bei diesem Zuschauer, wenn man so sagen darf, »das Auge auszubilden« (wie man es mit der Stimme eines künftigen Sängers tut), indem er sein Augenmerk auf dasjenige lenkt, was dem russischen Befreiungskampf einen echten und nicht bloß »provinziellen« und epigonenhaften Sinn verleiht.

Der nüchterne und weitsichtige politische Denker Weber sucht die Freiheitschancen für Rußland gar nicht dort, wo sie die sogenannten »Realpolitiker« suchten (und natürlich nicht fanden). Alle diese Dinge, schreibt Weber über die Freiheit und die Demokratie, sind überhaupt auf die Dauer nur dort möglich, »wo dauernd der entschlossene Wille einer Nation, sich nicht wie eine Schafherde regieren zu lassen, dahinter steht. ›Wider den Strom‹ der materiellen Konstellationen sind wir ›Individualisten‹ und Parteigänger ›demokratischer‹ Institutionen« (1, 270). Und von nun an versteht er unter diesem »Wir« offensichtlich auch die überzeugten Verfechter der liberalen Demokratie in Rußland. Das ist Webers allgemein weltanschauliche und zugleich sozialphilosophische (und sogar politische) Voraussetzung. Sie bildet den Hintergrund seiner Betrachtung der Ereignisse der ersten russischen Revolution.

Vernachlässigt man diese weltanschauliche Voraussetzung, so fällt es tatsächlich schwer, Webers »Chronik« der ersten russischen Revolution nicht als monotonen Bericht über die endlose Abfolge »unfähiger Zirkel« mißzuverstehen, durch die die Entwicklung der russischen Freiheit hoffnungslos verlangsamt wurde. Daraus gibt es bekanntlich keinen Ausweg: Nachdem man die Mauer einer Zelle untergraben hat, gerät man in eine andere Zelle; aus dieser in eine dritte – und so weiter.

Laut Weber ist die individuelle (»persönliche«) Freiheit zwar eine Dimension der gesellschaftlichen Realität, aber in einem anderen

Sinne als ihre wirtschaftliche. Anthropologisch wurzelt sie im Willen der menschlichen Natur: im Willen eines Individuums, dessen Verwirklichungsbedingung gerade die Freiheit darstellt. Dieser Wille existiert oder existiert nicht. Aber wo er existiert, verwirklicht er sich in entsprechenden Einrichtungen, die die gesellschaftlichen Bedingungen der selbständigen individuellen Tätigkeit sichern. Und dann erweist sich, daß in einer scheinbar hoffnungslosen, ausweglosen Situation für diesen Willen eine »Chance« gefunden werden kann – und es liegt an den Menschen, die sich am historischen Geschehen beteiligen, ob sie diese Chance nutzen oder nicht.

»Der entschlossene Wille«, nämlich der Wille zur Freiheit, ist folglich nach Weber die wichtigste Chance der Freiheit überhaupt. Und das »stürmisch erregte Wesen des russischen Radikalismus«, »der rücksichtslose Idealismus«, »die unleugbare Energie«, das waren für ihn Zeichen dieses »entschlossenen Willens«.

Was ist Untergang der Freiheit?

Daraus ergibt sich die angebliche Widersprüchlichkeit der Bewertungen der wichtigsten Ergebnisse der russischen Revolution, besonders dort, wo die Bewertung der kurzfristigen (und »empirischen«) Bedeutung ihres Erfolgs im Widerspruch zu der Bewertung ihres langfristigen oder sogar weltgeschichtlichen (und »außerempirischen«) Sinns steht.

Wo die Anhänger einer »pessimistischen« Auslegung von Webers Auffassung den Schlußpunkt sehen, steht bei ihm lediglich ein Komma. Denn gleich anschließend folgt eine weitere Erwägung, die ein neues Licht auf die bis dahin konstatierten empirischen Befunde wirft: »Auf eine solche Bewegung wird jener Typus des ›satten‹ Deutschen, der es unmöglich erträgt, nicht mit der jeweils ›siegenden Sache‹ zu sein, mit seinem von dem erhebenden Bewußtsein seiner Qualität als Realpolitiker geblähten Busen, nur mit Mitleid blicken können« (1, 252 f.). Ebenso hätte er wohl auch Kustarëvs Interpretation beurteilt.

Hier finden wir bereits Schlußfolgerungen, die an Webers Betrachtung der konkreten Ereignisse in den ersten neun Monaten der russischen Revolution anknüpfen. Gibt uns wenigstens dies einen Grund dafür, seine »Gedanken« über die Aussichten der russischen Befreiungsbewegung in der Art zu deuten, wie dies bei Kustarëv geschieht? Wenden wir uns also den Erwägungen Webers zu, die wirkliche Gründe für derartige Deutungen liefern könnten – bei entsprechender »Ausgangsorientierung« des Interpreten.

In der Tat analysiert Weber die Programme der russischen liberalen Demokratie, hauptsächlich die Dokumente der russischen Konstitutionellen Demokraten[6] sowie ihrer direkten Vorgänger – der Leiter der Semstwo-Bewegung und des »Befreiungsbundes«, aus deren Milieu die »Kadetten« hervorgingen. Er vergleicht ihre Forderungen mit den realen, soziologisch ausgedeuteten Bestrebungen anderer, nichtliberaler gesellschaftlich-politischer Kräfte, die nolens volens Zeugen der Revolution in Rußland wurden. Dabei kommt er zu enttäuschenden Schlußfolgerungen für diejenigen, die sich am »klassischen«, d. h. »westlichen« Modell der liberaldemokratischen Entwicklung orientierten und es in Rußland Anfang des 20. Jahrhunderts zu verwirklichen suchten.

Diese Schlußfolgerungen könnte man ohne jegliche Übertreibung als das Ergebnis eines streng soziologischen Gutachtens betrachten. Die wichtigsten dieser Schlußfolgerungen sind nämlich jene, die seine Analyse der voraussehbaren Folgen der verwirklichten Programmforderungen der Partei der Konstitutionellen Demokraten (»Kadetten«) in puncto Wahlrecht und Agrarfrage zusammenfassen. Es handelt sich dabei um die Einschätzung dieser Folgen vom Standpunkt der grundlegenden politischen Ziele sowohl der Kadetten selbst als auch aller anderen Teilnehmer der russischen Befreiungsbewegung, die liberaldemokratischen Bestrebungen nahestanden.

In beiden Fällen – sowohl bei der Forderung der Kadetten nach »viergliedrigem« Wahlrecht wie bei ihrer Forderung nach Bodenreform – mußten die Ergebnisse dieser Maßnahmen in einen schroffen Widerspruch zum grundlegenden Ziel der Kadetten geraten, das darin bestand, Einrichtungen zu schaffen, die die »Menschenrechte« gewährleisten würden, wie dies in den »fortgeschrit-

---

6 Es sei daran erinnert, daß der Veröffentlichung des ersten Artikels Webers über die russische Revolution von 1905 eine Rezension von S. Živagos Entwurf der Russischen Verfassung vorausgeht, der 1905 in der von Petr Struve in Paris herausgegebenen Zeitschrift *Befreiung* veröffentlicht wurde.

tensten« parlamentarischen Demokratien des Westens der Fall war.

Weber untersuchte die politischen Kräfte, die mehr oder weniger stark in die revolutionären Ereignisse von 1905/06 verwickelt waren: die Intellektuellen, die diese Revolution in Gang gebracht hatten und an ihr maßgeblich beteiligt waren; die Bauernschaft, die die eigentliche Bevölkerungs»masse« im Land ausmachte; die dünne Schicht der eigentlichen »Bourgeoisie« (2, 186); die noch kleine Arbeiterklasse und die amorphe städtische »Kleinbourgeoisie«. Diese Analyse führte Weber zu dem Schluß, daß die »Massen«, denen man mit dem allgemeinen Wahlrecht die Macht »aufzwingen« würde (1, 186)[7], nicht im Geiste des liberalen bürgerlich-demokratischen Programms handeln, daß sie sich auch kaum von den früheren programmatischen Forderungen des »Befreiungsbundes« inspirieren lassen würden. Diese Forderungen aber bildeten die Grundlage des Verfassungsentwurfs der Kadetten: »1. garantierte Freiheitsrechte des Individuums, 2. konstitutioneller Rechtsstaat auf Grundlage des ›viergliedrigen‹ Wahlrechtes, 3. Sozialreform nach westeuropäischem Vorbild, 4. Agrarreform« (1, 165).

Überdies gab es allen Grund anzunehmen, daß die »Massen« gerade an solchen Forderungen Gefallen finden würden, die sich von Ideen herleiteten, die der Hauptidee der Konstitutionellen Demokraten, der Idee der »Menschenrechte«, widersprachen. Auch die verwirklichte Bodenreform mußte in diese Richtung weisen. Weber glaubte, daß sie, »der Wahrscheinlichkeit nach, ... den seinem Wesen nach archaistischen Kommunismus der Bauern ... gewaltig stärken« müsse (1, 252). Denn ihre Wirkung würde »nicht ökonomische Auslese der, im ›geschäftlichen‹ Sinn, Leistungsfähigsten, sondern ›ethische‹ Ausgleichung der Lebenschancen« sein (1, 252), ein Vorgang, der selbst nach Ansicht vieler Reformer die von ihnen als unvermeidlich erachtete »Entwicklung westeuropäischer individualistischer Kultur verlangsamen« mußte (1, 252). So blieb ihnen eigentlich nichts anderes übrig, als auf ihren Erzfeind, die »autokratische Regierung«, zu hoffen, darauf, daß sie die von den liberalen Demokraten geforderte Bodenreform vereiteln würde.

7 Und gerade das »sollte gemacht werden, laut den klar ausgedrückten
  Absichten der Liberalen« (2, 165).

Die grausamen Bedingungen des politischen Kampfes zwangen die russischen Konstitutionellen Demokraten also dazu, prinzipielle Forderungen in ihr Programm aufzunehmen und auf gemäßigtere (vielleicht konstruktivere) zu verzichten.[8] In diesem Sinne »blieb ihnen keine Wahl«. Sie mußten zwischen die Szylla der Linken und die Charybdis der Rechten geraten und somit auf den Weg des »Selbstverzichtes« (2, 252).

Es war nach Weber das Schicksal dieser Partei, die »idealistische« Etappe der russischen Befreiungsbewegung zum Abschluß zu bringen. Denn bei allem politischen Realismus ihrer führenden Persönlichkeiten (wie z. B. Struves, der ihm mit seinem »Freiheitsidealismus« imponierte) war diese Partei »ideologisch« orientiert. Den Kadetten war beschieden, eine Bahn für die Bestrebungen freizumachen, die gegen den »Idealismus« der ganzen liberalen Semstwo- und Kadettenbewegung gerichtet waren. Denn der »Geist« dieser neuen Bestrebungen war »ebenso materialistisch« wie antiliberal und antibürgerlich. Aber ist das Schicksal dieser Partei gleich dem der russischen Freiheit überhaupt?

Was ist der Sieg der Freiheit?

Brächen wir die Darstellung von Webers Erwägungen an dieser Stelle ab, so erschienen sie tatsächlich pessimistisch. Die russische liberaldemokratische Bewegung ging nach ihren eindrucksvollen Erfolgen am Vorabend der Revolution mit dieser Revolution in eine »Falle«. Sie kam tatsächlich zu spät. Diese Schlußfolgerung ist um so verlockender, als Weber damit zugleich als Prophet auftreten würde, der unserem Lande wenn schon nicht eine totalitäre, so doch zumindest eine »autokratisch-bürokratische« Zukunft voraussagte. Im Oktober 1917 haben dann ja tatsächlich die Kräfte, deren Anwachsen die Kadetten, obgleich halbherzig, gefördert hatten, die liberalen Verteidiger der »Menschenrechte« ausgemerzt.

8 Einerseits drängten die Linken, die die kommunistische Archaik des Bauernbewußtseins mit dem utopisch-sozialistischen Modernismus der neuesten Lumpenproletarier synthetisierten, andererseits die Rechten, die zu ihrer Selbsterhaltung auch eine »linke« Phraseologie nicht verabscheuten.

Weber zeigt ja die russischen liberalen Demokraten tatsächlich in ihrer realpolitischen Schwäche. Bei seiner Analyse der gesellschaftlich-politischen »Konstellation« steht dieser Gesichtspunkt im Vordergrund. »Natürlich aber vollzog sich diese Entwicklung«, schreibt Weber, »auf Kosten der konstitutionellen Semstwodemokratie. Die Zeit der Semstwokongresse sei vorüber, bemerkte Fürst Dolgorukov resigniert. In der Tat: die Stunde der ideologischen Gentry (gemeint ist die Leitung der Befreiungsbewegung durch die Adligen, die ethisch orientiert waren – J. D.) war vorüber, – die Macht der materiellen Interessen trat wieder in ihre normale Funktion. Ausgeschaltet wird bei diesem Prozeß auf der Linken der politisch denkende Idealismus, auf der Rechten das auf die Erweiterung der alten Semstwo-*Selbstverwaltung* bedachte gemäßigte Slawophilentum« (1, 261 f.). Aber dieses »realpolitische« Resultat ist für Weber eben kein Beweis dafür, daß Rußland keine Freiheitschance hätte. Aus diesem gewiß trostlosen Zustand wollte er keinerlei übereilte Schlußfolgerung für das völlige Scheitern der Idee der Semstwo-Selbstverwaltung ziehen.

Die russischen Liberalen erfüllten, so Weber, ihre »Mission« in dem »Umfang und Sinn, in welchem dies im gegenwärtigen Moment überhaupt möglich war« (1, 267). Die Bewegung des Semstwo-Liberalismus qualifiziert er als »in ihrer Art glänzende«, »auf welche Rußland ebensogut Grund hat stolz zu sein, wie wir Deutschen auf das Frankfurter Parlament«. Und obwohl es »durchaus möglich ist, daß sie (die russischen Liberalen – J. D.) für die nächste Zukunft sich damit abzufinden haben werden«, daß diese Bewegung »vorerst vielleicht – in ihrer bisherigen Form – ›der Geschichte angehört‹« (1, 267 f.), so ist dies für Weber nicht der schlimmste Ausgang.

Weber gibt zu, daß er zuerst auch geneigt war zu glauben, dieses triste Ergebnis dürfe man nicht nur den politischen Gegnern der Bewegung der Semstwo und der Kadetten, sondern man müsse es auch ihren Führern in die Schuhe schieben. Er glaubte, daß auch sie Opfer der »Erbkrankheit« seien, für die »nicht nur ... jeder radikale, sondern jeder ideologisch orientierte Politiker überhaupt« anfällig ist, nämlich der Erbkrankheit, »Gelegenheiten zu versäumen« (1, 263). Aber die genaue Analyse der Beziehungen zwischen den Führern der liberaldemokratischen Bewegung und der Regierung brachte ihn zu der Erkenntnis, daß diese zwar sicher nicht fehlerfrei handelten, daß sich aber »im gegenwärtigen

Fall« selbst dem »allergemäßigtsten« Semstwoliberalismus überhaupt keine »Gelegenheit« bot. Es »lag daher offenbar garnicht in seiner Macht, das Schicksal zu wenden« (1, 265).

Es war also keineswegs Mangel an Realismus, der die liberale Politik zum Scheitern verurteilte. Und überhaupt, war die liberale Bewegung denn wirklich gescheitert, wenn man auch die Zukunft dieser Bewegung mit einbezieht? Gewiß ist, daß »Rußland für eine aufrichtig konstitutionelle Reform ›nicht reif‹ war« (1, 267). Aber für alle Zeit?

Nur durch Verzicht auf zweifelhafte Kompromisse, die einer Niederlage gleichgekommen wären, konnte – laut Weber – der »ideologische« Liberalismus eine ideelle »Macht« bleiben (1, 268), nur so konnte er der Wiederherstellung der »zerrissenen Einheit« der Intelligenz dienen (1, 268), die sich in eine »bürgerliche« und eine »proletaroide« gespalten hatte – eine Spaltung, die nach Webers fester Überzeugung eine äußerste Gefahr für die russische Freiheit bedeutete.

Kann die Feststellung einer solchen »Niederlage« des russischen Liberalismus wirklich als Zeugnis für Pessimismus gelten? Wohl kaum. Weber hält fest an der Sendung des russischen Liberalismus, dessen »Untergang« die ungeduldigen »Realpolitiker« im Westen wie in Rußland zu erklären bereit waren. »Der Liberalismus« – lesen wir bei ihm – findet »seinen Beruf nach wie vor darin, den bürokratischen ebenso wie den jakobinischen *Zentralismus* zu bekämpfen und an der Durchdringung der Massen mit dem alten individualistischen Grundgedanken der ›unveräußerlichen Menschenrechte‹ zu arbeiten, welche uns Westeuropäern so ›trivial‹ geworden sind, wie Schwarzbrot es für den ist, der satt zu essen hat« (1, 269).

Ist dies die Aussage eines Wissenschaftlers, der von der völligen Aussichtslosigkeit der russischen liberaldemokratischen Bewegung überzeugt war?

Wir sprechen hier nicht davon, wie aktuell diese Fragestellung heute ist, wo sichtbar wird, daß Webers Hoffnungen auf die russische liberaldemokratische Bewegung, die Anfang des Jahrhunderts nicht aufgingen, sich vielleicht doch erfüllen, obwohl schon sozusagen »jenseits der Verzweiflung«. Aber auch das zeugt davon, daß sie weder illusorisch noch grundlos waren.

Zu den Ereignissen und Tendenzen des russischen sozialökono-
mischen und gesellschaftspolitischen Lebens, die Weber Anlaß
gaben, von Chancen der russischen Befreiungsbewegung zu sprechen, gehören die folgenden:
Erstens stellt Weber fest, daß »Rußland, so schwer die Rück-
schläge in nächster Zeit auch sein mögen[9], dennoch endgültig in
die Bahn spezifisch europäischer Entwicklung tritt« (1, 272).
Zweitens drückt er seine Überzeugung aus, daß die »Arbeit« der
Teilnehmer am »russischen Befreiungskampf« »nicht erfolglos
bleibt« – dafür sorge schon das während der Revolution entstandene »System des Scheinkonstitutionalismus«. Denn dieses System, das von der sich rationalisierenden russischen Bürokratie
und vom bürokratisch »aufgeklärten« Despotismus im Interesse
der »Selbsterhaltung« geschaffen wurde, sei gezwungen (Weber
zitiert Petr Struve), sein »eigenes Grab zu graben« (1, 273 f.).
Drittens setze dieser »Konstitutionalismus« trotz seines Schein-
charakters so etwas wie eine »Konstitution« voraus und gewähre
damit ein größeres Maß an Spielraum für Presse und persönliche
Bewegung als zuvor, und »das ist doch für den modernen Menschen schon etwas« (1, 276 f.).
Dieser ebenso rationale wie bürokratische Charakter des aufgeklärten russischen Despotismus zeugt vom Sieg der Bürokratie,
die an der Erhaltung und Mehrung ihrer Macht interessiert ist.
Trotzdem hält Weber es für »sehr wahrscheinlich«, daß ein solcher
Sieg nicht das »letzte Wort« ist (2, 278). Die Frage nach den weiteren Perspektiven der russischen Befreiungsbewegung ist für ihn
folglich immer noch offen. »Das jetzige System«, schreibt er,
»kann aber auch seine *Verwaltungs*methode im Interesse seiner
eigenen Sicherheit nicht prinzipiell ändern. Es muß, seinen politischen Traditionen gemäß, auch die *politischen* Kräfte weiter wirken lassen, durch die es sich selbst zersetzt und seinen ökonomischen Verbündeten, den Besitz, immer wieder auf die Seite seiner
Gegner treibt: die Bureaukratisierung der Verwaltung und die Po-
lizei-Demagogie« (1, 279).

---

9 Eine Prophezeiung, die erstaunlich genau aufging, obwohl nicht in der
   Art, die bei uns gedankenlos als »Stolypins Reaktion« hingestellt wird.

Schluß

Am Ende des zweiten Artikels, der dem betrüblichen Nachweis diente, daß Rußland statt des wahren Konstitutionalismus einen Pseudokonstitutionalismus bekam, zeigte Weber, daß derlei Metamorphose keinesfalls zufällig, sondern Folge objektiver und rational faßbarer Ursachen war. Dennoch zieht er eine »tatsachenwidrige« Schlußfolgerung: »Aber wollen wir uns nicht täuschen: dieses (wahrhaft »konstitutionelle«, im Unterschied vom pseudo-konstitutionellen – J. D.) Rußland kommt irgendwie« (2, 679). Dann allerdings muß es für Deutschland »ein stärkerer und, weil gegen die Instinkte der Massen empfindlicher, ein unruhigerer Nachbar« werden als ein vom »erbärmlichen Regiment des Zaren« geführtes Rußland, der es mit jedem neuen Krieg einer immer »grundsätzlicheren Gefahr« aussetzt (2, 679).

Diese durchaus eindeutige Überzeugung vom schließlichen Sieg des russischen Befreiungskampfes erinnert keineswegs an jene Kombination von Pessimismus und Erfolgswünschen, von der wir in Kustarëvs Artikel lesen. Aber ausschlaggebender ist etwas anderes. Indem Weber seine Überzeugung vom Endsieg des Befreiungskampfes »dieser aufstrebenden Völker« zum Ausdruck bringt, in denen »alle ideellen Kräfte« (2, 679) in Bewegung gebracht wurden, und indem er im voraus dieses nach seiner Meinung sehr wohl wahrscheinliche Ergebnis, allen »erschwerenden Umständen«[10] zum Trotz, begrüßt, betont er den Vorrang des Freiheitswertes vor allen anderen Werten.

Dabei zeigt er den »satten« und deshalb kurzsichtigen »Realpolitikern«, was Realpolitik ohne Anführungszeichen bedeutet. Er fordert dazu auf, das ernst zu nehmen, was die Kraft des zukünftigen Rußland ausmacht, nämlich seine konstitutionelle Freiheit. Kurzfristig scheint der Scheinkonstitutionalismus für Deutschland vorteilhafter, weil er Rußland schwächt. Aber weder beim Abschluß seiner »Chroniken« noch später, als die Metamorphosen der russischen Befreiungsbewegung im Ersten Weltkrieg ihn zum Umdenken zwangen, zweifelte Weber daran, daß der Konstitutionalismus schließlich siegen und Rußland stärken werde.

---

10 Und er hat recht damit, wenn auch nicht in der kurzfristigen (und kurzsichtigen), so doch in der langfristigen – weltgeschichtlichen – Perspektive.

Es genügt uns hier zu unterstreichen, wie aktuell Webers Appell heute ist. Auch heute kommt es darauf an, die russische Befreiungsbewegung, der die Zukunft gehört und die sich früher oder später durchsetzen wird, und zwar ungeachtet der momentanen Siege der ihr entgegenstehenden Kräfte, zu stärken und sich »besser jetzt bald ... und friedlich-schiedlich über das Chaos von Fragen, welches zwischen uns liegt, zu verständigen, – als daß wir diese Probleme auf unsere Enkel abwälzen« (2, 678 f.). Wer heute glaubt, die Schwäche Rußlands »realpolitisch« ausnutzen zu können, sei an Webers Mahnung an die »Realpolitiker« seiner Zeit erinnert: »Den üblichen deutschen reaktionären ›Realpolitikern‹ aber sei die Frage nahe gelegt, ob sie gut tun, Empfindungen gegen sich in Rußland zu wecken, wie sie Napoleon III. vor 1870 bei uns gegen sich wachrief« (2, 678).

Die Haltung der Führer der russischen liberaldemokratischen Bewegung, wie des Semstwo-Ideologen Šipov oder der Kadettenideologen Miljukov und Struve, die im Ersten Weltkrieg gegen Deutschland auftraten und den Zaren und die Regierung unterstützten, bestätigte Webers Befürchtungen vielleicht in einem höheren Maße, als er selbst erwartet hatte. Gerade die »blöde Demokratenfeindschaft« der deutschen offiziellen »Presseorgane«, die den Befreiungskampf in Rußland für die sich verstärkt militarisierende deutsche »Staatlichkeit« ausnutzten, erleichterte es den Führern der russischen Demokraten, diesen »Unterstützungsmodus« für ihre innenpolitischen Gegner im Weltkrieg zu finden.

D. N. Šipov rechtfertigte z. B. Rußlands Beteiligung am Krieg auf der Seite der Entente auch damit, daß es um den Kampf gegen den »deutschen Imperialismus« gehe, welcher seinen Ausdruck in dem »folgerichtigen und unausweichlichen Streben« fand, »einerseits die Persönlichkeit der Bürger dem unterdrückenden Einfluß des Staates« und »andererseits die restlichen Völker den ökonomischen Interessen und dem politischen Einfluß Deutschlands« zu unterwerfen (6, 564). Analoge Motive einer »Apologie eines Krieges« auf der Seite der antideutschen Koalition, die häufig mit Hinweisen auf Veröffentlichungen in jenen offiziellen deutschen Presseorganen bekräftigt wurden, die Webers Kritik wegen ihrer »blöden Demokratenfeindlichkeit« hervorriefen, gab es auch bei anderen Führern der russischen Befreiungsbewegung, die ihre radikale Opposition gegen die Zarenregierung aufgaben und sie jetzt unterstützten.

Gerade heute, wo der unbändige Geist des schon einmal erwachten Strebens nach Freiheit und Demokratie wieder zur Geltung kommt, und zwar nach mehr als fünfzig Jahren des Untergrunds (im Eisensarkophag des totalitären Sozialismus) und nach über fünfundzwanzig Jahren des Halbuntergrunds während des »Tauwetters« unter Chruščev und der Stagnationszeit unter Brežnev, erschließt sich uns der prophetische Sinn von Webers Einschätzungen neu.

Letztlich konnte der Freiheits»geist«, einmal in Rußland freigelassen, nicht mehr gänzlich unter Kontrolle gebracht werden. Deshalb ist es bei der Gestaltung der Beziehungen zu diesem Land selbst in realpolitischer Hinsicht letzten Endes zweckmäßiger, auf die Stärke der russischen Befreiungsbewegung zu setzen, statt auf die gepanzerte Macht der antidemokratischen Kräfte. Weber sah hellsichtig voraus, daß ein Rußland, das seine Macht aus Freiheit, Demokratie und Menschenrechten schöpft, ein weit unbequemerer und unangenehmerer Nachbar sein kann als das autoritäre und selbst das totalitäre Rußland.[11]

Literatur

1. Weber, M., »Zur Lage der bürgerlichen Demokratie in Rußland«, in: *Zur Russischen Revolution von 1905. Max Weber-Gesamtausgabe*, Bd. 1/10, Tübingen 1989.
2. Weber, M., »Rußlands Übergang zum Scheinkonstitutionalismus«, in: *Zur Russischen Revolution von 1905. Max Weber-Gesamtausgabe*, Bd. 1/10, Tübingen 1989.
3. Weber, M., *Die protestantische Ethik und der ›Geist‹ des Kapitalismus*, Bd. 1, München/Hamburg 1965.
4. Weber, M., *Die protestantische Ethik und der ›Geist‹ des Kapitalismus*, Bd. 11, Tübingen 1968.
5. Kustarëv, A., »Načalo russkoj revoljucii: Versija Maksa Vebera«, in: *Voprosy filosofii*, 1990.
6. Šipov, D. N., *Vospominanija i razmyšlenija o perežitom*, Moskva 1918.

11 Man hat den Eindruck, daß heutige Staatsmänner sich sehr wohl Webers »Mahnung« zu eigen gemacht haben und seinem Rat ernsthaft folgen wollen.

Max Weber und die *Vechi*
Zwei Auffassungen
von der russischen Intelligencija

Vorbemerkung

Dieses Thema wurde nicht zufällig gewählt. Ein Anlaß war zwar, daß etwa zum selben Zeitpunkt, als der zehnte Band der *Gesammelten Schriften* von Max Weber (1) herauskam, der der russischen Revolution von 1905 gewidmet ist, die erste sowjetische Auflage der *Vechi* mit Beiträgen zur Rolle der Intelligencija in dieser Revolution erschien (2). Aber dieser Umstand war nicht ausschlaggebend bei dieser Wahl. Er macht es nur leichter, bei der Analyse des Problems der Intelligencija, das schon längst im Vordergrund steht und im post-totalitären Rußland sogar zum Hauptproblem geworden ist, eine Untersuchungsmethode anzuwenden, die uns mitunter von unserer kulturhistorischen Situation aufgezwungen wird. Im Verlaufe meiner Arbeit habe ich diese Methode »Konfrontation« genannt.

In ihrem rein formalen Aspekt besteht diese Methode darin, nach der Lösung der Probleme zu suchen, die uns heute beschäftigen, und zwar über eine »Konfrontation« mit den Meinungen, die die kulturellen Schichten verschiedener historischer Epochen zu ähnlichen Problemen entwickelten.

In dem uns interessierenden Fall handelt es sich um die Gegenüberstellung zweier »im Prinzip« verschiedener Auffassungen von ein und demselben Gegenstand. Der Gegenstand ist *die Rolle der russischen Intelligencija in der ersten russischen Revolution*, und die verschiedenen Auffassungen, die dennoch in wichtigen Gesichtspunkten überraschend übereinstimmen, sind die Max Webers und der *Vechi*. Wohl wird das Wort »Intelligencija« im Titel von Max Webers Artikel nicht erwähnt. Äußerlich werden sie nur durch die »Chronologie« ihres gemeinsamen »Objekts« zusammengehalten: Rußland in den ersten neun Monaten seiner ersten Revolution. Aber *innerlich* werden diese Beiträge durch die Vorliebe ihres Autors für die Metamorphosen verschweißt, die die russische Befreiungsbewegung erlitt. Deren Hirn und Feder aber war die Intelligencija. Für Weber war das Drama der russischen Befreiungsbewegung in erster Linie das einer Intellektuellenbewegung. Er bot es in der »objektiven« Form einer »*Chronik*« dar. Dieselbe Problematik bewegt auch die Beiträge, die zu einem Buch unter dem Titel *Vechi* vereinigt wurden. Aber hier wird sie nicht so sehr in einer »distanzierten«, »wertneutralen« Haltung beleuchtet, als vielmehr »subjektiv«, geprägt von der »Verwicklung« in die Ereignisse selbst. Zwar erschienen die *Vechi*-Beiträge über die russische Intelligencija nach der Revolution, und insofern kann auch hier von einer gewissen Distanz der Verfasser zu ihrem Gegenstand gesprochen werden. Aber diese Distanz ist rein zeitlich – das Buch wurde Ende 1908/Anfang 1909 verfaßt. Und obwohl diese Zeit mit qualvollen Analysen dessen erfüllt war, was damals mißlang, war die Distanz zwischen den Autoren der *Vechi* und ihrem Gegenstand *grundsätzlich* eine andere als bei Weber. Sie tilgte nicht das Gefühl des inneren Beteiligtseins an dem, wovon sie handelten.

Daraus ergibt sich eine »strukturelle« Diskrepanz zwischen zwei Auffassungen über denselben Gegenstand, die durch die *existentiellen* Unterschiede zwischen den Positionen der »Zeugen« bedingt ist: Weber als »ausländischer Beobachter«, der *außerhalb* des »Objektes« steht, wie stark sein Mitgefühl auch sein mag – dagegen die Autoren der *Vechi* als unmittelbare Teilnehmer (und Mitschuldige!). Daran zu erinnern ist zugleich eine Herausforderung an in- und ausländische Wissenschaftler – zu einer Zeit, wo wir Zeugen der *bestimmenden Rolle* der Intelligencija in der *kolossalen Metamorphose* sind, welche Rußland heute erlebt.

1. Erkenntnis und Reue

Die tiefe Kluft zwischen Weber und den *Vechi*-Autoren wird in diesem Fall durch ein einziges Wort symbolisiert, in dem das Pathos dieses echt russischen Buches seinen äußersten Ausdruck findet und das selbstverständlich in Webers Artikeln über die erste russische Revolution undenkbar wäre. Dieses Wort heißt »Reue« (pokajanie). Es schließt die Kette der vorausgehenden Gleichsetzungen ab: Erkenntnis der Revolution – als Selbsterkenntnis der Intelligencija; die Selbsterkenntnis der Intelligencija – als ethisch orientierte Analyse ihrer »ureigenen« Ideen; die Feststellung der

Verantwortlichkeit dieser Ideen – als Selbstanklage der Intelligencija, die sie frei wählte und in peinlicher Übereinstimmung damit die Revolution *machte*; und, zusammengefaßt, *Selbsterkenntnis der Intelligencija*, die eine Revolution verwirklichte, welche moralisch zur Niederlage verdammt war – als *Reue*.

Lassen wir die *Vechi*-Autoren zu Wort kommen: »Was mich betrifft, so habe ich die Auffassung«, schreibt Sergej Bulgakov in seinem Artikel »Heroentum und geistiger Kampf« (im folgenden wird letzteres mit »tätige Hingabe« wiedergegeben), »daß die russische Revolution eine Revolution der Intelligencija war, bereits schwarz auf weiß niedergelegt. Es war unsere Intelligencija mit ihrer Weltanschauung, ihren Gepflogenheiten, ihrem Geschmack und gesellschaftlichen Habitus, in deren Händen die geistige Führung der Revolution lag. Die Intelligencija will davon – wie es sich für sie gehört – nichts wissen und macht je nach Konfession die eine oder andere Klasse als einzigen Motor der Revolution verantwortlich. Es ist keine Frage, daß ohne Zusammenspiel der historischen Umstände (wozu in erster Linie der unglückselige Krieg gehört) und ohne vitale Interessen die verschiedenen gesellschaftlichen Klassen und Gruppen nicht in Bewegung und in einen Gärungszustand hätten versetzt werden können. Dennoch behaupten wir, daß es die Intelligencija war, die der Revolution ihr ideologisches Gepäck und ihr geistiges Rüstzeug samt den Kämpfern in der ersten Reihe, den Rädelsführern, Agitatoren und Propagandisten gab. Sie hat den instinktiven Bestrebungen der Massen die geistige Form verliehen, hat sie mit ihrem Enthusiasmus angefeuert, sie war mit einem Wort das Nervensystem und der Kopf des gewaltigen Körpers der Revolution. In diesem Sinne war die Revolution das geistige Produkt der Intelligencija, und folglich ist die Geschichte der Revolution auch der Schiedsspruch der Geschichte über unsere Intelligencija« (2, 28 f.).[1]

Aber gerade darum gilt: »Nach der Revolution waren aufgrund ihrer Erfahrungen viele von der Intelligencija schwer enttäuscht. Sie sahen in den eigenartigen Mißerfolgen der Revolution auch die

---

1 Die Zitate wurden der deutschen Übersetzung von *Vechi. Sbornik stat'ej o russkoj intelligencii*, Moskva 1990, entnommen. Hier: Sergej Bulgakov, »Heroentum und geistiger Kampf«, in: *Wegzeichen. Zur Krise der russischen Intelligenz*. Eingeleitet und aus dem Russischen übersetzt von Karl Schlögel, Frankfurt am Main 1990, S. 82 f.

Unfähigkeit der Intelligencija. Die Revolution hat jene Züge der geistigen Physiognomie freigelegt, deutlicher gemacht und verstärkt, die vorher in ihrer wahren Bedeutung nur von ganz wenigen (vor allem von Dostoevskij) erkannt worden sind. Die Revolution wurde zum geistigen Spiegel ganz Rußlands und vor allem seiner Intelligencija. Darüber heute den Mantel des Schweigens zu breiten wäre nicht nur unzulässig, sondern geradezu verbrecherisch. Denn worauf könnte sich unsere ganze Hoffnung jetzt gründen, wenn nicht darauf, daß die Jahre des gesellschaftlichen Niedergangs auch zu Jahren einer rettenden Reue werden ...« (2, 30).[2]

»Die Revolution wurde zu einem Zeitpunkt gemacht, da alle Anstrengungen auf die politische Erziehung und Selbsterziehung hätten konzentriert werden müssen« (2, 145)[3], so konkretisiert Petr Struve in seinem Artikel »Intelligencija und Revolution« das Bulgakovsche Thema. Dabei unterstreicht er, daß es um eine Erziehung geht, die den Politikern »entrissen« werden müsse, welche sie mit der »äußeren« Umgestaltung der Lebensbedingungen (des »Milieus«) der zu Erziehenden gleichsetzten. »Eine Erziehung im religiösen Sinne ist vollständig frei vom sozialistischen Optimismus. Sie glaubt nicht an das Organisieren, sondern nur an das kreative Schaffen, an die positive Arbeit des Menschen an sich selbst, an den inneren Kampf, den er im Namen seiner schöpferischen Aufgaben mit sich selbst ausficht« (2, 147).[4] »Wir brauchen natürlich eine hartnäckige Kulturarbeit. Doch eben um sich darin nicht zu verlieren, sondern um zu bestehen, bedarf es der Ideen und des schöpferischen Ideenkampfes« (2, 149).[5] Es handelt sich um den Kampf gegen die »bösen« Ideen, deren Grundlage der Glaube an die Wohltätigkeit der *gewaltsamen* »Umgestaltung« der Gesellschaft, d. h. an den *endgültigen Sieg des Bösen* in der Welt, bildet. Dieser Kampf ist, so die *Vechi*-Autoren, die *schöpferische Reue* der russischen Intelligencija.

Es wäre sicher leicht, das Wort »Reue« christlich zu deuten und dem in den *Vechi* vorgeschlagenen Ansatz wegen seines »aus-

2 Ebd., S. 84.
3 Vgl. Petr Struve, »Intelligencija und Revolution«, in: *Wegzeichen*, a.a.O., S. 269.
4 Ebd., S. 272.
5 Ebd., S. 274.

schließlich religiösen Charakters« jeglichen Wissenswert abzustreiten. (Das ist auch geschehen, und zwar nicht nur während der totalen Herrschaft der »einzig richtigen marxistischen Ideologie« in unserem Lande, sondern schon viel früher.) Dann würde ein Vergleich mit Webers Auffassung sicher sinnlos erscheinen. Aber die tiefe Einsicht der *Vechi*-Autoren in den Zusammenhang zwischen dem Selbstverständnis und dem Handeln der russischen Intellektuellen verbietet ein solches Urteil.

In der *intellektuellen Reue* der *Vechi*-Autoren, die weder die fremden noch ihre eigenen früheren »Lieblingsideen« beschönigten, war viel von der »intellektuellen Redlichkeit« Nietzsches enthalten, die auch Weber schätzte. Doch in der schonungslosen Selbstanalyse, die einer Reue gleichkam, war noch etwas viel Gewaltigeres am Werk. Es war die Forderung nach der Ehrlichkeit des Intellekts nicht nur vor sich selbst, sondern auch vor dem moralisch Absoluten.

Alle *Vechi*-Autoren waren sich darin einig, daß die Ehrlichkeit des »reinen Intellekts« begrenzt sei. Das führte sie dazu, eine höchste Wahrheit zu postulieren, und diese Wahrheit ließ den *trügerischen Charakter* des Intellekts, seinen »Formalismus« und seinen »technischen Perfektionismus« hervortreten: die intime Verbindung von »Intellektualismus« und »Machtwillen«. Das Verhängnisvolle dieser gefährlichen Verbindung aufzudecken, diesen Knäuel von Betrug und Selbstbetrug zu entwirren, wäre unmöglich, wenn man nur an die »Ehrlichkeit« des Intellekts appellierte. Hier bedurfte es der »intellektuellen Reue« – d. h. der Ehrlichkeit der Intelligencija vor etwas unvergleichlich Höherem als dem »reinen Intellekt«.

Eine solche Auffassung von der Rolle der russischen Intelligencija in der ersten russischen Revolution bedeutet, daß man diese nur im Akt der Reue gründlich und authentisch verstehen kann. Dies wäre dem Soziologen Weber wahrscheinlich durchaus absurd erschienen, und doch führte dies bei den *Vechi*-Autoren zu wahrhaft prophetischen Entdeckungen, die auch die strengste wissenschaftliche Kritik nicht zu erschüttern vermag, insbesondere dort nicht, wo die geheimen Triebfedern des spezifischen »Revolutionismus« der russischen Intelligencija und der russischen Befreiungsbewegung aufgedeckt werden, sind sie doch »objektivistisch« angelegten soziologischen Forschungen unzugänglich. Hier behalten die *Vechi*-Autoren für uns in Rußland (und vielleicht nicht nur für uns) ihren ganz unvergänglichen Wert, genauso wie die *Dämonen* von Dostoevskij, der als erster in die »Hölle« des russischen revolutionären Intellektuellenbewußtseins hinabstieg.

Aber noch interessanter ist die Tatsache, daß bei aller Gegensätzlichkeit ihrer Ansätze Weber und die *Vechi*-Autoren zu einer Reihe recht ähnlicher, wenn nicht gleicher Feststellungen, Schlußfolgerungen und Prognosen gelangten. Gerade dies sind »Zeichen« dafür, daß es nicht nur »äußere« Berührungspunkte zwischen ihnen gibt.

2. Der russische Intellektuelle: Wer ist das?

Ein wichtiger Unterschied zwischen den beiden Auffassungen von der russischen Intelligencija, von denen die erste als soziologisch (mit sozialphilosophischen) und die zweite als sozial- (genauer gesagt, moral-)philosophisch (mit soziologischen Elementen) zu bezeichnen wäre, fällt schon im Zusammenhang mit der Definition des Begriffes »Intelligencija« auf. Max Weber betrachtete die Intelligencija im Hinblick auf ihre Tätigkeit. Da die Eigenart dieser Tätigkeit darin liegt, daß sie, auf den Intellekt bezogen, eine »Denk«tätigkeit ist, werden die Intellektuellen insgesamt und die russische Intelligencija insbesondere als eine Gesamtheit von geistig Arbeitenden aufgefaßt. Bei solcher Deutung zerfallen sie in mehrere »geistige Schichten«, die unterschiedlichen gesellschaftlichen Klassen angehören.

Für die *Vechi*-Autoren dagegen ist für die Definition der Intelligencija nicht so sehr der Typ der Tätigkeit ausschlaggebend als vielmehr ihr *Gegenstand* (»Idee«, »Ideologie«, »geistige Realität« insgesamt), den der geistig Schaffende »bearbeitet«, seine *besondere Einstellung* diesem Gegenstand gegenüber, der dadurch erst zur *Idee* wird. Diese Einstellung wird durch das Wort »idejnost'« (das von einer Idee bestimmte Verhalten) bezeichnet. Dies war im großen und ganzen die Vorstellung, die sich in unserer »Öffentlichkeit« in der Mitte des vorigen Jahrhunderts herausgebildet hatte. »Er kannte die Macht nur eines einzigen Gedankens, nur eine, aber dafür flammende Leidenschaft« – so läßt sich diese Auffassung zusammenfassen, wenn wir hier das Wort »Gedanke« (duma) im Sinne einer Idee verstehen, ohne uns in ihre inhaltliche Entzifferung zu vertiefen.

Wie wir später sehen werden, birgt der Unterschied zwischen zwei Auffassungen der Intelligencija die Möglichkeit in sich, sie in eine Antithese zu bringen, obwohl dieser Unterschied nicht prinzipiell zu sein scheint. Aber vor allen Dingen äußert sich dieser Unterschied darin, daß wir im ersten Fall eine soziologisch »differenzierende« Betrachtung der Intellektuellen erhalten, die sie in diverse Gruppen und Untergruppen unterteilt, im zweiten Fall aber eine »synthetisierende« Betrachtung, wobei im Mittelpunkt der Forschung die soziale und politische Situation der russischen Intelligencija als eines ganzheitlichen soziokulturellen Gebildes steht.

Den Zusammenhang zwischen der parteipolitischen Position verschiedener Intellektuellengruppen und ihrer sozialen und wirtschaftlichen Lage zu betonen war für den damaligen »Soziologismus« typisch. Damit ging aber jegliche Möglichkeit verloren, die Ganzheitlichkeit des Phänomens Intelligencija inhaltlich zu deuten. Weber entging dieser Gefahr nur dadurch, daß er die Intelligencija mit der »gebildeten Klasse« gleichsetzte. Anders gesagt, wurde die Einheitlichkeit des Begriffes in diesem ersten Fall durch die Erweiterung seines Umfangs erzielt.

Im Fall der *Vechi* wird diese Einheitlichkeit von Anfang an betont. Verwirklicht aber wird sie durch die Verengung des Begriffsumfangs: Die Intelligencija wird als *Teil* der »gebildeten Klasse« definiert und dieser zugleich gegenübergestellt. Während der Revolution von 1905 (und davor) entsprach die Gegenüberstellung von »Intelligencija« und »gebildeter Klasse« vollkommen dem *Selbstbewußtsein* eines »typischen« Intellektuellen Rußlands. Davon gingen die *Vechi*-Autoren aus, indem sie zugleich die *positive* Beurteilung dieses »Schismatismus« durch die Intellektuellen, die damit ihren besonderen revolutionären Charakter verbanden, in eine *negative* verwandelten.

Die *Vechi*-Autoren und die *überwiegende* Mehrheit der russischen Intelligencija, die zu Beginn dieses Jahrhunderts endgültig revolutionär geworden war, stellten der Intelligencija zwei andere Schichten der »gebildeten Klasse« gegenüber – die »verdiente« Bürokratie, die vom Staat finanziert wurde, und die »Kirchendiener«, die »Geistlichkeit«. Die Intelligencija selbst (vermittels ihrer »Idole« und typischen Vertreter) definierte sich in zweifacher Hinsicht als »anti«: als antistaatlich, der bestehenden Macht als solcher entgegengesetzt, und als antireligiös, als militant atheistisch. Petr Struve verallgemeinerte in seinem *Vechi*-Beitrag diese »Antis« in einem Begriff, der von Anfang an von ihm negativ bewertet wurde: dem der »Abtrünnigkeit« (*otstupničestvo*). Damit hielt er nicht einfach einen Unterschied, sondern eine *grundsätzliche Gegensätzlichkeit* von »gebildeter Klasse« und Intelligencija fest. So gewann der Begriff der Intelligencija zusätzlich inhaltliche Charakteristika, die nicht so sehr »rein« soziologisch als vielmehr sozialphilosophisch waren.

Weder Weber noch die *Vechi*-Autoren konnten bei ihren Definitionen der Intelligencija also *Gegenüberstellungen* vermeiden. Doch waren sie nicht nur verschieden, sondern wirkten sich auch verschieden aus. Weber sah die »inneren« Gegensätzlichkeiten der russischen Intelligencija als eine Folge von Klassenwidersprüchen. Das bedeutet, daß die wahre Quelle der Konflikte, die die intellektuelle Befreiungsbewegung auseinanderrissen, beim näheren Betrachten nicht »innerlich«, sondern »äußerlich« ist. Es ging nicht so sehr um einen »inneren« Intellektuellenkonflikt als vielmehr um einen »Klassenkonflikt«. So lautet die abschließende Bilanz Webers, dessen soziologische Analyse sehr stark von der »Theorie des Klassenkampfes« geprägt ist.

Bei den *Vechi*-Autoren finden wir geradezu das Entgegengesetzte: Eine »äußere« *Opposition* der russischen Intelligencija zur »gebildeten Klasse« – eine ursprüngliche Opposition, der nach der in den *Vechi* dominierenden Auffassung die Intelligencija sowohl ihr Entstehen als auch ihr weiteres Bestehen verdankt – verwandelt sich in einen »inneren« Gegensatz, in eine verhängnisvolle Antinomie. Denn Rußlands Intelligencija existiert eben deshalb (wenn wir den Autoren dieses Buches glauben können), weil sie diese ihre Opposition, diese ihre »Abtrünnigkeit«, verinnerlicht hatte, »interiorisiert«, wenn wir die heutige Terminologie verwenden. Die Opposition zum (»bürgerlichen«) »Gebildetsein«, das der »Staatsmacht« dienstbar ist, die man ihrerseits mit dem »zaristisch-bürokratischen Despotismus« gleichsetzte und als Quelle und Stütze »jeder Ausbeutung und Unterdrückung« betrachtete, war nun nicht mehr eine äußerliche, sondern eine innerliche Definition der Intelligencija Rußlands (und ihr Vorgänger wurde der »überflüssige Mensch«, den die russische Literatur des 19. Jahrhunderts nicht ohne eine gewisse Verspätung entdeckt hatte).

3. Der Semstwo und die Intelligencija

Max Weber beginnt seinen ersten Artikel über die erste russische Revolution 1905, dem eine Rezension S. Živagos über den Verfassungsentwurf des »Befreiungsbundes« vorangestellt ist – dieser Entwurf war 1905 mit einem Vorwort Petr Struves in der im Ausland herausgegebenen Zeitschrift *Die Befreiung* veröffentlicht worden –, mit der *sozialen* Analyse dieser Vereinigung. Der »Befreiungsbund« war hauptsächlich von Semstwo-Anhängern und ihren radikalsten Wortführern aus der Taufe gehoben worden. Deshalb erstreckt sich die Analyse Webers auch auf die soziale Zusammensetzung der Semstwo-Anhängerschaft. Weber glaubte, diese beiden Organisationen, der »Befreiungsbund« und die Semstwo (wie sie sich am Vorabend der Revolution von 1905 darstellten), seien »Träger der liberalen und demokratischen Bewegung« in Rußland (1, 89).

Er erinnert seine Leser daran, daß der »Befreiungsbund« im Sommer 1903 im Schwarzwald gegründet worden war, und zwar unter dem Vorsitz von I. Petrunkevič – einem Großgrundbesitzer, den der Zarenminister von Plehve von der Leitung der Semstwo in Twer entbunden hatte. Die Mitglieder des »Befreiungsbundes« gehörten sehr verschiedenen Lagern an, wie dies zu Beginn des Weberschen Artikels unterstrichen wird, so daß der Bund eine breite Palette von den »Semstwo-Konstitutionalen bis zu den ›Sozialrevolutionären‹« umfaßte (ausgeschlossen hatte sich nur die offizielle Sozialdemokratie) (1, 91).

Der »Befreiungsbund«[6] bestand zu etwa einem Drittel aus Semstwo-Mitgliedern. Der Rest entstammte verschiedenen Gruppen der »Intelligencija« (1, 91 f.). Die Unterscheidung zwischen »Semstwo-Mitgliedern« und »Intelligencija« entspricht im großen und ganzen der Auffassung, die Struve bei der Vorbereitung auf den »Befreiungstag« vertrat.

6 Unter den Gründern und Wortführern des »Bundes«, die Weber aufzählt, waren drei der sieben künftigen *Vechi*-Autoren – Bulgakov, Struve und Kistjakovskij. Der zweite von ihnen war ihm aufgrund von Veröffentlichungen im oben erwähnten *Archiv* bekannt. Mit dem ersten wechselte er (offensichtlich mehrmals) Briefe. Und der dritte war ein guter Bekannter und stand mit ihm in regelmäßigem Briefwechsel. In einem anderen Zusammenhang werden in Webers erstem Artikel über Rußland noch zwei künftige *Vechi*-Autoren erwähnt – Isgoev und Frank.

Sobald Weber aber auf die soziale Zusammensetzung der Semstwo selbst zu sprechen kommt, entsteht ein Zuordnungsproblem. Er schreibt: »Die ehrenamtlichen gewählten Semstwo-Mitglieder (*Djéjateli,* amtlich: ›*Glassnyje*‹) repräsentieren mithin in der Hauptsache ›bürgerliche‹ Intelligenz, wenn man dies Wort nicht im Sinn der ökonomischen Klasse, sondern im Sinn der allgemeinen Lebenshaltung und der Bildungsstufe nimmt ... Ökonomisch betrachtet, waren die Semstwo-Liberalen im allgemeinen ›Nicht-Interessenten‹, Träger daher eines politischen und sozialpolitischen Idealismus ... Nach der russischen Ausdrucksweise bilden sie das ›zweite Element‹ der Semstwos, im Gegensatz zu der proletaroiden Intelligenz der angestellten Semstwobeamten, welche – daher jene Bezeichnung – durch Plehwe gelegentlich mißmutig und warnend als das ›dritte Element‹ bezeichnet wurden ... Dies ›dritte Element‹ bildet eine sehr zahlreiche (angeblich gegen 50 000 Personen umfassende) Bureaukratie und auf ihm liegt, gemeinsam mit der ›Uprawa‹, die reguläre Arbeitslast in den Semstwos« (1, 105 f.).

Wie wir sehen, erscheint die Semstwo, die bei Weber zunächst als etwas anderes als die Intelligencija, als etwas »Äußeres«, dargestellt worden war, nun als die »Intelligencija«, zudem gespalten in eine »bürgerliche« und eine »proletaroide« Fraktion. Weber war jedoch nicht geneigt, diese Begriffe ausschließlich im *wirtschaftlich-klassenmäßigen* Sinne zu deuten. Zwar berücksichtigte er die Tatsache, daß diese beiden Gruppierungen der Intelligencija aus unterschiedlichsten »wirtschaftlichen Klassen« kamen. Aber dies schloß ihre ideologische Übereinstimmung nicht prinzipiell aus.

Blickt man auf die Beziehungen zwischen dem »zweiten« und dem »dritten« Element innerhalb der Semstwo, wie sie sich noch am Vorabend der Revolution von 1905 darstellten und wie sie sich Weber zunächst vorstellte, so schien die Hoffnung auf Revolution nicht nur berechtigt, sondern auch die Möglichkeit zu bestehen, daß diese »Elemente« zusammenarbeiteten trotz der offensichtlichen Unterschiede in ihrer sozialen und »beruflichen« Lage. »Man pflegt über die Neigung zum ›Systematischen‹, welche die radikalen Ideologen dieser Schicht beseelt, zu spotten, und wer als Ausländer seufzend vor dem Ozean der Semstwo-Statistik steht, wird zuweilen die Fähigkeit der Scheidung von Wichtigem und Unwichtigem vermissen. Gleichwohl gehört offenbar der Idealismus und die Opferbereitschaft dieser einzigen wirklich ›in und

mit dem Volke‹ lebenden Beamtenkategorie zu dem ethisch Er-
freulichsten und Achtungswertesten, was das heutige Rußland zu
bieten hat« (1, 107).

Der Idealismus erwies sich also als die wichtigste Klammer der
beiden »Elemente« der Semstwo, der ihre gemeinsame Arbeit si-
cherte und die sie trennenden sozialen Unterschiede ausglich. Wie
in den Dokumenten der konstituierenden Versammlung der
Semstwo-Angestellten (d. h. des »dritten Elementes«) unterstrichen wurde, auf die Weber verweist, schließen »Arbeitsverhält-
nisse« in der Semstwo im Unterschied zu solchen in Privatunternehmen »einen Interessengegensatz zwischen Kapital und Arbeit« aus, weil sie »auf gemeinsamem Arbeiten beider ›Elemente‹
(d. h. des »zweiten« und des »dritten« – J. D.) im Dienst idealer
Ziele« beruhen (1, 107). Und das hing damit zusammen, wie Weber ebenfalls unterstreicht, daß »die gewählten Semstwomitglie-
der … im allgemeinen keine Interessenten, sondern ›Rentner‹
oder ökonomisch unabhängige Leute« (1, 107) waren. Daher
konnte diese »Intelligencija«, obwohl »bürgerlich« in ihrem Le-
bensstil, antibürgerlich in ihren politischen Zielsetzungen sein,
was ihre produktiven Kontakte mit dem »dritten Element« erleichterte, das sich durch »volkstümlichen« Enthusiasmus und
Uneigennützigkeit auszeichnete.

Nur so konnten 1905 der »ideologische Liberalismus« (des »zweiten Elements«) und die »ideologische Demokratie« (des »dritten
Elements«) ihren sozusagen synthetischen Ausdruck im Projekt
der Verfassung finden, das vom »Befreiungsbund« vorgelegt
wurde. Und für Weber spitzte sich die ganze Frage darauf zu,
inwieweit dieses Projekt, gegründet auf der bürgerlich-individua-
listischen Idee der Menschenrechte, in Rußland zu Beginn des
20. Jahrhunderts verwirklicht werden konnte, zumal diese Idee
gleichzeitig von zwei Seiten attackiert wurde: vom »archaischen
Bauernkommunismus« und vom »proletarischen Sozialismus«.

Da die wichtigste Stoßkraft dieser Bewegung auch nach dem Ausbruch der Revolution die Intelligencija blieb, hing deren Schicksal
davon ab, ob es ihr gelingen würde, das Gleichgewicht ihrer »inneren Elemente« zu erhalten. Dank diesem Gleichgewicht hatte
sie sich eine Zeitlang um das liberaldemokratische Programm zu
scharen vermocht, das einen »historischen Kompromiß« zwischen zwei Prinzipien darstellte: dem liberalen Prinzip der *Freiheit* und dem demokratischen Prinzip der *Gleichheit*.

4. Die Spaltung der Intelligencija und das »dritte Element«

Weber sah von Anfang an, daß das in der Semstwo erzielte Gleichgewicht zwischen dem »zweiten« und dem »dritten« Element
prekär war. Davon zeugt sein Hinweis, daß aufgrund der Unterschiede in der ökonomischen Lage und den politischen Rechten
eine Spannung zwischen der bürgerlichen und der proletarischen
Intelligencija bestand. Auf ihre Beseitigung waren die Forderungen des »dritten Elements« an die gewählten Semstwo-Verwal-
tungsorgane gerichtet, die sich auf Zulassung mit beschließender
Stimme und auf Anstellung durch »gemischte Kommissionen«
aus Vertretern der Semstwo-Uprava und des »dritten Elementes«
erstreckten. Aber diese Forderungen stießen auf den Widerstand
der Regierung und führten zu Auseinandersetzungen mit ihr, die
bei weitem nicht immer (und im Verlauf der Revolution immer
seltener) die innere Konsolidierung der Semstwo-Intelligencija
förderten.

Ein Zeichen für diese Vertiefung der Spannungen in der Semstwo
bereits in den ersten Revolutionsmonaten waren die »*semstwo-
externen*«, nach dem Berufsprinzip aufgebaute Vereinigungen des
»dritten Elements«. Daraus wurde eine übergreifende Vereinigung, ein »Verband der Verbände«, geschaffen. Darin überwogen
die Vertreter der »Freischaffenden«. »Die im ›Verband der Verbände‹ ursprünglich organisiert gewesene außerhalb der Semstwos stehende ›Intelligenz‹ hatte«, so Webers Feststellung, »von
Anfang an einen überwiegend proletaroiden Charakter ...« (1,
179). Eine Besonderheit dieses »dritten Elements« im »Verband
der Verbände« bestand darin, daß es mehrheitlich teils »›volks-
tümlerisch‹-sozialrevolutionäre«, teils »modern sozialistische«
Ansichten vertrat, weshalb es auch mit der Bohème in Verbindung
geriet.

Die Konsolidierung dieses »Elementes«, dem schließlich die entscheidende Rolle im »Verband der Verbände« zufiel und das sich
zugleich als der »intellektuelle Träger der Leistungen der Semstwos« betrachtete, führte dazu, den Antagonismus zwischen ihm
und den »allein die entscheidende Stimme führenden Ehrenamts-
mitgliedern aus den besitzenden Klassen« zu vertiefen (1, 180).
Die stürmische Radikalisierung dieses »proletaroiden« Teils der
Intellektuellen, dessen Intoleranz gegenüber dem anderen, von
ihm als »bürgerlich ausbeuterisch« aufgefaßten Teil wuchs, wurde

durch die vom »Oktobersturz 1905« ausgelöste Euphorie gefördert. Diesen »Umsturz«, der von Vitte durchgesetzt wurde, emp-
fand die intellektuelle »Masse« aber ausschließlich als das Ergebnis der Streik- und Versammlungswelle. Dabei erschien »die
materielle Schwäche des alten Regimes wesentlich größer«, als sie
tatsächlich war (1, 180). »Die Unmasse von professionellen Verbänden, welche sich auf Grund der plötzlichen Freiheit bildeten,
stand durchweg unter dem Einfluß der jubelnden Hoffnung auf
die endgültige Abwerfung des furchtbaren Druckes der Selbstherrschaft« (1, 180). Wenn wir heute von diesem »Schrecken«
sprechen, so sollten wir nicht vergessen, was nach Beseitigung des
Jochs dieser »Selbstherrschaft« kam – die totalitäre Selbstherrschaft. Sonst bliebe unsere Geschichtsbetrachtung lückenhaft.
Unter diesen Umständen zerfiel der »Befreiungsbund«, aus dessen Erbmasse die Konstitutionell-Demokratische Partei entstand.
Unter den ehemaligen Mitgliedern dieses Bundes gab es aber viele
revolutionäre Sozialisten, und Sozialdemokraten begegneten diesem Bündnis von Sozialrevolutionären und Bürgertum »mit tiefer
Antipathie« (1, 181). Nun wuchs der »Einfluß des putschistischen
Elements« (1, 181) auf die im »Verband der Verbände« zusammen-
gefaßte »radikale Intelligencija« beträchtlich.
Das führte schließlich zur Spaltung der Intelligencija in die »bürgerliche« und die »proletaroide«. Weber war aber geneigt zu
glauben, die wirkliche Ursache dafür sei nicht so sehr die allgemeine Radikalisierung des »dritten Elements«, welche von der
Verachtung des »zweiten Elements« als eines »bürgerlichen« begleitet war, als vielmehr die Enttäuschung darüber, daß alle Versuche, den konstitutionellen Prozeß zu vertiefen, scheiterten.
Dabei stellt er fest: »Je weiter ... die Anarchie um sich griff, und
je häufiger die polizeilichen und militärischen Eingriffe der Regierung wurden, je länger vor allem die Verkündung des Wahlgeset-
zes und die Ausschreibung der Wahlen auf sich warten ließ, desto
höher schwoll ... die Flut des republikanischen Radikalismus« (1,
183). Und als Beispiel dafür führt er eine Erklärung des »Verban-
des der Verbände« an, der zufolge »nur der bewaffnete Aufstand
das Mittel zur Erlangung der Freiheit« sei. Das bedeutete die Forderung nach einer »Diktatur der Masse« und nach der Schaffung
eines »zentralen Revolutionstribunals«, das Weber »monströs«
nennt, anscheinend eine vorsichtige Anspielung auf die Grenzen
seiner Solidarität mit dem russischen »republikanischen Radika-

lismus« der »proletaroiden Intelligencija«. Später werden Forderungen bedauert, die zur »starken Diskreditierung der Demokratie« führten und ihre ohnehin schwierige Lage »erschwerten«. Fehlschläge jeder Art waren um so unerwünschter, als sie nicht nur diejenigen trafen, die die aussichtslose Kraftprobe inszeniert hatten, sondern die gesamte konstitutionelle Bewegung.

Radikalisierend wirkte das »dritte Element« im »Verband der Verbände« auch auf die Bauernvereinigungen. Es prägte offensichtlich die Beschlüsse des ersten und zweiten allrussischen Bauernkongresses, die »unter den Zeichen des äußersten Radikalismus« standen (1, 243). Dies verschärfte *die soziale Polarisierung der Intellektuellen* auch innerhalb der Semstwos, wo das »dritte Element« die radikalen Forderungen der Bauern unterstützte und das zweite zwischen den »sich verstärkt revolutionierenden« Bauern und den Großgrundbesitzern hin und her pendelte, immer in der Gefahr, das politische Gesicht vollkommen zu verlieren. So sah nach Weber die »Situation« aus, in der sich die russische Intelligencija befand.

Die Kraft, die einst der Befreiungsbewegung das liberaldemokratische Pathos verliehen und die Einheit der wichtigsten »Elemente« der russischen Intelligencija gewährleistet hatte, – die Idee der Menschenrechte, der individuell bestimmten Persönlichkeit – hatte sich offensichtlich erschöpft. Die Zeit der »ideologischen Gentry« war vorüber, des in seinem Kreis geachteten Grundbesitzers oder des namhaften Professors, der sich in seiner gesellschaftlichen Arbeit nur von »rein ideellen« Erwägungen leiten ließ und die Öffentlichkeit mit seinem »Idealismus« ansteckte. »Die Macht der materiellen Interessen trat wieder in ihre normale Funktion« (1, 261 f.), die zeitweilig von der *Macht der Ideen* verdrängt worden war.

Damit werden ausgeschaltet: »auf der Linken der politisch denkende Idealismus, auf der Rechten das auf die Erweiterung der alten Semstwo-*Selbstverwaltung* bedachte gemäßigte Slawophilentum« (1, 262). Es handelt sich um die »ideologische Demokratie« des »Befreiungsbundes« auf der einen Seite und den »ideologischen Liberalismus« der von *Dimitrij Nikolaevič Šipov* geleiteten Bewegung in der Semstwo auf der anderen. Die beiden spiegelten die »Momente« der Befreiungsbewegung der russischen Intelligencija aus der Zeit wider, als ihre Fraktionen noch nicht in verfeindete Lager gespalten waren.

In der Tat bemerkte Weber (ohne dies explizit zu schreiben), daß der »bürgerlich-konstitutionelle *antizentralistische* Liberalismus (1, 263), dem eben die Semstwo-Anhänger aus dem »Befreiungsbund« verpflichtet waren, von zwei Seiten angegriffen wurde. Denn einerseits war dieser Liberalismus »Gegenstand des Hasses der reaktionären ebenso wie der rationalistischen staatlichen Bureaukratie« (1, 263), andererseits wurde er vom »Bauernsozialismus« und vom »proletarischen Sozialismus« totgeschlagen.

Dadurch zerstörte man die *Grundlage*, auf der man die »im Laufe der letzten Zeit zerrissene Einheit zwischen ... der ›bürgerlichen‹ und ... der ›proletaroiden‹ Intelligencija« hätte *wiederherstellen* können, worauf Weber so sehr hoffte. Aber auch die andere Hoffnung trog, daß »die in ihrer Art glänzende Bewegung des Semstwo-Liberalismus« die »Macht« ihres »ideologischen« Liberalismus vor »äußerer Gewalt« retten könnte, indem sie sich aus der wirklichen, für sie bereits abgeschlossenen Geschichte auf »ihr ideelles Gebiet« zurückzöge (1, 267 f.) und sich dort als eine Art Unterpfand der zukünftigen Wiedervereinigung der gespaltenen »Elemente« der russischen Intelligencija erhielte. Diese Hoffnung ging deshalb nicht auf, weil statt Wiedervereinigung wechselseitig »Vereinnahmung« vorherrschte. Das von Weber erwartete »Treffen« der »beiden Schichten der ›Intelligencija‹« für die gemeinsame Arbeit an dem »gewaltigen und grundlegenden Agrarproblem«, das nach seiner tiefen Überzeugung vom Marxismus nicht bewältigt werden konnte, fand nie statt.

Ungelöst blieb auch die Aufgabe, dem »bureaukratischen ebenso wie dem jakobinischen *Zentralismus*« mit der Erhaltung und Entwicklung der Traditionen lokaler Selbstverwaltung zu begegnen. Das war aber nach Weber eine *lebenswichtige* Aufgabe – der eigentliche »Beruf« des russischen Liberalismus, weil ihre Lösung die »Durchdringung der Massen mit dem alten individualistischen Grundgedanken der ›unveräußerlichen Menschenrechte‹« gefördert hätte (1, 268 f.). Dieser Gedanke sei allerdings »für uns Westeuropäer so ›trivial‹ geworden«, »wie Schwarzbrot es für den ist, der satt zu essen hat« (1, 269). Da jedoch eine solche Durchdringung der russischen »Massen« nicht zustande kam, erhielt das Land – für viele Jahrzehnte – einen noch schlimmeren »*Zentralismus*«: einen *gleichzeitig* jakobinischen und bürokratischen, und das bedeutet, einen *totalitären*.

5. Webers Vorstellung von der russischen Intelligencija und die Sicht der *Vechi*

Was aber hinderte die russische Intelligencija daran, »das Volk zu befreien«, obwohl sie dies schon lange vor der Revolution von 1905 als ihr höchstes Ziel erkannt und in einen *Beruf* verwandelt hatte? War es die Spaltung, die die Intellektuellen entmachtete? Und was rief diese Spaltung hervor? Was hinderte die Intelligencija daran, die Spaltung zu überwinden, nachdem sie da war?

Wenn wir die beiden Artikel Webers betrachten, so finden wir dort die *grundsätzliche* Überzeugung formuliert, daß die Hauptursache des Mißerfolgs der russischen Intelligencija außerhalb ihrer zu suchen ist, letztlich in den geschichtlichen Umständen. Darin unterscheidet sich Webers Auffassung von der der *Vechi* am deutlichsten.

Während ihn seine unverhüllte Sympathie für den russischen Intellektuellen nach »äußeren« Ursachen für dessen Mißerfolg suchen läßt, finden die *Vechi*-Autoren – selbst Vertreter der russischen Intelligencija – die Ursachen »im Innern«. Diese Ursachen ließen sich nicht für die moralische »Entlastung« der russischen Intelligencija verwenden. Und deshalb entsteht ein von Weber abweichendes »Bild« der Intelligencija.

Die inneren Gründe für die Niederlage der russischen Intelligencija sehen die *Vechi*-Autoren bereits in der *Pose* des opferbereiten *Helden*, die so vielen »äußeren Beobachtern« an der russischen Befreiungsbewegung imponierte. Die Autoren der *Vechi* kannten selbst das *berauschende* Gefühl, das den Helden ergreift, der sich Gefahren aussetzt und sein Leben zu opfern bereit ist, um sein Volk mit der Freiheit zu *beglücken*. Aber sie kannten auch die *Kehrseite* der Medaille (»ispodnjaja«, würde Rozanov sagen). Darüber spricht Sergej Bulgakov in seinem *Vechi*-Artikel, in dem er dem intellektuellen Heldentum die christliche Opferbereitschaft gegenüberstellt (2, 27–73).

Wie wir schon wissen, faßt Petr Struve (einer der Ideologen des »Befreiungsbundes«) den sozialphilosophischen – und teilweise auch konkret soziologischen – Sinn dieser Position im Begriff der »Abtrünnigkeit« zusammen. Dieser Begriff hat zwei verschiedene Aspekte, die der Soziologe Max Weber auseinanderzuhalten trachtet: einen »objektiv« feststellenden und einen »subjektiv« bewertenden. Vom *moralphilosophischen* Standpunkt aus analysiert

Semen Frank, ein Freund Struves und sein nächster Mitstreiter, diese Position. Er schlägt dafür den Begriff des »nihilistischen Moralismus« vor.

Mit »bewertenden« Begriffen, die aufeinander verweisen – *sich selbst vergottendes Heldentum* (Bulgakov), *»Abtrünnigkeit«* (Struve) und *»nihilistischer Moralismus«* (Frank) –, wird hier also das für Weber so wichtige Problem der Spaltung der russischen Intelligencija behandelt. Diese faßte man als eine Folge derjenigen ihrer Merkmale auf, die dem fernen soziologischen Beobachter Weber so gefielen.

»Die ›Intelligencija‹, die an ›Jakobinismus‹ leidet, die im Namen der Rettung des Volkes nach der ›Machtergreifung‹ und zur ›Diktatur‹ strebt«, so Bulgakov in den *Vechi*, »zerfällt zwangsläufig in untereinander verfeindete Fraktionen, und man spürt dies um so stärker, *je höher die Temperatur des Heroismus steigt* (von mir hervorgehoben, J. D.). Unduldsamkeit und Gruppenkämpfe sind so geläufige Charakteristika unserer Partei-Intelligencija, daß man es bei ihrer Erwähnung belassen kann« (2, 44).[7] »Es ergibt sich aus dem Wesen des Heroismus, daß er ein passives Objekt für die Aktion voraussetzt – das zu rettende Volk oder die Menschheit –, während der Held – eine Person oder ein Kollektiv – immer nur im Singular gedacht wird. Wenn es aber nicht nur einen Helden und nicht nur einen heroischen Weg gibt, sind Rivalität und Zwist unvermeidlich, da es nicht mehrere ›Diktaturen‹ gleichzeitig geben kann. Der Heroismus als allgemein verbreitete Haltung ist kein einigendes, sondern ein spalterisches Prinzip, er schafft nicht Menschen, die zusammenarbeiten, sondern Rivalen« (2, 44).[8]

Bei alledem unterstreichen die *Vechi*-Autoren nicht die parteilichen oder sozialen Unterschiede der rivalisierenden Gruppen der russischen Intelligencija, sondern das ihnen Gemeinsame, und dies nicht nur im psychologischen, sondern auch in einem tieferen Sinne, der sie als ein einheitliches kulturhistorisches Phänomen erscheinen läßt, dessen Eigentümlichkeit ihr Schicksal vorausbestimmte. Diese kulturhistorische Einheit vereint die russische Intelligencija »oberhalb aller Barrieren« zwischen ihren einzelnen Gruppen, die zuweilen gegeneinander nicht weniger »brutal« als

---

7 Vgl. Bulgakov, »Heroentum und geistiger Kampf«, in: *Wegzeichen*, a.a.O., S. 102.
8 Ebd.

gegen die »Selbstherrschaft« kämpften. Sie findet ihren Ausdruck in einer heroischen »Weltauffassung« und zugleich in einer Art »*Psychoideologie*« der »Volkstümlerei«, die, wie auch Weber bemerkt, die ganze Atmosphäre (1, 231) der russischen Befreiungsbewegung durchdringt.

Während Weber jedoch glaubte, daß sich diese Atmosphäre bereits verflüchtigt habe und in absehbarer Zeit unter dem Druck des Marxismus gänzlich verschwinden werde, sind die *Vechi*-Autoren anderer Meinung. Für sie ist die »Volkstümlerei« ein tieferes Problem, das den Rahmen der ideologischen Parteiwidersprüche zwischen verschiedenen Generationen russischer Volkstümler und Marxisten sprengt.

Wenn wir diese Atmosphäre nicht oberflächlich als ein Charakteristikum der Ideologie der »frühen« und »späteren« Volkstümler, sondern als ein kulturhistorisches Charakteristikum der russischen Intelligencija insgesamt ansehen, sind wir gezwungen, dazu auch den russischen Marxismus zu rechnen, obwohl er sich ursprünglich – und »prinzipiell« – der »Volkstümlerei« entgegenstellte und immer neue Siege über sie und ihre »Epigonen« feierte.

»Die marxistischen Siege über die Volkstümlerrichtung«, meint Nikolaj Berdjaev, der während der marxistischen Phase seiner weltanschaulichen Entwicklung selbst am Kampf gegen die Volkstümler teilnahm, »hatten nicht zu einer tiefgreifenden Krise in der Natur der russischen Intelligencija geführt; sie blieb auch im europäischen Kostüm des Marxismus dem *narodničestvo* und ihrem alten Glauben treu. Sie negierte sich selbst in der sozialdemokratischen Theorie, aber diese Theorie war bei uns nichts anderes als die Ideologie des Sektenwesens der Intelligencija« (2, 10).[9]

»Das Bedürfnis nach Volksanbetung«, bestätigt Bulgakov, der gleichfalls eine Marxismusphase durchmachte, »in dieser oder jener Form (sei es in der Form der alten, von Herzen herkommenden und sich auf den Glauben an den sozialistischen Geist des russischen Volkes gründenden Volkstümlerbewegung, sei es in der modernen, marxistischen Form, der zufolge diese Eigenschaften nicht mehr dem ganzen Volk, sondern nur noch einem Teil, eben dem ›Proletariat‹, zugeschrieben werden) entspringt den Grund-

9 Nikolaj Berdjaev, »Die Wahrheit der Philosophie und die Wahrheit der Intelligencija«, in: *Wegzeichen*, a.a.O., S. 57.

lagen des Intelligencija-Glaubens« (2, 64).[10] Nota bene: Es geht um die *Grundlagen* des gemeinsamen Glaubens, der den »abgespaltenen« Teil der »ausgebildeten Klasse« eigentlich erst zu Intellektuellen macht, und nicht einfach um eine Eigenart der psychischen Veranlagung. Und dieser Glaube war so eigenartig, daß er von dem *Bewußtsein* der realen Abgeschiedenheit der Intellektuellen vom Volk bei weitem nicht erschüttert, sondern geradezu gestützt wurde.

»Das *narodničestvo*«, schreibt Frank, »ist, so verstanden, keine bestimmte gesellschaftspolitische Orientierung, sondern eine breite geistige Strömung, die mit ganz unterschiedlichen sozialpolitischen Theorien und Programmen vereinbar ist. Der Marxismus, so schien es, bekämpft das *narodničestvo* ... Der siegreiche und allesverzehrende Geist des *narodničestvo* verschlang und assimilierte die marxistische Theorie, und gegenwärtig besteht der Unterschied zwischen bewußten Volkstümlern und Volkstümlern, die sich zum Marxismus bekennen, allenfalls im politischen Programm und in der soziologischen Theorie und bedeutet keineswegs einen prinzipiellen kulturell-philosophischen Dissens. Seinem Ethos nach ist der russische Intellektuelle von den siebziger Jahren bis auf den heutigen Tag ein hartnäckiger und eingefleischter *Volkstümler*: sein Gott ist das Volk ... Der russische Intellektuelle hat diese volkstümlerische Psychologie über Jahrzehnte hin konserviert, ungeachtet der vielfältigen politischen und sozialen Theorien, zu denen er sich bekannte. Bis heute ist das *narodničestvo* das allumfassende und unerschütterliche Lebensprogramm des Intellektuellen geblieben, das er gegen alle Versuchungen und Abweichungen verteidigte« (2, 162 f.).[11]

Eben diese »kulturell-philosophische« Einheit der russischen Intelligencija, die Unteilbarkeit ihres »ethischen Wesens«, beurteilten die *Vechi*-Autoren als ein *ganzheitliches Phänomen*. Damit, und nicht mit den jeweiligen parteipolitischen Widersprüchen oder gar »Spaltungen«, die Weber soziologisch erklärte (ohne dabei die Unterschiede im Lebenszuschnitt des »zweiten« und »dritten« Elements außer acht zu lassen), erklärten die *Vechi*-Autoren sowohl die Gemeinsamkeit der Geschicke dieser Intelligencija als

---

10 Vgl. Bulgakov, »Heroentum und geistiger Kampf«, in: *Wegzeichen*, a.a.O., S. 127.

11 Vgl. Frank, »Die Ethik des Nihilismus«, in: *Wegzeichen*, a.a.O., S. 291 f.

auch »den Verlauf und das Ende« der von ihr geleiteten Revolution. Es geht um die *Einheit des Glaubens*, der »psychologisch tatsächlich dem religiösen Glauben vergleichbar [ist], und im Bewußtsein der atheistischen Intelligencija tritt er an die Stelle der echten Religion« (2, 164).[12] Anstelle des Gottes erscheint in dieser vermeintlichen, weil *atheistisch-nihilistischen* Religion, die die Idee des Absoluten aggressiv von sich stößt, das *Volk* in seinem empirischen Dasein als »dieses hier« genommen. (Übrigens geht es in den es personifizierenden Abstraktionen einer »leidenden Klasse« auf – der »Bauernschaft« oder des »Proletariats«.) Religiös ist hier lediglich die *Form des Erlebens*, nicht aber *sein Inhalt*, der immer »militant-atheistisch« gedeutet wird.

Dieser *Inhalt* des militant-atheistischen Glaubens der russischen Intelligencija, der dem »toten Gott« des Christentums einen lebendigen aggressiv gegenüberstellte, der, »wie Maksim Gorkij offen verkündete«, »das Volk ist« (2, 157)[13], bestimmt den wichtigsten und entscheidenden Zug der intellektuellen »Volksanbetung« – ihren grundsätzlichen und *rücksichtslosen* Revolutionismus, der die russischen Intellektuellen letzten Endes den »radikalen« Parteien den Vorzug geben läßt. Der russische Intellektuelle ist nach Frank »ein militanter Mönch, ein Mönchsrevolutionär. Das ganze Verhältnis der Intelligencija zur Politik, ihr Fanatismus und ihre Intoleranz, ihr Mangel an praktischem Denken und ihre Unfähigkeit in politischen Dingen, ihre unausstehliche Neigung zum Fraktionskampf, das Fehlen staatspolitischen Verstandes: dies alles resultiert aus ihrem mönchisch-religiösen Geist und aus der Vorstellung, daß politische Arbeit nicht die Durchführung von irgendwelchen objektiv nützlichen und profanen Reformen, sondern die Vernichtung der Glaubensfeinde und die gewaltsame Bekehrung der Welt zu ihrem Glauben zum Ziel hat« (2, 178).[14]

Die organisch untrennbare Verbindung des »Revolutionismus« der russischen Intelligencija, der durch ihre ursprüngliche »Abtrünnigkeit« bedingt wurde, mit der *formalen* Religiosität bei *inhaltlicher* Antireligiosität wurde in den *Vechi* von Petr Struve am tiefsten erschlossen. Sein Artikel kann (neben dem von Bulgakov)

12 Ebd., S. 294 f.
13 Ebd., S. 286.
14 Ebd., S. 312 f.

als der wichtigste angesehen werden. Darin steht folgendes:
»Nach dem 17. Oktober wurde der Kampf gegen das historisch
gewachsene russische Staatswesen und gegen die ›bourgeoise‹ Gesellschaftsordnung mit noch größerer Leidenschaft und revolutionärer Intensität geführt als zuvor. Die Intelligencija steuerte nur
den ungeheuren Fanatismus ihres Hasses und die tödliche Gerad-
linigkeit ihrer Schlußfolgerungen und Konstruktionen bei – aber
nicht den Funken einer religiösen Idee« (2, 142).[15] »Leichtgläubig-
keit ohne Glauben, Kampf ohne Kreativität, Fanatismus ohne
Begeisterung, Intoleranz ohne Ehrfurcht – mit einem Wort: Es lag
und liegt hier ganz und gar die Form einer Religiosität ohne religiösen Inhalt vor« (2, 142 f.).[16] »Die Leichtigkeit und das Unge-
stüm, mit denen die Intelligencija die politische und soziale
Revolutionierung der gequälten Volksmassen betrieb, waren nicht
einfach ein politischer Fehler oder ein taktischer Lapsus. Es handelte sich um einen moralischen Fehler« (2, 145).[17]
Durch die zitierten Aussagen der *Vechi*-Autoren, von denen die
meisten keineswegs teilnahmslose Beobachter der vorrevolutionären Befreiungsbewegung oder der revolutionären Ereignisse von
1905 waren, wird die Bewertung des »Revolutionismus« der russischen Intelligencija sichtbar, die der Weberschen widerspricht.
Letztlich konnte jedoch auch Weber grundsätzlich zu Struves
Schlußfolgerung gelangen: »Die Revolution wurde schlecht
durchgeführt. Heute wird ganz offensichtlich, daß dabei die ge-
schickt inszenierte Provokation ihre Rolle gespielt hat. Dies illustriert jedoch nur die schlagende Handlungsunfähigkeit und
praktische Hilflosigkeit der Revolutionäre« (2, 145).[18]
Aber einem konnte Weber damals nicht zustimmen, und zwar der
allgemeinen Bemerkung Struves: Das »Wesen der Sache ist damit
nicht getroffen. Der entscheidende Punkt ist nicht, wie die Revolution gemacht wurde, sondern eben *daß* sie gemacht wurde. Die
Revolution wurde zu einem Zeitpunkt gemacht, da alle Anstrengungen auf die politische Erziehung und Selbsterziehung hätten
konzentriert werden müssen« (2, 145).[19] Hier würde er offen-

---

15 Struve, »Intelligencija und Revolution«, in: *Wegzeichen*, a.a.O., S. 265.
16 Ebd., S. 265 f.
17 Ebd., S. 268 f.
18 Ebd., S. 269.
19 Ebd.

sichtlich eher der Kritik beipflichten, die der Wortführer der Kadetten, P. N. Miljukov, an den *Vechi* übte, der gegen sie mit einer ganzen Reihe von Vorträgen auftrat. Diese Vorträge wurden später in dem großen Aufsatz »Die Intelligencija und die historische Tradition« (7) zusammengefaßt.

Was Weber zur Zeit seiner Arbeit an den Artikeln über die erste russische Revolution freilich kaum zufriedengestellt hätte, war das Beharren der *Vechi*-Autoren darauf, daß der »Revolutionismus« ein allgemeiner Wesenszug der russischen Intelligencija sei, der sie über alle Unterschiede und Spaltungen hinweg *vereinte*. Und gerade diesem Revolutionismus – nicht der Bürokratie – sollte die Revolution von 1905 ihre Niederlage verdanken, weil er die Erziehung des Volkes durch den *gewaltsamen* Umsturz der Gesellschaft ersetzte.

Interessant ist, daß Weber später, insbesondere während der Arbeit an *Wirtschaft und Gesellschaft*, zu Formulierungen gelangte, die wir als eine Art »Korrektur« an seiner früheren Auffassung der russischen Intelligencija betrachten können. Das läßt auch eine gewisse Annäherung seines Ansatzes an den der *Vechi* vermuten. Hier erscheint bei Weber ein neues Motiv, das in seinen Artikeln über die erste russische Revolution noch fehlte, das aber für die *Vechi* entscheidend war: er nennt die Bewegung der russischen Intelligencija »religionsartig« (8, 313).

Zwar hält Weber die russische »Intellektuellenbewegung« nach wie vor für »nicht einheitlich«, betont aber, daß sie von einem »in wichtigen Punkten gemeinsamen Glauben« getragen sei (8, 313). Diese Gemeinsamkeit findet ihren Ausdruck im folgenden: »Vornehme, akademische und adlige Intelligenz stand hier neben plebejischem Intellektualismus, der getragen wurde von dem in seinem soziologischen Denken und universellen Kulturinteressen sehr hochgeschulten proletaroiden unteren Beamtentum, speziell der Selbstverwaltungskörper (das sog. ›dritte Element‹), von Journalisten, Volksschullehrern, revolutionären Aposteln und einer aus den russischen sozialen Bedingungen entspringenden Bauernintelligenz« (8, 313).

Die Feststellung eines »gemeinsamen Glaubens«, der »religionsartig« sei, erlaubt es Weber nun, die *Einheit* des Phänomens der »russischen Intelligenz« zu behaupten. Dabei fällt jetzt die größere Ähnlichkeit zu den Auffassungen der *Vechi*-Autoren auf. Sie besteht in zwei Punkten: zum einen darin, die Integrität der russischen Intelligencija als eines kulturhistorischen Phänomens mit ihrem »gemeinsamen Glauben« zu verbinden, zum anderen darin, diesen Glauben nicht als einen »religiösen«, sondern eben als einen »religionsartigen« zu deuten, der durch die Lücke zwischen der (religiösen) Form und dem (atheistischen) Inhalt gekennzeichnet ist.

Diese *Verschiebung* der Akzente in Webers Auffassung von der russischen Intelligencija kann man als eine Entwicklung des Gedankens verstehen, der im ersten Artikel über die Revolution von 1905 zwar angedeutet, aber noch nicht ausgeführt ist. Dort betont Weber lediglich die »absolute Ablehnung der Erfolgsethik« durch die russische Befreiungsbewegung selbst »auf politischem Gebiet« (1, 124). Dies bedeutet, so Weber, daß »nur das unbedingte ethische Gebot überhaupt als möglicher Leitstern positiven Handelns gilt«, daß »nur die Möglichkeit des Kampfes um das Recht *oder* der ›heiligen‹ Selbstentsagung« besteht (1, 124). Darin liegt freilich eine Schroffheit, die bereits die *religiöse* Grundlage dieser *politischen* Position aufdeckt. »Ist nun das als positive ›Pflicht‹ Erkannte getan, so tritt, weil *alle* anderen als die ethischen Werte ausgeschaltet sind, unbewußt jener biblische Satz wieder in Kraft, der sich am tiefsten in die Seele nicht nur Tolstois, sondern des russischen Volkes überhaupt geprägt hat: ›Widerstehe nicht dem Übel‹« (1, 124).

Diesen Zug verbindet Weber mit dem »Panmoralismus der Soslowjowschen ›Heiligkeit‹ ebenso wie mit der rein ethisch orientierten Demokratie« (1, 124). Aber damals hatte er noch nicht die Neigung, diese Motive als Zeichen für die »Religionsartigkeit« dieser ganzen Bewegung zu betrachten. Neben »solch extremen Ideologen« erwähnt er andere Vertreter des demokratischen Lagers, für die entweder die rein politische oder die ökonomische Argumentation ausschlaggebend war – diese sind von moralisch-religiösen Postulaten und Werten frei. Dabei betont er, daß »gerade« sie »zweifellos in der Mehrzahl« seien (1, 124 f.).

Nun verbindet er in *Wirtschaft und Gesellschaft* mit dieser »religionsartigen Intellektuellenbewegung« auch die sogenannte *narodničestvo* (Volkstümlerei), eine »naturrechtliche, vorwiegend agrarkommunistisch orientierte Bewegung«, »welche in den 90er Jahren mit der marxistischen Dogmatik teils in scharfen Kampf geriet, teils sich in verschiedener Art verschmolz und mehrfach zuerst mit slawophil-romantischer, dann mit mystischer Religiosität oder doch Religionsschwärmerei« (8, 313 f.) eine Verbindung einging. So wird die Idee des »religionsartigen« Bewußtseins der russischen Intelligencija Schritt für Schritt ebenso entscheidend für ihre Auffassung bei Weber, wie dies bei den *Vechi*-Autoren der Fall war. Was Weber und die *Vechi*-Autoren freilich dennoch unterschied, war die »wertneutrale« Betrachtung dieses Phänomens durch jenen, die äußerst kritische Beurteilung durch diese.

Wir glauben aber, daß eben diese *äußerst kritische* Einstellung der *Vechi*-Autoren zur »Religionsartigkeit« des *militanten Atheismus* und des *revolutionären Nihilismus* der russischen Intelligencija deren eigener Reue entstammt. Dadurch sahen sie Gefährdungen sowohl für Rußland wie für die Welt, die der wertneutralen Analyse Webers verschlossen blieben.

Literatur

1. *Max Weber-Gesamtausgabe*, Bd. 1/10: *Zur Russischen Revolution von 1905. Schriften und Reden 1905-1912*, Tübingen 1989.
2. *Vechi. Sbornik stat'ej o russkoj intelligencii.* N. A. Berdjaeva, S. N. Bulgakova, M. O. Geršenzona, A. S. Izgoeva, B. A. Kistjakovskogo, P. B. Struve, S. P. Franka, Rotaprintnoe izdanie 1909; Moskva 1990. Deutsche Übersetzung: *Wegzeichen. Zur Krise der russischen Intelligenz*, eingeleitet und aus dem Russischen übersetzt von Karl Schlögel, Frankfurt am Main 1990.
3. Weber M., »Rußlands Übergang zur Scheindemokratie«, in: *Max Weber-Gesamtausgabe*, Bd. 1/15: *Zur Politik im Weltkrieg. Schriften und Reden 1914-1918*, Tübingen 1984, S. 236-260.
4. Frank, S., *Biografija P. B. Struve*, New York 1956.
5. Tugan-Baranovskij, M. I., »Intelligencija i sozializm«, in: *Intelligencija v Rossii*, St. Petersburg, 1910, S. 235-258.
6. Šipov, D. N., *Vospominanija v dumi o perežitom*, Moskva 1918.
7. Miljukov, P. N., »Intelligencija i istoričeskaja tradicija«, in: *Intelligencija v Rossii*, St. Petersburg, 1910, S. 89-192.
8. Weber, M., *Wirtschaft und Gesellschaft*, Tübingen 1985.

Max Weber und Sergej Bulgakov:
Die *Protestantische Ethik* in Rußland

Im Rahmen des Themas »Weber und Rußland« lohnt sich auch eine Gegenüberstellung von Weber und Bulgakov. Dies nicht nur deshalb, weil Bulgakov das »Phänomen« der Revolution von 1905 »erforschte«, und zwar mit einer Tiefe, die der Weberschen nicht nachsteht. Auch nicht nur deshalb, weil sie voneinander wußten und vielleicht sogar Briefe wechselten. Sondern vor allem deshalb, weil eine der wichtigsten Untersuchungen Webers, die *Protestantische Ethik*, welche er kurz vor Beginn seiner Arbeit an den Beiträgen über die russische Revolution abgeschlossen hatte, zum Gegenstand einer vertieften Analyse durch Bulgakov wurde. Die Ergebnisse dieser Analyse fanden ihren Niederschlag in Bulgakovs Vortrag in der Moskauer Gesellschaft für Religion und Philosophie am 8. März 1909 und dann in seinem Artikel »Die Volkswirtschaft und die gläubige Persönlichkeit« für das *Moskauer Wochenblatt* (22-23, 1909), der in *Zwei Städte*, einem zweibändigen Werk mit Bulgakovs Aufsätzen von 1904-1910, nachgedruckt wurde (2).

Wenn wir uns an direkte wie indirekte Hinweise Bulgakovs halten, so prägten die grundlegenden Ideen der *Protestantischen Ethik* die sozialphilosophischen Ansichten des Autors der *Zwei Städte*. Diese finden in vielerlei Hinsicht einen direkten Niederschlag in seinem berühmten Artikel »Heroentum und geistiger Kampf« (im folgenden wird letzteres mit »tätige Hingabe« wiedergegeben) in den *Vechi*. Dort wird u. a. die Idee der »innerweltlichen Askese« entwickelt. »Spuren« Webers finden sich auch in der »Philosophie der Wirtschaft« aus dem Jahre 1912 (9) sowie in den Aufsätzen aus den Jahren 1914-1917 und in den späteren Arbeiten (6).

Das tiefe und gespannte Interesse an der *Protestantischen Ethik* ist dabei gepaart mit dem vollständigen Desinteresse an Webers Artikel über die russische Revolution. Darin kommt die Besonderheit von Bulgakovs *sozialphilosophischem Ansatz* bei der Betrachtung der russischen Revolution gegenüber Webers soziologischem und »politologischem« Ansatz zum Ausdruck.

Markant ist die Tatsache, daß Bulgakov, der sehr schnell auf die ihn interessierenden Neuerscheinungen der westlichen Literatur reagierte, nicht sofort sein Augenmerk auf die *Protestantische Ethik* richtete, sondern erst fünf Jahre nach dem Erscheinen der Aufsatzfolge.

Die Jahre 1908 und 1909, als die Problematik der *Protestantischen Ethik* in den Mittelpunkt von Bulgakovs Analyse trat, waren nicht nur eine Periode der vertieften Selbstkritik des ehedem angesehenen russischen Marxisten, sondern auch eine Periode, in der ihn das Nachdenken über die Ergebnisse der ersten russischen Revolution mit dem Problem einer positiven Alternative zu dem russischen intellektuellen »Revolutionismus« konfrontierte. Das, was sich während der Revolution, zu Beginn des revolutionären »Kampfes«, in Rußland ereignet hatte, war für ihn nicht nur ein »Fehler« der russischen Intelligencija, sondern etwas viel Gravierenderes. Das Problem der *positiven Alternative* zu dem Revolutionismus ergab sich aus der »historischen Verurteilung« der russischen Intelligencija »als solcher«, die nach Bulgakovs Ansicht der enttäuschende Verlauf der Revolution von 1905 und ihr *Ende* bedeuteten. Die Intelligencija war es ja gewesen, die diese Revolution inspiriert, in Gang gebracht und ihr Banner getragen hatte. Die Kritik des intellektuellen Revolutionismus mußte deshalb in die Erörterung der *Alternative* zum intellektuellen Bewußtsein, der Wege der intellektuellen *Selbstüberwindung*, münden, wobei die Intelligencija »sterben mußte, um wiederzuerstehen«.

Gegenstand des Nachdenkens waren weder das »Kräfteverhältnis« in der Revolution noch die (Un-)Fähigkeit ihrer Führer, dieses »Verhältnis« auf jeder Etappe der Entwicklung richtig zu berücksichtigen, also nicht die Probleme der »Strategie und Taktik« der Revolution, die für Weber ausschlaggebend blieben. Gegenstand war die *Revolution selbst*, ihre Berechtigung und Rechtmäßigkeit, das heißt der Typ des russischen intellektuellen Bewußtseins, für den die Revolution »von selbst berechtigt« und »von selbst rechtmäßig« war. Die Diskussion verlief schon auf einem anderen Niveau – es ging um die intellektuell-revolutionistische *Strategie*, um ihre vollständige Unhaltbarkeit und um ihren Sackgassencharakter, also darum, zu einer alles verschlingenden Leidenschaft der Intelligencija Stellung zu beziehen.

Aus diesem Grunde mußte die Problematik, die Weber in seinem

Artikel über die Revolution von 1905 aufgeworfen hatte, für Bulgakov wertlos bleiben. Um so wertvoller wurden für ihn aber die Ideen der *Protestantischen Ethik*. Denn hier eröffnete sich für einen Denker vom Schlage Bulgakovs die Aussicht, der *Reformations*idee eine neue Bedeutung zu geben, in ihr eine Alternative wenn nicht zur Revolution überhaupt, so doch zu ihrer *Verabsolutierung* im russischen intellektuellen Bewußtsein zu sehen. Und das alles *ohne jeglichen Bezug darauf*, ob Weber selbst die Reformation als eine solche Alternative (zur sozialpolitischen Revolution) auffaßte oder nicht.

Die Hauptidee, die die *Vechi*-Autoren (allen voran Sergej Bulgakov und Petr Struve) dem intellektuellen Dogma der Revolution gegenüberstellten, das nach ihrer Ansicht eine *historische* Niederlage in Rußland erlitten hatte, war die Idee der *Volkserziehung* (als moralisch-religiöse Erziehung verstanden). Daher das Interesse für die Reformation in der Weberschen Auslegung, wo eine Aufgabe anscheinend gelöst worden war, welche in der Tat auch von der russischen Revolution hätte gelöst werden müssen: die Herausbildung einer wirklich freien, selbsttätigen Persönlichkeit, die zu einer Stütze der demokratischen Umwälzungen in Rußland hätte werden können.

Diese Aufgabe konnten die russischen Intellektuellen deshalb nicht lösen, weil sie dafür ein untaugliches Mittel gewählt hatten: eine politische Revolution. Sie hatten aber diesen Weg gewählt, weil sie kraft des ihnen eigenen »militanten Atheismus« keinen anderen zu erkennen vermochten. Statt mit der Erziehung des Volkes, vor allem aber ihrer selbst im Geiste der *inneren* Freiheit zu beginnen, machten sie den Versuch, die *äußeren* Existenzbedingungen des Volkes umzugestalten, in der vergeblichen Hoffnung, auf diesem Wege die Befreiung des Volkes herbeizuführen.

Zu diesem verhängnisvollen Irrtum hatte die russische Intelligencija ihre falsche, *atheistische Weltanschauung* geführt, der Bulgakov und andere *Vechi*-Autoren eine *religiöse Weltanschauung* gegenüberstellten, für deren Begründung sie u. a. Webers *Protestantische Ethik* heranzogen.

1. »Die Volkswirtschaft und die religiöse Persönlichkeit«

Angesichts der »intellektuellen Situation«, in der sich Bulgakov zum Zeitpunkt seiner Begegnung mit Weber befand, ist leicht einzusehen, welche Gedanken Webers ihn am meisten beeindrucken mußten: die von der *neuen Auffassung des Menschen*. Diese war grundsätzlich anders als jene, welche in der klassischen politischen Ökonomie seit Ricardo herrschte. Dort hatte sie sich unter dem überwiegenden Einfluß von Bentham und seinem Utilitarismus gebildet, und sie gipfelte in dem zu einem »wissenschaftlichen« Dogma gewordenen Begriff des »ökonomischen Menschen«.

Eine demgegenüber neue Auffassung des Menschen faßte auch Fuß in Rußland, und zwar, wie wir noch sehen werden, unter dem starken Eindruck, den Webers Konzeption vom *Primat* eines bestimmten – nämlich religiösen – Typs der *Ethik* für die Entstehung des modernen Wirtschaftslebens auf das russische sozialphilosophische Denken machte.

Ein Beispiel dafür ist ein Vortrag Bulgakovs, der dem Problem der Wechselwirkung zwischen der »Volkswirtschaft« und der »religiösen Persönlichkeit« gewidmet war. Diesen Vortrag leitet Bulgakov mit einer Kritik der *Sozialphilosophie* Jeremy Benthams ein, die nichts als eine »politische Arithmetik« sei. Ihr erscheine die Gesellschaft ausschließlich als Gesamtheit menschlicher »Atome«, die einander kraft der Gegensätzlichkeit der sie bewegenden Interessen abstoßen. Aus dieser extrem utilitaristischen Philosophie haben Ricardo und seine Anhänger, so Bulgakov, ihre Ausgangsvoraussetzung entnommen, indem sie sich den »ökonomischen Menschen« als eine Art Maschine vorstellten, welche die »Interessen kalkuliert« und dabei bestrebt ist, in jedem gegebenen Fall den größten Vorteil mit dem geringsten Aufwand zu erzielen.

Mit kleineren Veränderungen, die darauf hinauslaufen, daß an die Stelle des Individuums nun die »Klasse« tritt, die nichts als dasselbe »materielle Interesse« wahrnimmt, wurde der Begriff des »ökonomischen Menschen« von Marx und später von den Marxisten übernommen. Es versteht sich, daß die allgemeinste und grundlegende Voraussetzung der utilitaristischen Auffassung des Menschen à la Bentham, die in der Aufklärungsphilosophie des 18. Jahrhunderts wurzelt, dadurch keine Veränderungen erfuhr.

Sie fand nur einen akut aggressiven Ausdruck in der Theorie des »wissenschaftlichen Sozialismus« von Marx, die sich auf die »Schlußfolgerungen« der klassischen politischen Ökonomie beruft.

Gleich Jeremy Bentham und der klassischen politischen Ökonomie, so Bulgakov, »mechanisieren die materialistischen Konzeptionen des Sozialismus die Gesellschaft und beseitigen die lebendige menschliche Persönlichkeit und die mit ihr untrennbar verbundene Idee der persönlichen Verantwortung, des schöpferischen Willens« (2, 179). Die Anhänger Ricardos, die »Manchesterianer«, die in der Tat von Benthams Ideen ausgehen, wie die Sozialisten, die Bulgakov als »Manchesterianer links 'rum« oder »Anti-Manchesterianer« bezeichnet, vergessen gleichermaßen, daß ihr gemeinsamer Vorläufer Adam Smith, der als erster in seiner politischen Ökonomie den Begriff des »ökonomischen Menschen« anwendete, dessen Beschränktheit sehr wohl im Auge hatte. Er war nicht zufällig der Verfasser sowohl des *Wohlstands der Nationen*, wo er vorwiegend die egoistischen Instinkte des Menschen sieht, als auch der *Theorie der moralischen Gefühle*, wo es vorwiegend um seine altruistischen Instinkte geht.

Adam Smith sah sehr wohl, daß die von ihm eingeführte Abgrenzung des »ökonomischen« vom »ethischen« Menschen willkürlich war. Aber die Ökonomen der nachfolgenden Generationen vergaßen dies allmählich und bezogen die Position von Bentham. Die politische Ökonomie betrachtete den »ökonomischen Menschen« – dieses »Kind aus der Retorte« – als »den Menschen überhaupt« und übersah dabei, daß jener nur eine theoretische »Fiktion« darstellt und daß er zwar eine »sehr wichtige«, aber eben nur *eine* Seite des »Lebens der menschlichen Persönlichkeit«, einen der »Ausdrücke des tätigen Ich«, repräsentiert. Aus diesem Grunde verbaute sich die politische Ökonomie ihre eigene Entwicklungsperspektive.

Denn die Wirtschaft, die sie erforscht, ist, so betont Bulgakov, »ein Zusammenwirken der Freiheit, der schöpferischen Initiative der Persönlichkeit, und des Mechanismus, der eisernen Notwendigkeit«. Sie ist »der Kampf der Persönlichkeit mit dem Zweck, die Wirtschaft an die Bedürfnisse des menschlichen Geistes anzupassen. Mit einem Wort, *die Wirtschaft wird von einem Wirt geführt*«. Der Wirt, Herr (russ. *chozjain*), tritt als ein ganzheitliches Individuum, als eine selbstbewußte und verantwortliche

Persönlichkeit in Erscheinung. Bei ihr kann die eine »Seite« unmöglich von der anderen abgetrennt werden.

Auf diese Weise führt Bulgakov seine Leser an das »Thema des vorliegenden Abrisses« heran, an das er seinerseits durch van Eickens Buch *Geschichte und System der mittelalterlichen Weltanschauung* (3) herangeführt worden war. Als Fachmann auf dem Gebiet der politischen Ökonomie, der einen recht langen und komplizierten Weg vom Marxismus zum Idealismus und vom Idealismus zur Orthodoxie zurückgelegt hatte, bemerkte Bulgakov beim Lesen van Eickens vor allem die paradoxen irdischen Folgen des mittelalterlichen katholischen Asketismus im allgemeinen und des Mönchtums im besonderen. »Ein Paradoxon der mittelalterlichen asketischen Weltanschauung«, schrieb er in der Zusammenfassung seiner Eindrücke von diesem Buch, »besteht darin, daß diese weltabgewandte, nichtirdische Lehre zum Streben nach Beherrschen dieser verurteilten Welt und dieser Erde führte, zum Streben danach, sich sozusagen in dieser Welt zu naturalisieren. Die transzendente Metaphysik erwies sich als verbunden mit dem klerikalen Positivismus der päpstlichen Kurie und ihren machtlüsternen Plänen. Diejenigen, die an dieser Welt keinerlei Werte kannten, opferten ihre ganze Energie dem Ziel, diese Welt zu erobern« (4, Bd. 1, 155).

Es ist kennzeichnend, daß die Fortführung dieses Gedankengangs Bulgakov immer mehr von van Eicken trennte, der offensichtlich die wirtschaftliche Bedeutung einer christlichen Askese der »Eroberung dieser Welt« unterschätzt hatte, zumindest im Vergleich mit ihrer persönlichen Bedeutung. So heißt es in einem Artikel über das Buch van Eickens zu dessen Neigung, den wirtschaftlich »reaktionären« Charakter der mittelalterlichen katholischen Askese zu betonen: »Und überhaupt bringt die Kirche in den dunklen und meist moralfremden, gar amoralischen Bereich der wirtschaftlichen Beziehungen Moral hinein, indem sie Enthaltsamkeit, Mäßigung, Menschenliebe predigt. Aber gleichzeitig erscheint die Kirche infolge jenes Moralismus, der hier an Tolstojs Ansichten erinnert, als eine nicht nur konservative, sondern auch reaktionäre Kraft...« Denn sie war bestrebt, so Bulgakov, »auf ewige Zeiten die primitiven naturalwirtschaftlichen Verhältnisse aufrechtzuerhalten«, und somit störte sie »den chaotisch notwendigen ökonomischen Fortschritt« (2, Bd. 1, 163 f.). Und Bulgakov bekräftigt seine Gedanken mit einem Hinweis auf Troeltschs »Soziallehren der christlichen Kirchen«, die 1908 im *Archiv für Sozialwissenschaft und Sozialpolitik* (6) erschienen. Darin wurde unterstrichen, daß der von der christlichen Kirche geprägte Asketismus »die Ausbildung der Kultur« überhaupt nicht »störte noch stören konnte« (2, Bd. 1, 185), einschließlich die der wirtschaftlichen Kultur.

Aus diesem Grunde erachtete es Bulgakov als notwendig, beim Nachdruck des Artikels »Das mittelalterliche Ideal und die neuere Kultur« in dem zweibändigen Sammelwerk *Zwei Städte* seine Darlegung der Konzeption van Eickens durch eine spezielle Anmerkung zu vervollständigen: »Wie *Troeltsch* in der neuesten Untersuchung zeigt (6)..., ist die Beurteilung der mittelalterlichen Kultur und Wirtschaft bei Eicken einseitig und stark ›stilisiert‹, so daß sie ohne wesentliche Korrekturen nicht akzeptiert werden kann« (2, Bd. 1, 164). Erinnern wir uns: diese Anmerkung galt einer Stelle in *Geschichte und System der mittelalterlichen Weltanschauung*, wo es darum geht, daß »der individualistische Asketismus« für die Schaffung eines umfassenden grundlegenden Verhaltens zur Volkswirtschaft unzureichend ist« (2, Bd. 1, 164).

Im Gegensatz zu dem, was er in seinem Kommentar zu van Eicken geschrieben hatte, behauptet nun der Autor des Artikels »Die Volkswirtschaft und die religiöse Persönlichkeit«, daß »die Klöster dank der asketischen Arbeitsdisziplin eine riesige Rolle in der ökonomischen Entwicklung Europas gespielt haben« und daß sich »unser gegenwärtiges wirtschaftliches Leben, unsere Volkswirtschaft, auf die asketische Arbeit des mittelalterlichen monastischen Europas als ihr Fundament gründet« (2, Bd. 1, 186 f.). Zu den Beispielen aus diesem Buch werden noch Hinweise auf Theodor Studitus' Statut für »östliche Klöster« sowie die Erkenntnisse unseres hervorragenden Historikers V. O. Klučevskij in bezug auf die Bedeutung der orthodoxen Klöster für die russische Kolonisierung hinzugefügt. Auf diese Weise gewinnt die Idee der positiven wirtschaftlichen Rolle der christlichen Klöster mit ihrer Arbeitsaskese einen allgemeinen Sinn, der für die westliche wie die östliche Kirche gleich relevant erscheint.

In diesem Kontext wird von Bulgakov die Webersche Problematik der *Protestantischen Ethik* in die russische Sozialphilosophie und Sozialwissenschaft eingeführt. Weber betont den Beitrag der protestantischen Askese zu dem, was bereits von Werner Sombart als »der kapitalistische Geist« bezeichnet wurde. Der Titel von Webers

Untersuchung, *Die protestantische Ethik und der ›Geist‹ des Kapitalismus*, zeugt schon davon, daß ihr Autor diese Bezeichnung akzeptiert. Aber er tut dies unter bestimmten Bedingungen.

Weber sieht erstens diesen »Geist« im Unterschied von Werner Sombart nicht als etwas vom Kapitalismus »Abgeleitetes«. Entsprechend der Aufgabe, die er sich stellt, geht er von der »umgekehrten Hypothese« aus, d. h. von der Annahme, daß der Kapitalismus eben von dem erwähnten »Geist« »abgeleitet« ist. Denn zweitens untersucht Weber nicht den *bestehenden* Kapitalismus, der den entsprechenden »Geist« tatsächlich produziert, sondern den *ent*stehenden Kapitalismus. Und in diesem Fall ist die Beziehung zwischen dem »Geist« des Kapitalismus und dem Kapitalismus entgegengesetzt. Mit Bulgakovs eigenen Worten: »Der moderne Kapitalismus ist auch mit dem besonderen kapitalistischen Geist verbunden, der diesem komplizierten wirtschaftlichen Mechanismus entspricht. Sombart hielt für das Hauptmerkmal dieses kapitalistischen Geistes den ökonomischen Rationalismus, die fortwährende Anwendung der Mittel für das Ziel. Dieser Rationalismus verkörpert sich objektiv in der modernen Technik, die die Anwendung der rationalen wissenschaftlichen Technologie ist. Diesen Rationalismus des wirtschaftlichen Lebens erleben wir nun als bereits herausgebildet. Aber wie bildete er sich heraus, was lag ihm zugrunde, was sind die geistigen Voraussetzungen dieses kapitalistischen Geistes und in gewissem Grade des Kapitalismus selbst?« (2, Bd. 1, 188).

Für Bulgakov ist dies die Frage nach der Genealogie des »ökonomischen Menschen«. Wo liegt sein Ursprung – bei Bentham, dessen durchweg utilitaristischer und selbstsüchtiger Mensch einfach als Verkörperung des »Rationalismus« à la Sombart erscheint? Oder gilt es, den Begriff des »ökonomischen Menschen«, ausgehend vom »Geist des Kapitalismus«, zu entschlüsseln, wobei der erwähnte Geist in seiner Genese aus der protestantischen Ethik erforscht werden muß? Im ersten Fall finden wir nur die Wirkung von »Gesetzen« des kapitalistischen Wirtschaftens, und das heißt, wir kommen in unseren Überlegungen nicht weiter. Im zweiten Fall sprengen wir den Rahmen der kapitalistischen »Gegebenheiten«, gehen weit über den ›ökonomischen Rationalismus‹ hinaus und geraten somit in die Tiefen der christlichen religiösen Tradition, die im Laufe der Jahrhunderte eine Reihe bedeutsamer Metamorphosen erfuhr.

Eine dieser Metamorphosen war die protestantische Reformation des Christentums, die dem Erscheinen des Kapitalismus vorausging. Ihr wirtschaftlicher *Sinn* bestand im radikalen *Umdenken* der traditionellen christlichen *Askeseauffassung*. Dieses Umdenken bedeutete vor allem, daß der Protestantismus die *weltabgewandte* Askese, die von den festen Mauern der katholischen Klöster umgeben war, in die *innerweltliche* oder, wie Bulgakov übersetzte, die »weltliche« Askese verwandelte. Und ihren Hauptinhalt machte die *Arbeit* aus, so daß es nun vor allen Dingen um die *Arbeitsaskese* ging, um Askese als alltägliche, systematische und regelmäßige Arbeit im Beruf.

In diesem protestantischen Glauben an den *religiösen Sinn des weltlichen* Berufes, den Gott dem einzelnen Menschen als sein *Schicksal* zumißt, gibt es eine tiefe mystische Wurzel, das unverbrüchliche Dogma von der *ursprünglichen* (predvečnaja) Vorausbestimmung der Menschen: Einige sind zum ewigen Tod, andere zur Rettung bestimmt. »In Anbetracht der Unmöglichkeit, das Gegenteil zu beweisen«, so legt Bulgakov die Webersche Deutung der Prädestinationslehre dar, »sollen sich alle als auserwählt betrachten, und den Zweifel daran soll man als Teufelswahn austreiben; den Zustand des Auserwähltseins kann man nur überprüfen, indem man seine eigene Verhaltensweise analysiert, sich selbst fortwährend kontrolliert und sich selbst immerfort den ›Puls fühlt‹; die methodische Lebensdisziplin, die sich vor allem in der unermüdlichen beruflichen Arbeit äußert, ist die erste praktische Folgerung aus der calvinistischen Lehre« (2, Bd. 1, 193). Die Idee der beruflich bestimmten und methodisch geordneten Arbeit erscheint also in einer gar *nicht zufälligen Anknüpfung* an die calvinistische Prädestinationslehre: als in diese organisch eingebaut und daraus ihre tiefe mystische Begründung schöpfend.

In der protestantischen Auffassung des Berufes als einer Berufung, als der höchsten menschlichen Prädestination, die den transzendenten Sinn seines immanenten, irdischen Seins zum Ausdruck bringt, äußert sich laut Bulgakov (1909) eine eigentümliche *Zwiespältigkeit* des Protestantismus. Einerseits »geht er vom prinzipiellen Abschaffen einer Gegenüberstellung des Kirchlichen und des Weltlichen aus, wobei die weltlichen Beschäftigungen, bürgerlichen Berufe, die Tätigkeiten in Haus und Betrieb als Ausübung religiöser Verpflichtungen angesehen werden, deren Wirkungsfeld sich auf diese Weise auf jegliche weltliche Tätigkeit erstreckt« (2, Bd. 1, 191). Aber andererseits »erklärt er (der Protestantismus, J. D.) gleichzeitig die Autonomie des weltlichen Lebens und ist bestrebt, dieses Leben vom Einfluß der Kirche, d. h. der päpstlichen Hierokratie, zu befreien. Darin kommt die protestantische Verweltlichung des Christentums zum Ausdruck, die aber von der religiösen Ethisierung des weltlichen Lebens begleitet wird« (2, Bd. 1, 191). Dies aber bedeutet: Die Verweltlichung der Klosteraskese führt zur Christianisierung des ganzen Lebens eines Protestanten. Aber ist diese Christianisierung nicht einfach Säkularisierung? Das ist die Frage, die im Hintergrund von Bulgakovs Darlegung auftaucht.

Bulgakov läßt auch nicht die negativen Aspekte dieser Lehre außer acht, welche ihr *fatalistisches* Pathos in die aktivistische Idee des »Berufenseins« (d. h. der höchsten Prädestination) »verwandelte«, indem dieses Berufensein sich in Berufsarbeit auswirken sollte. Der Preis einer solchen »Umwandlung« des Fatalismus in Aktivismus war die *Überbetonung* des Individualismus, die Weber selbst kaum so sehr imponierte, aber den orthodoxen Denker Bulgakov um so hellhöriger machte. »Auf die Stimmung der Menschen, die aufgrund dieser Lehre erzogen wurden«, schreibt er in bezug auf die calvinistische Variante der Prädestinationsidee, »mußte (sich) die praktische Anwendung dieser Dogmen auswirken, und zwar vor allem als (weiter nach Weber, J. D.) ›Gefühl einer unerhörten inneren Vereinsamung des einzelnen Individuums…‹ Sie mußte weiterhin einen illusionsfremden, pessimistisch gefärbten Individualismus entwickeln: jeder an sich und für sich, die Menschen sind voneinander wie durch eine durchsichtige, aber unüberwindbare Mauer getrennt, und zwar durch den Akt des ursprünglichen Urausgewähltseins« (2, Bd. 1, 192).

Unter den Merkmalen der erfolgreichen beruflichen Tätigkeit eines radikalasketisch orientierten Protestanten, die davon zeugten, daß diese Tätigkeit Gott wohlgefällig sei, und die seinen Glauben an seine ursprüngliche Auserwähltheit stärkten, betont Bulgakov bei seiner Darlegung der *Protestantischen Ethik* insbesondere die Erzielung von *Gewinn*. Der mystische Akt des ursprünglichen »Auserwählens« eines Menschen zum Heil einerseits und der Gewinn als das Ergebnis seiner beruflich organisierten und methodisch verwirklichten »Arbeit« andererseits seien innerlich verbunden: Bulgakov sieht darin eine – »sich historisch herstellende« – Vereinigung von Kapitalismus und Calvinismus.

Ein wesentliches Merkmal des kapitalistischen ›Geistes‹ ist nämlich die Pflicht des »ideellen Kapitalisten«, sein Vermögen »vermittels produktiver Aufwendungen« nicht nur zu erhalten, sondern auch zu mehren (2, Bd. 1, 190). Dies ist eine moralische Pflicht des Kapitalisten gegenüber seinem Vermögen, von dem sein entfernter Vorläufer – der stenggläubige Calvinist – glaubte, es sei ihm von Gott anvertraut mit dem Auftrag, es (zu seinem Ruhm) zu mehren.

»Das höchste Gut der kapitalistischen Ethik«, faßt Bulgakov den Weberschen Gedankengang zusammen, »besteht in der Mehrung des Reichtums, der als Selbstzweck betrachtet wird. Die eigentümliche Idee der kapitalistischen Ethik von der beruflichen Pflicht gegenüber dem Vermögen stellt diesen besonderen kapitalistischen Geist her, ohne den der moderne Kapitalismus undenkbar wäre, wie er z. B. im hohen Mittelalter psychologisch (und nicht nur ökonomisch) undenkbar war. Seine Herkunft ist daher nicht nur mit einer Reihe objektiver wirtschaftlicher und teilweise technischer Veränderungen, sondern auch mit einer neuen Richtung der schöpferischen Initiative, der persönlichen Energie verbunden« (2, Bd. 1, 190). Und obwohl der »ideelle Kapitalist« mit allen »asketischen Charakterzügen«, der für die Erfüllung einer solchen »kapitalistischen Ethik« notwendig ist, heutzutage unter den Bedingungen des »neueren Kapitalismus« kaum anzutreffen ist, wäre der Kapitalismus kaum zustande gekommen, hätte es in der wirklichen Geschichte das Vorbild eines solchen Kapitalisten nicht gegeben.

Dies sind nach Bulgakov die wichtigsten Ideen der *Protestantischen Ethik* Webers. Nachdem er diese dargelegt hat, beklagt er das schmerzliche Fehlen derartiger Untersuchungen für das russische Wirtschaftsleben, insbesondere die Geschichte der russischen Industrie (2, Bd. 1, 197 f.). Die Ursache dieses Mißstandes sieht er im Vorherrschen des »Ökonomismus«, der nach seiner Überzeugung unseren Volkstümlern wie unseren Neomarxisten gleichermaßen eigen ist und der »das Studium der geistigen Faktoren der wirtschaftlichen Entwicklung nicht begünstigte« (2, Bd. 1, 198).

Indes würden Untersuchungen des Materials, das reichlich »in Familienarchiven, historischen und statistischen Unterlagen« vorhanden sei, nach Bulgakovs Überzeugung es erlauben, die »religiösen und psychologischen Grundlagen der russischen Industrie« zu erschließen (2, Bd. 1, 198). Er macht auf die bekannte

Tatsache der »intimen Verbindung des russischen Kapitalismus mit dem Altglauben (staroobrjadčestvo)« aufmerksam, denn »Vertreter einer ganzen Reihe größter russischer Unternehmen« seien aus dem Altgläubigenmilieu emporgestiegen (2, Bd. 1, 198). Weber folgend, betont sein russischer Kommentator, daß bei der Untersuchung derartiger Verbindungen »zwischen dem religiösen Bewußtsein und der wirtschaftlichen Tätigkeit« nicht so sehr an eine bestimmte Dogmatik als vielmehr an die praktischen Konsequenzen der Religion und insbesondere an ihre Forderungen im gegebenen historischen Moment angeknüpft werden« sollte (2, Bd. 1, 197). Hier sei die Art und Weise, wie die Religion ins Leben eindringe und direkt Einfluß ausübe, ausschlaggebend (2, Bd. 1, 198).

Von seinem Standpunkt aus sei es »besonders interessant«, die »ökonomischen Tendenzen der Orthodoxie« zu analysieren, obwohl sie sich in ihrer Weltauffassung sowohl vom Puritanismus als auch vom Protestantismus überhaupt »grundlegend« unterscheide (2, Bd. 1, 198). Die Orthodoxie verfüge über »mächtige Mittel« zur Erziehung der Persönlichkeit, zum Erwecken »eines Gefühls der persönlichen Verantwortung und Pflicht«, das »für die ökonomische Tätigkeit wie für die übrigen Arten des öffentlichen Dienens« so nötig sei (2, Bd. 1, 199). Unter diesen Mitteln hebt Bulgakov vor allem die *Disziplin* des asketischen »Gehorsams« (oder auch »Dienens«) und des »Erscheinens vor Gottes Antlitz« (2, Bd. 1, 199) hervor. Er übersieht dabei nicht, daß »der Einfluß der religiösen Disziplin der Orthodoxie auf das ökonomische Schaffen des russischen Volkes immer weniger spürbar ist«, oft schwächer als der Einfluß des religiösen Schismas (»Dissidententums«). Aber das ist für ihn lediglich ein Anzeichen für den Verfall der Orthodoxie in diesem historischen Moment (2, Bd. 1, 199), einen »Verfall«, der für ihn nicht endgültig ist.

Dieser »Verfall« des religiösen Geistes, der sich auf die wirtschaftliche Entwicklung der Gesellschaft negativ auswirkt, wird dabei keineswegs für eine spezifisch russische Erscheinung gehalten. Bulgakov ist geneigt, Schulze-Gävernitz zuzustimmen, daß »die Vorherrschaft des Utilitarismus und der Verfall der Persönlichkeit die wirtschaftliche Entwicklung europäischer Länder zu untergraben drohen«, wie »man dies bereits in bezug auf England zu befürchten beginnt« (2, Bd. 1, 200). Diese Befürchtungen scheinen Bulgakov auch »für Frankreich mit seiner wirtschaftlichen

Stagnation« berechtigt (2, Bd. 1, 200 f.). Für Rußland aber geht es um ein *gründliches Bewußtmachen* der Tatsache, daß »die Volkswirtschaft geistige Gesundheit verlangt«, daß die Entwicklung der Produktivkräfte (»ein von Marxianern so oft wiederholter Ausdruck«) eine »eigentümliche religiös-ethische Aufgabe«, »eine Art des gesellschaftlichen Dienstes« ist (2, Bd. 1, 201). Denn Rußland ist das einzige Land in der Welt, wo beinahe alle Intellektuellen eine »atheistische Religion« bekennen, und dies gerade in dem Augenblick, wo die wirtschaftliche Entwicklung etwas ganz anderes benötigt: die Stärkung des religiösen (orthodoxen) Fundaments der Arbeitsethik.

All dies überzeugt uns davon, daß das historische Problem, das der Verfasser der *Protestantischen Ethik* aufgeworfen hatte, von Bulgakov als ein *absolut aktuelles* verstanden wurde. Das Geschick Rußlands hing von seiner Lösung ab, die eben die erste russische Revolution verscherzt hatte. Er sah in Weber einen Verbündeten im Kampf gegen den »extremen Benthamismus«, der nach seinen Worten »in dieser oder jener Form (meist in seiner marxistischen Spielart)« die russischen Intellektuellen befällt, welche »ohne Analyse und Kritik« an die »Fiktion des ökonomischen Menschen« glauben (2, Bd. 1, 201). Dieser »extreme Benthamismus« zusammen mit der von ihm geschaffenen »Fiktion« hindert die russische Intelligencija daran, die wichtigsten und dringlichsten Aufgaben zu erkennen, die jetzt vor dem Lande und dem Volke stehen.

Die Gedanken Webers wurden vor dem Hintergrund der »verdammten Probleme« der russischen Wirklichkeit aufgenommen, die die russische Revolution offensichtlich nicht zu lösen vermocht hatte, waren doch ihre »schöpferischen Kräfte weitaus schwächer als die zerstörerischen« (1, 28).[1] Diese gewannen einen zusätzlichen Sinn. Denn das, was Weber in den ersten Artikeln über die erste russische Revolution als eine »vergangene Sache« nicht nur für den Westen, sondern auch für Rußland selbst erschien, hielt der russische Kommentator der *Protestantischen*

---

1 Die Zitate wurden der deutschen Übersetzung von *Vechi. Sbornik stat'jei o russkoj intelligencii*, Moskva: Novosti 1990, entnommen: Sergej Bulgakov, »Heroentum und geistiger Kampf«, in: *Wegzeichen. Zur Krise der russischen Intelligenz*. Eingeleitet und aus dem Russischen übersetzt von Karl Schlögel, Frankfurt am Main 1990, S. 82.

Ethik für eine aktuelle und zukünftige Angelegenheit, und nicht nur für Rußland, sondern auch für den Westen (2, Bd. 1, 197).

2. Webers Problematik
im Vechi-Beitrag von Sergej Bulgakov

Die modernisierende Verwendung der Ideen und Folgerungen der *Protestantischen Ethik*, die die allgemeine Richtung und Eigenart des Beitrags »Die Volkswirtschaft und die religiöse Persönlichkeit« bestimmte, *gipfelt* in dem Beitrag »Heroentum und geistiger Kampf« (hier: tätige Hingabe), der eigens für die *Vechi* verfaßt wurde. Diese nicht nur zeitliche, sondern auch logisch-theoretische Verbindung müssen wir im Auge behalten, zumal dieses Buch als ein *Höhepunkt* der Sozialphilosophie des »silbernen Zeitalters« russischer Kultur und gleichzeitig als eine *Wende* in ihrer Entwicklung angesehen werden kann.

Schon der Titel seines *Vechi*-Beitrags erinnert an die vorhergehende Arbeit. Denn die »tätige Hingabe« scheint ein Synonym für »Asketismus«, für eine asketische Lebensweise. Der Titel des Beitrags erklärt dem Leser, daß es um den Vergleich zweier Arten des Heroismus geht, und zwar um das weltliche Heldentum der russischen Intelligencija und den christlichen Heroismus, der meist (und am genauesten) als »aufopferungsvolle, aktive Hingabe« (russ. podvižničestvo) bezeichnet wird und ohne religiöse Askese nicht denkbar ist. Übrigens zeigt der Verfasser, daß die Askese beiden Arten des Heroismus eignet (dazu auch der Beitrag Petr Struves »Die Intelligencija und die Revolution«). Aber im weltlichen Heldentum tritt sie nicht in den Vordergrund und spielt keine entscheidende Rolle, im christlichen Heroismus aber sehr wohl. Deshalb sprechen wir lieber von tätiger Hingabe, von einer zum Heldentum bewegenden Lebensweise.

Dabei gewinnt der Begriff der christlichen Opferbereitschaft bei Bulgakov eine Bedeutung, die offensichtlich dem von Weber gebrauchten Begriff der Askese nahekommt. Der russische Autor hält es für notwendig, seine Auslegung des Begriffes der christlichen Opferbereitschaft zu betonen. Die christliche Opferbereitschaft, so Bulgakov, verwechsle man leicht mit der mönchischen. Aber die tätige Hingabe als ein Gestalten der Persönlichkeit von innen sei mit jeder äußeren Tätigkeit vereinbar, sofern diese ihren

Prinzipien nicht widerspreche (1, 57).[2] Wie wir sehen, umfaßt Bulgakov mit seinem Begriff sowohl die »weltabgewandte« als auch die »innerweltliche« Askese. Und obwohl er als orthodoxer Gläubiger im Unterschied von Protestanten die monastische Variante der tätigen Hingabe für »durchaus wichtig« hält, ist eine *wesentliche Verschiebung* in der Auslegung erkennbar.

Überdies geht er in einer Hinsicht einen Schritt weiter als Weber, indem er gegen die Versuche antritt, die christliche tätige Hingabe der »›revolutionären‹ Stimmung« entgegenzusetzen. »Der Auszug Dmitrij Donskojs gegen die Tataren mit dem Segen des heiligen Sergij«, so Bulgakov, »war im politischen Sinne eine revolutionäre Tat, denn es war ein Aufstand gegen die legitime Regierung. Doch zugleich war er, wie mir scheint, in den Seelen der Teilnehmer ein Akt christlichen Kämpfertums, untrennbar verknüpft mit dem Akt der Demut« (1, 57).[3] Im großen und ganzen entspricht dies dem Weberschen – puritanischen – »Modell« der christlichen Askese, obwohl nicht die wirtschaftliche (wie bei Weber), sondern die politische Wirkung im Mittelpunkt steht.

Obwohl der Begriff des »Heldentums« in Bulgakovs Artikel dem Begriff der »christlichen Opferbereitschaft« *gegenübergestellt* ist und obwohl dieser Begriff für die Analyse eines *spezifisch russischen* Phänomens, der »russischen Intelligencija« und ihrer »religiösen Natur«, verwendet wird, entspringt sein Inhalt *westlichen* Wurzeln und Quellen. Diese werden von derselben Grundschicht gespeist, in der Weber »herumgrub«, als er die Ursprünge des kapitalistischen »Geistes« untersuchte. Es handelt sich um die *protestantische Reformation*. Und wenn dabei die christliche Opferbereitschaft von Bulgakov (bei all seinen orthodoxen Sympathien) als ein Phänomen *sowohl* des westlichen *als auch* des östlichen Christentums angesehen wird, so stellt er eine genetische Verbindung zwischen dem atheistischen Heldentum der russischen Intellektuellen und *ausgerechnet dem westlichen* Christentum und seiner Evolution her.

Bulgakov zeigt recht überzeugend, daß der das russische intellektuelle Heldentum bestimmende *Atheismus* zusammen mit der Ideologie der französischen Aufklärung angeeignet wurde. Seither verfestigt sich im intellektuellen Milieu die Überzeugung, daß

2 Ebd., S. 118 f.
3 Ebd., S. 119.

sich in dieser Ideologie und folglich in diesem Atheismus die ganze westliche Kultur erschöpfe, jedenfalls alles, was an ihr beachtenswert sei.

Gegen dieses Vorurteil tritt der Verfasser des Beitrags »Heroentum und geistiger Kampf« an. Er will beweisen, daß die atheistische Aufklärungslinie der westlichen Zivilisation gar nicht ihr frühestes Erzeugnis darstellt und daß sie nicht alles erschöpft, was die westliche Zivilisation der Welt bieten konnte – und immer noch bietet.

»Heute vergißt man oft«, schreibt Bulgakov, »daß die westeuropäische Kultur religiöse Wurzeln hat und mindestens zur Hälfte auf dem religiösen Fundament beruht, das vom Mittelalter und von der Reformation gelegt worden ist« (1, 37).[4] Und weiter: »Was immer wir von der Lehre der Reformation und vom Protestantismus selbst halten, so ist doch unbestreitbar, daß die Reformation zu einem gewaltigen religiösen Aufschwung in der ganzen westlichen Welt geführt hat, auch in den Gebieten, die katholisch geblieben sind, aber zur Erneuerung gezwungen waren, wenn sie im Kampf mit dem Gegner bestehen wollten. Die neue Persönlichkeit des europäischen Menschen ging in diesem Sinne aus der Reformation hervor, und diese Herkunft hat ihr auch das Gepräge gegeben. Ebenso sind politische Freiheit, Gewissensfreiheit, Menschen- und Bürgerrechte von der Reformation proklamiert worden (in England)« (1, 37).[5]

Und weiter folgt ein direkter Hinweis auf die Quelle, der für jeden durchsichtig gewesen wäre, der in den Heften des *Archivs für Sozialwissenschaft und Sozialpolitik* geblättert hätte: »Neueste Forschungen haben geklärt, wie bedeutsam der Protestantismus – besonders die Reformierte Kirche, der Calvinismus und der Puritanismus – für die Wirtschaftsentwicklung war, indem er einen Menschentyp hervorgebracht hat, der geeignet war, die Volkswirtschaft in die Hand zu nehmen« (1, 37).[6] Bulgakov, der die (vor allem religiöse) Ganzheitlichkeit der westlichen Kultur unterstreichen wollte, schließt seine Erörterungen mit der These ab, daß in dem in sich geschlossenen Ganzen der Kulturgeschichte der westlichen Welt »sowohl das Mittelalter als auch die Reforma-

4 Ebd., S. 92.
5 Ebd., S. 92 f.
6 Ebd., S. 93.

tion neben den Strömungen der Neuzeit lebendig sind und den ihnen gebührenden Platz haben« (1, 37).[7] Aber seine Aufmerksamkeit gilt vor allem der Reformation, und darin schlägt sich der noch lebendige Eindruck der »neuesten Forschungen« Webers nieder.

Die Aufklärung, die im Bereich der Religion »zum Skeptizismus und Atheismus«, im Bereich der Philosophie »zum Positivismus und Materialismus«, im Bereich der Moral »zum Utilitarismus (es sei an Bentham erinnert – J. D.) und Hedonismus« führt, wird von Bulgakov als eine »Richtung« betrachtet, die teilweise aus dem Zerfall der Reformation entstand und selbst eine der zersetzenden Gewalten im geistigen Leben des Westens ist (1, 38).[8] »Teilweise« – denn in ihrem anderen »Teil« ist sie das Ergebnis der »humanistischen Renaissance«, gewann »parallel zum religiösen Individualismus der Reformation auch der neu-heidnische Individualismus mit seiner Lobpreisung des natürlichen, des Vorrenaissancemenschen an Kraft« (1, 38).[9] Es war eben keineswegs der beste »Zweig am Baum der westlichen Zivilisation«, den sich die russischen Intellektuellen gewählt haben, »ohne alle anderen zu kennen oder auch nur kennenlernen zu wollen, und (wir) waren vollständig überzeugt, daß wir uns die wirkliche europäische Zivilisation einverleiben« (1, 36).[10]

Wie wir sehen, wird diese eigentümliche *Geschichtsphilosophie der russischen Intellektuellen*, die der Verfasser des *Vechi*-Beitrags aufgrund der historisch-genetischen Analyse der wichtigsten Ideen der Intellektuellen entwirft, nicht ohne den Einfluß der *Protestantischen Ethik* Webers gebildet. Das Schema einer solchen Philosophie der Geschichte wird in das westeuropäische »Ideendrama« »eingebaut«, das als ein Kampf des »religiösen Individualismus der Reformation« gegen den »neuheidnischen Individualismus« der Renaissance erscheint. Das in Rußland vom westlerischen Intellektuellenrevolutionismus und Sozialismus entfesselte »Drama« setzt sich dann auf russischem Boden fort. Hier erscheint es schon als der Kampf der heroisch-atheistischen »Vergottung des Menschen« gegen die Orthodoxie, die ihre (ge-

7 Ebd.
8 Ebd., S. 94.
9 Ebd., S. 93.
10 Ebd., S. 92.

schwächten) Positionen im Volksbewußtsein noch hält. Ein Zusammenstoß zweier Ideen – des atheistischen Heldentums und der christlichen Opferbereitschaft – bildet den »Kern« des russischen Dramas. Es ist eine Übersetzung des westlichen und vielleicht welthistorischen Dramas in die Sprache der russischen »Realien«, wo Intellektuelle und das Volk als Widersacher auftreten.

Hier muß man in erster Linie an Solov'evs »Vergottung des Menschen« (russ. čelovekobožestvo) erinnern, die sich bei Bulgakov mit dem Begriff des atheistischen Heldentums verbindet: »Menschenvergottung« als absolutes Gegenteil zur »*Gottes*vermenschlichung«, wie sie nach V. S. Solov'ev vom Christentum verkündet wurde.

An der Stelle, an der er den Begriff des Heldentums in seinen Artikel einführt, schreibt Bulgakov: »Die Religion des Gottmenschentums und deren Kern – die Selbstvergottung – wurden in Rußland nicht nur mit jugendlichem Feuer angenommen, sondern mit kindlicher Unkenntnis des Lebens und der eigenen Kräfte, entwickelten nahezu fieberhafte Formen. Von dieser Religion begeistert, fühlte sich unsere Intelligencija dazu berufen, die Rolle der Vorsehung gegenüber ihrer Heimat zu spielen« (1, 41).[11] Und weiter: »Der Held, der sich in die Rolle der Vorsehung versetzt, maßt sich infolge dieser geistigen Usurpation eine Verantwortung an, die für ihn zu groß ist, und stellt sich Aufgaben, die das Vermögen von Menschen übersteigen. Der geistige Kämpfer des Christentums glaubt an Gott den Fürsorger, ohne dessen Willen kein Haar von dessen Haupt fällt... Infolgedessen macht er sich sogleich frei von heroischen Posen und Ambitionen. Sein Augenmerk *konzentriert sich auf die unmittelbar vor ihm liegende Sache, auf seine tatsächlichen Pflichten und deren strenge Ausführung*... Indes rücken hier das *Pflichtbewußtsein und die Pflichterfüllung, die Selbstkontrolle ins Zentrum*...« (kursiv von mir – J. D.) (1, 52).[12]

Es lohnt sich, die hier hervorgehobenen Worte mit denen zu vergleichen, die Bulgakov in seinem Beitrag »Die Volkswirtschaft und die religiöse Persönlichkeit« zur Kennzeichnung der Zusammenhänge zwischen der calvinistischen Prädestinationslehre und

11 Ebd., S. 97 f.
12 Ebd., S. 112 f.

der »innerweltlichen Askese« des Calvinismus verwendet, um die Weberschen Quellen geschuldete *Idee der Gegenüberstellung* des Heldentums und der christlichen Opferbereitschaft als auch die *»Gestaltungsweise«* des bei Weber selbst fehlenden Begriffes des atheistischen Heldentums zu erfassen. Ähnliche Motive sind auch dort spürbar, wo Bulgakov zu einer Schlußfolgerung über das Verhältnis von Intelligencija-Heroismus und christlichem Kämpfertum kommt (1, 59)[13]: »Die Aufgabe des Heroismus ist die äußere Rettung der Menschheit (genauer: ihres zukünftigen Teils) aus eigener Kraft, nach eigenem Plan, ›im eigenen Namen‹. Held ist derjenige, der seine Idee am konsequentesten in die Tat umsetzt, auch wenn das Leben daran zerbricht. Dies ist der Gottmensch. Die Aufgabe des christlichen Heldentums besteht darin, sein Leben in unscheinbarer Selbstverleugnung zu führen, zu dienen, seine Arbeit mit aller Energie, Selbstdisziplin und Selbstbeherrschung zu tun, aber darin und in sich selbst nur ein Werkzeug der Vorsehung zu sehen« (1, 59).[14] Fühlte sich nicht auch der gläubige Calvinist, der selbstlos, hart und unermüdlich »›im eigenen Namen‹« arbeitete, laut der *Protestantischen Ethik* als solch ein Werkzeug Gottes?

Vor dem Hintergrund all dieser Parallelen verwundern auch die Weberschen »Obertöne« in Bulgakovs Deutung des Begriffes »Gehorsam« (auch »gehorsamer Dienst im Kloster«) (russ. posluzanie) nicht. Diesen Begriff nahm Bulgakov aus dem russischen *»Klosteralltag«*; er kommt offenbar dem Begriff der »innerweltlichen Askese« nahe, wie sie vom radikalen asketischen Protestantismus praktiziert wurde. Wegen ihres markanten Charakters seien Bulgakovs Bemerkungen hier im Wortlaut angeführt.

»Im Mönchsleben gibt es für diese religiös-praktische Idee (d. h. der tätigen Hingabe – J. D.) einen schönen Ausdruck: *in Gehorsam dienen.* Damit wird jede dem Mönch übertragene Aufgabe bezeichnet, gleichgültig, ob es sich um Gelehrtenwerk oder um schwerste physische Arbeit handelt, denn sie wird im Namen der religiösen Pflicht ausgeführt. Dieser Begriff kann auch über die Grenzen des Klosters hinaus für jede andere Arbeit gebraucht werden: für den Arzt und Ingenieur, für den Professor und Politiker, für den Fabrikanten und seine Arbeiter. Sie alle könnten

13 Ebd., S. 121.
14 Ebd., S. 122.

sich bei der Erfüllung ihrer Pflichten nicht von ihren persönlichen Interessen – seien es ideelle oder materielle – leiten lassen, sondern von ihrem Gewissen, von den Geboten der Pflicht. Die Disziplin des gehorsamen Dienens, der ›weltliche Asketismus‹ (nach einem deutschen Ausdruck die ›innerweltliche Askese‹) hatte gewaltigen Einfluß auf die Entwicklung der Persönlichkeit in den verschiedenen Arbeitsgebieten in Westeuropa, was bis heute zu spüren ist« (1, 58 f.).[15]

Diese Aussage steht im Rahmen eines allgemeineren Gedankengangs, zu dem offenbar auch Webers *Protestantische Ethik* beitrug. Er verbindet die beiden erwähnten Schriften Bulgakovs aus den Jahren 1908/09. Das einheitliche Begriffsschema bildet die *Geschichtsphilosophie der russischen Intellektuellen*. Hier ergeben sich nun eine Reihe von Fragen. Eine von ihnen lautet, ob die Annäherung der Begriffe der protestantischen Ethik und der orthodoxen Askese zu einer *Verschiebung* (oder, sagen wir, zu einem neuen Akzent) bei der Idee der *orthodoxen Wiedergeburt* führt, die Bulgakov bekanntlich der Ideologie des »neuen religiösen Bewußtseins« von D. S. Merežkovskij und seiner »Sekte« polemisch entgegensetzte.

Um darauf zu antworten, erinnern wir uns, was für eine Ideologie das war. Der Verfasser des *Vechi*-Artikels bezeichnete sie als »eine besonders für unsere Epoche kennzeichnende intellektuelle Fälschung des Christentums« (1, 60), denn sie verbreite eine »lästerliche Lüge« – »nämlich die Behauptung, daß Maximalismus und revolutionäres Engagement, die, wie wir sahen, geistig auf dem Atheismus beruhen, sich vom Christentum nur durch die Unbewußtheit ihrer Religiosität unterscheiden« (1, 60).[16] Das Wesen dieser »Fälschung« bestand nach seiner Meinung eben in der »Übernahme« (heute würden wir »Vereinnahmung«, »Expropriierung« sagen) »christlicher Worte und Ideen bei gleichzeitiger Aufrechterhaltung des gesamten Arsenals des Intelligencija-Heroismus.« (1, 61).[17]

Dieser sektiererisch-ketzerischen Fälschung des eigentlichen Wesens des Christentums stellte Bulgakov die orthodoxe Idee des »Gehorsams« gegenüber, die er mit Hilfe von Webers »weltlichem

15 Ebd., S. 120 f.
16 Ebd., S. 123.
17 Ebd., S. 124.

Asketismus« modernisierte. Bulgakov sah in diesem Asketismus einen Beitrag zur *moralisch-religiösen Reformation* Rußlands.

Der erste Akt dieser Reformation sollte in der *Selbstüberwindung* der russischen Intelligencija bestehen, die »sich flächendeckend zum Atheismus bekannte« (1, 70), und ihr den Weg zur »Rückkehr in die Kirche« ebnen. Dies sollte zur Umgestaltung der Orthodoxie »von innen heraus«, zu ihrer »Selbstveränderung«, führen, die durch den rapiden Übergang Rußlands von einer *traditionellen* zu einer *modernen* Gesellschaft notwendig geworden war.

Trotz seines kritischen Verhältnisses zum Protestantismus (insbesondere Calvinismus) insgesamt (vgl. S. N. Bulgakov, »Na piru bogow. Pro und Contra: Zeitgenössische Dialoge« (76, 91-166)) fand Bulgakov Gefallen an der protestantischen Idee der »weltlichen Askese«. Sie auf orthodoxem Boden zu entwickeln, biete die einzige ermutigende Perspektive für die »ökonomische Sanierung Rußlands« (2, Bd. 1, 205) wie für die »russische Wiedergeburt« überhaupt (2, Bd. 1, 204). Dabei imponierte ihm vor allem die Auffassung der Askese als *Arbeit* »in der Welt«, was die Arbeit in eine zentrale Kategorie der wirtschaftlichen Ethik des Protestantismus und die ganze protestantische Ethik in eine Ethik der *religiös gedeuteten* Arbeit verwandelte. Denn die Askese, aufgefaßt als harte, tagtägliche, geregelte Arbeit, »heilt die Seele, die sich nun mit dem Gefühl gesunder christlicher Demut füllt« (1, 53)[18]; und umgekehrt, die Arbeit, aufgefaßt als Askese, bei der das Augenmerk nur dem Pflichtbewußtsein und der Pflichterfüllung, der Selbstkontrolle gelte (1, 52)[19], das ist es, was die russische Intelligencija am meisten benötigt.

Aber hat dies nicht auch Dostoevskij gemeint, der nach Bulgakov »in seiner Rede zu Ehren Puškins um des höchsten Heiligtums willen ... an die russische Intelligencija« appellierte: »Übe dich in Demut, stolzer Mensch, und bezwinge vor allem deinen Stolz ... Besiege dich selbst, bezwinge dich selbst und du wirst frei sein ...« Meinte Dostoevskij nicht dasselbe in seinen Vorbereitungsskizzen für *Die Dämonen*, als er den Mönch Tichon den »Fürsten« Stavrogin, für ihn aber der Inbegriff des russischen Intellektuellen, belehren ließ: »Man sollte keinen Sprung vollbrin-

18 Ebd., S. 113.
19 Ebd.

gen, sondern in sich selbst einen Menschen wiederherstellen (durch langes Arbeiten, dann machen Sie Ihren Sprung)« (8, 195)?

Jedenfalls gab es hier für Bulgakov selbst, der in seinem *Vechi*-Beitrag die obigen Worte Dostoevskijs zitierte, keine Frage. Nicht zufällig richtete er in demselben Beitrag die Belehrung Tichons fast wörtlich an die russischen Intellektuellen: »Der russischen Intelligencija steht ein langer und schwerer Weg der Umerziehung der Persönlichkeit bevor. Auf ihm wird es keine Sprünge und keine Kataklysmen geben, sondern allein beharrliche Selbstdisziplin wird zum Sieg verhelfen« (1, 63).[20]

Der Starec Tichon (in der Vorfassung der *Dämonen* ist er Bischof) »erledigt den Fürsten mit der Pflicht der Selbstwiedererstehung, Selbstbearbeitung, d. h. mit der Notwendigkeit der praktischen Pflicht der Orthodoxie bei solchen Vorstellungen, die man von der Orthodoxie hat« (8, 195). »Der Bischof sagt, daß der Katechismus *neuen Glaubens* (der zu neuem Leben wiedergeborenen Orthodoxie – J. D.) etwas Gutes ist, aber der tatlose Glaube tot sei, und der Glaube fordert nicht nur die höchste Heldentat (den höchsten Klassizismus), sondern etwas Schwierigeres – die orthodoxe Arbeit« (8, 195). So sieht der künftige Autor der *Dämonen* die Buße Stavrogins, zu der jener tatsächlich gar nicht fähig war. Aber meint Bulgakov nicht dasselbe, wenn er in seinem Vechi-Beitrag alle russischen Intellektuellen zur Buße auffordert? »Man muß ›Buße tun‹, d. h., man muß sein ganzes früheres Seelenleben mit all seinen Tiefen und Wendungen überprüfen, bedenken und verdammen, wenn man zum neuen Leben wiedergeboren werden will... Eine neue Seele muß geboren werden, ein neuer innerer Mensch, der im aktiven Leben wachsen, sich entwickeln und sich kräftigen wird« (1, 62).[21]

Und diese »Heldentat des Lebens« besteht eben in der *tätigen Hingabe*, die die »Helden«-Intellektuellen zu »neuen Schaffenden« umprägen soll, welche Rußland so sehr braucht, und zwar »auf allen Gebieten: auf staatlichem, um die ›Reformen‹ verwirklichen zu können, auf ökonomischem, um die Volkswirtschaft zu entwickeln, auf kulturellem, um die Aufklärungs- und Bildungsarbeit in Rußland voranzubringen, auf dem Gebiet der Kirche,

20 Ebd., S. 126.
21 Ebd., S. 125 f.

um die Kräfte der lehrenden Kirche, ihres Klerus und ihrer Hierarchie zu stärken« (1, 63).[22] Tätige Hingabe als *Buße* der Intellektuellen und Buße als *tätige Hingabe* – diese beiden Seiten, die eine Einheit bilden, erschließen die Perspektive der *orthodoxen Reformation* (obwohl Bulgakov selbst diese Wortverbindung nicht gebraucht). Eine Perspektive, die bereits in der von Stavrogin geforderten Buße sichtbar wird, und zu dieser Buße wollte Dostoevskij doch seinen »dämonischsten« Helden bringen.

Wir wollen nun diese Entscheidung für die christliche Opferbereitschaft und gegen das atheistische Heldentum mit den beiden Perspektiven in Beziehung setzen, die in Webers Untersuchungen über die *Protestantische Ethik* einerseits und die russische Revolution andererseits angelegt sind. In diesen zwei Untersuchungsserien, die im *Archiv für Sozialwissenschaft und Sozialpolitik* aufeinander folgten, werden zwei ganz verschiedene Perspektiven eingenommen – dort sieht Weber die Reformation in ihrer Bedeutung für die *Vergangenheit* des Westens, hier sieht er eine Revolution in ihrer Bedeutung für die *Gegenwart* Rußlands. Es ist nun klar, daß die erste Bulgakov viel mehr imponieren mußte als die zweite. Die erste wollte er allem Anschein nach im Zusammenhang mit der russischen *Zukunft* sehen – obwohl der Autor der *Protestantischen Ethik* sie unwiderruflich der Vergangenheit angehörig glaubte, wovon u. a. auch seine Artikel über die erste russische Revolution Zeugnis ablegten.

Was die Perspektive der russischen Revolution angeht, so kam Bulgakovs prinzipielle Einstellung dazu in seinem *Vechi*-Beitrag deutlich zum Ausdruck: »Man darf nicht vergessen, daß der Begriff der Revolution ein negativer ist. Er besitzt keinen selbständigen Inhalt und zeichnet sich allein durch die Negation dessen, was von ihr zerstört werden soll, aus. Deshalb ist das Pathos der Revolution auch Haß und Zerstörung« (1, 47).[23] Es ist klar, daß diese Einstellung zur Revolution im allgemeinen und zur russischen Revolution im besonderen grundsätzlich derjenigen entgegengesetzt war, die in Webers Artikeln von 1906 zum Ausdruck kam.

Indem er sich gegenüber der »revolutionären Romantik« russischer Intellektueller, ihrem »berüchtigten ›revolutionären

22 Ebd., S. 126.
23 Ebd., S. 105.

Schwung‹« (1, 47)[24] Zugeständnisse erlaubt, versucht Bulgakov, Revolution und Reformation miteinander auszusöhnen. Er tut dies wiederum mit einem markanten Hinweis auf die protestantische Reformation. »Ein ebenso gewaltiger Unterschied«, unterstreicht er, »besteht zwischen der puritanischen Englischen und der atheistischen Französischen Revolution, zwischen Cromwell und Marat oder Robespierre ...« (1, 57).[25] Die erstere war vom Geiste der christlichen Opferbereitschaft und Demut getragen, die letztere, wie »unsere letzte Revolution ... auf den Atheismus gegründet und stand geistig nicht nur der christlichen Demut recht weit entfernt, sondern auch dem Christentum selbst sehr fern« (1, 57).[26]

Diese Unterscheidung von zwei Typen der Revolution, in deren Rahmen die vom Reformationsgeist getragene Revolution rehabilitiert wird, erinnert an das, was er aus demselben Anlaß im Artikel »Die Volkswirtschaft und die religiöse Persönlichkeit« schrieb. »Die wichtigste Besonderheit der neueren Geschichte Englands«, heißt es dort, »besteht darin, daß hier *die Reformation mit der Revolution zusammenfließt* (von mir kursiv gesetzt – J. D.) und die wesentlichen Errungenschaften der Befreiungsbewegung wie ihre Ideen (Menschen- und Bürgerrechte, Freiheit des Gewissens und des Wortes) hier mit der religiösen Reformationsbewegung Hand in Hand gehen« (2, Bd. 1, 189). Anders gesagt, während er die atheistische Revolution, die vom Pathos des Hasses und der Zerstörung berauscht ist, entschieden verwirft, begrüßt er die Revolution, die mit der Reformation »zusammenfließt«, sich in ihr »auflöst« und sich mit wahrem christlichem Geist erfüllt.

Aber die russische Intelligencija, der die Geschichte nach dem ersten revolutionären Kampf Zeit ließ, ihre Entscheidung für die »atheistische Revolution« zu revidieren, nutzte diese Chance nicht. Die *Vechi*-Autoren, die eine solche Revision befürworteten – und ihre geistigen Führer waren ja Sergej Bulgakov und Petr Struve –, wurden des »Verrats« beschuldigt, verdammt und gebrandmarkt. Auch die übrigen mußten bezahlen: Sie wurden »als Klasse« »liquidiert« und teilten somit das Schicksal der Gutsbesit-

24 Ebd.
25 Ebd., S. 119.
26 Ebd., S. 119.

zer und Unternehmer. Und an ihre Stelle rückten – im Verlauf der sogenannten »Kulturrevolution« – die »Herangezogenen«, die A. Solženicin so genau beschreibt.

Und nun entdeckt unsere neugeborene Intelligencija, die sich gegen die allgegenwärtigen »Herangezogenen« behauptet, daß sie an derselben »Gabelung« steht, an der sich ihre Vorgänger nach der Niederlage der ersten russischen Revolution von 1905 befanden: *Revolution oder Reformation? Was wird sie bevorzugen? Welchen Weg wählt sie diesmal?*

Literatur

1. *Vechi. Sbornik stat'jei o russkoj intelligencii.* N. A. Berdjaeva, C. N. Bulgakova, M. O. Geršenzona, A. S. Izgoeva, B. A. Kistjakovskogo, P. B. Struve, S. L. Franka. – Rotaprintnoje izdanie 1909. Moskva 1990. Deutsche Übersetzung: *Wegzeichen. Zur Krise der russischen Intelligenz.* Eingeleitet und aus dem Russischen übersetzt von Karl Schlögel, Frankfurt am Main 1990.
2. Bulgakov, S., *Dva grada. Issledovanie o prirode obščestvennych idealov,* Bde. 1-2, St. Petersburg 1911.
3. Van Eicken, H., *Istorija i sistema sredne vekovogo mirovozzrenija,* St. Petersburg 1907.
4. Bulgakov, S., »Srednevekovyj ideal i novejšaja kultura«, in: *Russkaja mysl',* 1907, 1 (*Perepečatano v »Dvuch gradach«,* Bd. 1, S. 150-177).
5. Bulgakov, S., »Narodnoe chozjajstvo i religiosnaja ličnost'«, in: *Moskovskij eženedel'nik,* 1909, S. 23-44 (*Perepečatano v »Dvuch gradach«,* Bd. 1, S. 178-205).
6. Troeltsch, E., »Die Soziallehren der christlichen Kirchen«, in: *Archiv für Sozialwissenschaft und Sozialpolitik,* 1908, Bd. XXVII, H. 1.
7. *Iz glubiny: Sbornik stat'ej o russkoj revoljucii. – Perepečatka izdanija 1918 g,* Moskva 1991.
8. Dostoevskij, F. M., Poln. sobr. soč. v 30-ti tt., Bd. 11 (Podgotovitel'nye materialy k »Besam«), Moskva/Leningrad 1974.
9. Bulgakov, S., *Filosofija chozjajstva.* c. I: *Mir kak chozjajstvo,* Moskva 1912.
10. Bulgakov, S., »Pravoslavie i chozjajstvennaja žizn«, in: Bulgakov, S., *Pravoslavie,* 1964.
11. Weber, M., *Die protestantische Ethik und der ›Geist‹ des Kapitalismus,* Bd. 1, München, Hamburg 1965.
12. Weber, M., *Die protestantische Ethik und der ›Geist‹ des Kapitalismus,* Bd. 2, Gütersloh 1978.

Max Weber und Vladimir I. Lenin:
Staatsbürokratie und Totalitarismus

1. Teil: Theorie

Vorbemerkung: Möglichkeiten und Grenzen des Vergleichs

»Bürokratie«: vielleicht kein anderes Wort hat während der »Perestrojka« in Rußland ein ebenso glückliches wie unglückliches Schicksal gehabt; glücklich, weil es am häufigsten – mit Ausnahme vielleicht des Wortes »Demokratie« – gebraucht wird; aber auch wenn man von Demokratie spricht, wird immer stillschweigend die gehaßte sowjetische Bürokratie mitgedacht, so daß auch hier der Begriff der Bürokratie präsent ist; unglücklich, weil kaum ein anderes Wort heute so gedankenlos gesprochen wird, so daß man sich fragen muß, ob es noch etwas von seinem Sinn und Inhalt bewahrt, ob es sich nicht restlos in einen emotionalen Aufschrei, in ein Instrument der verbalen Repressalie verwandelt hat. Es beginnt schon wie eines der Hetzwörter aus den vergangenen Jahrzehnten zu klingen: wie »Bourgeois«, »Kulak«, »Volksfeind«, etc.

Die Wörter erfordern all unseren Ernst, sonst verlieren sie ihren Sinn und werden zu leeren Clichés, werden – was viel gefährlicher sein kann – zu Aufrufen und Losungen der »direkten Aktion«. Unter den Wörtern, die heute ihren Sinn allmählich verlieren und immer öfter als schwere Knüppel, als intellektuelle und emotionale Reize verwendet werden, hält »Bürokratie« einen der vordersten Plätze.

Ich möchte nun die Aufmerksamkeit auf den theoretischen Sinn dieses Begriffs und seine Geschichte lenken, der eng mit der politischen Geschichte unseres Landes, besonders während der Jahrzehnte vor und nach der Oktoberrevolution 1917 verbunden ist.

Wenn wir uns dafür interessieren, können wir uns an zwei große politische Denker unseres Jahrhunderts wenden: Weber und Lenin. Während Lenin zugab, daß es ihm immer viel wichtiger und nützlicher schien, das »revolutionäre Experiment« zu machen, als es zu »beschreiben«, hatte Weber mehr als jeder sonst Verständnis für solche Experimente anderer.

Eine Gegenüberstellung von Lenin und Weber läßt sich an drei Problemen vornehmen, die sie in gleichem Maße beschäftigten: »Bürokratie – Staatskapitalismus – Sozialismus«. Dies erlaubt uns, ihre Einstellung zur Lösung dieser Probleme, die das Schicksal unseres Jahrhunderts bestimmt haben, aber auch die Grenzen ihrer Lösung einzuschätzen.

Unterschiede in der Behandlung des Bürokratie-Problems bei Lenin und bei Weber ergeben sich daraus, daß Lenin von der Theorie des Sozialismus in ihrer Marxschen Prägung ausging, d. h. das Problem des Sozialismus zur Hauptfrage erklärte und alle anderen Probleme nur als zweitrangige und abgeleitete betrachtete. Max Weber dagegen machte die Theorie der Bürokratie zum zentralen Ausgangspunkt, wodurch der Sozialismus zu einem Sonderfall dieser umfassenden Theorie wurde.

Während Lenin letztlich jedes Problem mit politischen Mitteln lösen wollte – die Wirklichkeit betrachtete er überhaupt als ein riesiges Experimentierfeld, das einzig dafür da war, ihn die Richtigkeit seiner Theorie beweisen zu lassen –, war Weber Theoretiker, der Geschichte nicht schaffen, sondern sich durch sie belehren lassen wollte.

In beiden Fällen kommt es freilich zu einer Art Reduktion: Bei Lenin wird, wie gesagt, das Problem der Bürokratie zu dem des Sozialismus, bei Weber das des Sozialismus zu dem der Bürokratie. Also können wir nun die Hauptfrage so formulieren: Welcher Begriff ist umfangreicher, und welche Theorie ist besser fundiert? Der Vergleich fällt uns um so leichter, als wir nicht nur Lenins Theorie des Sozialismus, sondern auch ihre Verwirklichung im »Experiment« von 1917 und in den folgenden 70 Jahren der sozialistischen Entwicklung eines großen Landes vor Augen haben und als wir ferner Webers Prognosen besitzen, die sich auf die wahrscheinlichen Folgen solcher »Experimente« beziehen.

Vorab aber – noch ohne ausführlichere Analyse – können wir feststellen, daß Webers Theorie der Bürokratie uns den modernen Sozialismus in einem interessanten und heute besonders aktuellen Aspekt verstehen läßt, während Lenins sozialistische Theorie das Bürokratie-Problem verengt und es uns nicht in seinem vollen Umfang zu erfassen erlaubt, was zu praktisch-politischen Fehlentscheidungen führen mußte.

Während der ersten anderthalb Jahre nach der Oktoberrevolution 1917 schien das Problem der Bürokratie überhaupt von der Tagesordnung verschwunden zu sein. Da aber die neue Bürokratie mit einer schrecklichen Geschwindigkeit zu wuchern begann und dieses Problem in all seiner Schärfe wieder auf der politischen Szene erschien, war Lenin genötigt, sich damit zu beschäftigen, tat es aber in einer Weise, die das Wesentliche nur verhüllen und verwirren konnte: Er behandelte es als das Problem des »Bürokratismus« und der »bürokratischen Entstellung« des Sozialismus. Als »Überbleibsel« der entthronten Bürokratie erscheint an ihrer Stelle der geheimnisvolle »Bürokratismus« – wie das Grinsen der verschwundenen Edamer Katze in »Alice im Wunderland« bei Lewis Carroll. Bürokratie als solche gibt es nicht mehr, die »bürokratische Maschine« des Kapitalismus ist mit ihm zusammen liquidiert, aber – siehe! – es ist ein »Bürokratismus« da. Und er ist nicht nur da: Er blüht so schnell und üppig auf, daß er bald den alten »bürokratischen Apparat« an Macht und Größe weit hinter sich läßt. Das Grinsen der Edamer Katze verwandelt sich in eine schreckliche Grimasse der alltäglichen Wirklichkeit, und es scheint nun keine Katze mehr zu sein, sondern ein grausamer Tiger. All das endlose Gerede vom »Bürokratismus« konnte die neugeborene »proletarische Diktatur« nicht vor der riesigen Sphinx-Gestalt retten, die mit jedem Tag größer wurde – die neue »sozialistische« Bürokratie. »Löse mein Rätsel«, drohte die Sphinx, »sonst fresse ich dich samt deinem System auf!«

Bis jetzt haben wir in unserem Lande noch keine entwickelte Theorie der Bürokratie, was heute wieder gefährlich geworden ist. Wieder wollen wir uns mit süßen Illusionen einschläfern, daß wir die Bürokratie ein für allemal loswerden könnten – dieses Mal ist unser antibürokratisches Allheilmittel die Volksmacht, sind es die Sowjets, deren einziger Mangel nur darin besteht, daß sie noch nie die Fülle der Macht gehabt haben und sie deshalb endlich bekommen müssen! Gleichzeitig aber wächst inmitten der »erneuerten«, »umgebauten« Sowjets, die überall nach Souveränität streben, ein neuer bürokratischer Apparat, der sich um so schneller vergrößert, je schneller andere neue Souveränitäten erklärt werden.

Die Idee der Sowjets als Form einer prinzipiell neuen, »antibürokratischen« Staatsmacht war seinerzeit der wichtigste Bestandteil der Leninschen Theorie des Sozialismus. In Wirklichkeit ist aber das Bürokratie-Problem ein lebenswichtiges Sphinx-Rätsel nicht nur für den totalitären Sozialismus, sondern auch für unsere post-totalitäre Entwicklung.

1. Zwei Auffassungen der Bürokratie

Beide, Lenin und Weber, betrachteten die Bürokratie als Herrschaftsapparat. Dabei ging es für Lenin hauptsächlich um politische, sogar um militärisch-politische Herrschaft, die sich auf direkte (bewaffnete) Gewalt stützt. Weber aber sah in der Herrschaft nicht nur direkte Gewalt, sondern auch – und sogar in erster Linie – eine organisierende und strukturierende Kraft, die die geordnete Existenz der Gesellschaft möglich macht, was im Interesse nicht nur der herrschenden Gruppen (Schichten, Klassen, Stände usw.), sondern aller Mitglieder der Gesellschaft liegt. In diesem ordnenden Aspekt erhält die Herrschaft eine funktionale Rechtfertigung, die den unmittelbaren »Herrschern« in extremen Fällen das Recht gibt, direkte Gewalt um der ganzen Gesellschaft und nicht um einer bestimmten »Klasse« willen anzuwenden.

Als Quelle der bürokratischen Entwicklung in verschiedenen Gesellschaftsbereichen (wie Staat und Militär, Wirtschaft und Finanzen, Wissenschaft und Kultur) sah Max Weber Konzentrationsprozesse, wobei der Produzent immer konsequenter von seinen Produktionsmitteln, von der produktiven Tätigkeit überhaupt, getrennt wird. Also benötigt man einen »Vermittler«, der »Produzent« und »Produktionsmittel« verbindet.

Lenin erkannte diese Quelle in den »Ausbeutungsverhältnissen«, die auf Grund des Privateigentums entstehen und erst mit ihm zusammen beseitigt werden können (es hieß »Expropriation der Expropriateure«). Ist diese Quelle der bürokratischen Entwicklung erst einmal »zum Versiegen gebracht«, so ist auch die Bürokratie für immer vernichtet. Mit der »Verstaatlichung« des Eigentums wird die bürokratische Maschine abgeschafft, und es entsteht eine neue Staats- und Verwaltungsform – frei von der Bürokratie und ihrem Apparat.

Also kann die Bürokratie nach Weber als »funktional«, nach Lenin als »dysfunktional« oder »destruktiv« bestimmt werden. Lenin war der Überzeugung, daß die Bürokratie eine »zeitweilige Erscheinung« sei, die im Zuge der sozialistischen Revolution sofort vernichtet werden müsse (und könne). Das Paradoxe bestand aber darin, daß eben diese Einstellung auf sofortige und völlige Vernichtung jeder Bürokratie später einer eigenartigen Mythologie Platz machte, in deren Schatten sich die sozialistische Bürokratie »neuerer Art« schnell und grenzenlos entwickeln konnte. Dagegen erwiesen sich liberale Demokratien im Westen als widerstandsfähiger, indem sie sich bemühten, der totalen Ausbreitung der Bürokratie immer neue Hindernisse entgegenzustellen. Das erlaubte es ihnen, die gefährliche Tendenz zur allgemeinen Bürokratisierung zu beherrschen.

Weber unterscheidet zwei Typen der Bürokratie: (1) die traditionale (patrimoniale) und (2) die modern-rationale. Ort des ersten Typs war ursprünglich die Staatsverwaltung und die Militärorganisation; von dort drang sie allmählich in andere Gebiete des Gesellschaftslebens ein. Die rationale Bürokratie als der in der Neuzeit entstandene Typ entwickelte sich im Zusammenhang mit privatwirtschaftlicher Tätigkeit und breitete sich von hier in andere Sphären aus. Der wechselseitige Einfluß dieser Typen, des ›privaten‹ und des ›öffentlichen‹, war durch das Prinzip der »Nichteinmischung« des Staates in die Privatwirtschaft und der Abgrenzung der ökonomischen von der staatlich-politischen Tätigkeit gekennzeichnet. Weber zieht eine deutliche Grenze zwischen zwei Arten der »rationalen« Bürokratie, der »privatwirtschaftlichen« und der »gesamtstaatlichen«, obwohl der Rationalisierungsprozeß in seiner Sicht beide Arten auf gleiche Weise ergreift.

Im Gegensatz zu Weber konzentriert Lenin seine Gedanken in erster Linie auf das »Klassenwesen« der Bürokratie als Unterdrückungsinstrument. Definitionen und Unterscheidungen nach der Art Webers interessierten ihn nicht. Wie schon Marx betont er bei jeder Gelegenheit, daß es sich in allen Fällen um ein und dieselbe »bürokratische Maschine« handle (nur in bezug auf Rußland bezeichnet er sie als »absolutistisch-bürokratische Maschine«), deren Aufgabe Unterdrückung und Ausbeutung der Werktätigen sei. Nur selten, bei ganz besonderen Gelegenheiten, erinnert sich Lenin auch an die technisch-organisierende Funktion der Bürokratie.

Fast immer, wenn Lenin über die Bürokratie spricht, scheint er ein und dasselbe stereotype Bild vor Augen zu haben: gut angezogene, sehr anständige Staats- oder Polizeibeamte, dann und wann ein Agent der Staatssicherheit oder ein Polizeiaufseher.

Das Problem der Bürokratie erhält ganz verschiedene Fassungen bei Lenin und Weber. Webers Aufmerksamkeit ist auf die tieferen Wurzeln des Bürokratisierungsprozesses gerichtet, die in der ontologischen Dimension des Gesellschaftsdaseins, in den Grundbedingungen seiner Organisation, stecken. Diese Betrachtungsweise geht über die Eigentumsverhältnisse hinaus. Tatsächlich hat eine fundamentale Analyse sozialer Strukturen nicht nur mit dem Eigentum des Menschen zu tun, sondern mit Bestimmungen seines Daseins selbst – wie z. B. mit Sicherheit. Damit macht Weber in seiner Bürokratie-Theorie die Radikalität des *Leviathan* von Hobbes wieder aktuell. Die marxistisch-leninistische Theorie des »wissenschaftlichen Sozialismus« läßt diese Tiefe außer acht.

Als treuer Gefolgsmann von Marx geht Lenin von der »klassenhaft-ausbeuterischen« Natur der Bürokratie »als solcher« aus, die in »Eigentumsverhältnissen« wurzelt. Sinn und Wesen der Bürokratie sieht er in der organisierten Verteidigung dieser Verhältnisse, d. h. in der gewaltsamen Unterdrückung der »Ausgebeuteten«, die zu einer Arbeit gezwungen werden, welche einzig der Bereicherung der »Unterdrücker und Ausbeuter« dient. Organisation oder Organisationssystem, wodurch solche Unterdrückung verwirklicht wird, ist eben die Bürokratie. Sie findet ihren höchsten Ausdruck im Staat und seinem weitverzweigten Beamtentum. Alle Staatsmachtorgane existieren zu einem einzigen Zwecke: zur praktischen Unterdrückung der »unteren Klassen« und zum Schutz der »ausbeutenden« höheren Klassen vor deren gerechtem Zorn. Nachdem also das Privateigentum – Fundament aller »Klassenausbeutung« – aufgehoben ist, verliert der staatsbürokratische »Überbau« als ausbeuterische Organisationsweise des sozialpolitischen Lebens seinen Sinn.

Freilich bleibt auch nach Aufhebung des Privateigentums an Produktionsmitteln ein Gewaltorgan nötig, weil – nach Lenin (und Marx) – eine solche »Expropriation« einen gewissen Zeitraum und einen bestimmten Kraftaufwand erfordert. Erstens wird nicht jedermann freiwillig auf sein Privateigentum verzichten, Zweitens setzt die »Expropriation« Aneignung durch andere »Klassen« oder durch die, die in ihrem Namen handeln, voraus, das heißt die »Vergesellschaftung« des Eigentums. Die neue Gesellschaftsorganisation – die »Diktatur des Proletariats« – behält also die Funktion des alten Staates – die Gewalt, ohne welche kein Eigentum beschlagnahmt werden könnte. Doch ist dies nach Lenin kein

Staat im eigentlichen Sinne des Wortes mehr: Die »Diktatur des Proletariats« braucht keinen speziellen bürokratischen Apparat, weil die Gewalt nun durch die Mehrheit (die ehemaligen Ausgebeuteten) gegenüber einer Minderheit (den ehemaligen Ausbeutern) ausgeübt wird. Mit anderen Worten, die Gewalt hört auf, Privilegium eines abgesonderten bürokratischen (Staats-)Apparates zu sein. In der Ablösung der »bürokratischen« durch eine »massenhafte« Gewalt sah der Verfasser von *Staat und Revolution* den einzig realistischen Weg zur Befreiung der Menschheit von der Bürokratie überhaupt. »Die Ausbeuter«, sagt Lenin, »sind natürlich nicht imstande, das Volk niederzuhalten ohne eine sehr komplizierte Maschine zur Erfüllung dieser Aufgabe, das *Volk* aber vermag die Ausbeuter mit einer sehr einfachen ›Maschine‹, ja nahezu ohne ›Maschine‹, ohne einen besonderen Apparat niederzuhalten, durch die einfache *Organisation der bewaffneten Massen* (in der Art der Sowjets der Arbeiter- und Soldatendeputierten…)« (1, 477).

Es klingt vielleicht paradox, aber die liberal-konservative Auffassung von der Bürokratie bei Weber ist viel realistischer als die des »wissenschaftlichen Sozialismus« bei Lenin. Lenin glaubte, daß eine »endgültige Lösung« des Problems der Bürokratie schon in der ersten Etappe der proletarischen Revolution erreicht werden könne – durch die »Diktatur des Proletariats«, die er als die Macht der nichtprivilegierten (ausgebeuteten) Mehrheit über die privilegierte (ausbeutende) Minderheit verstand. Dabei würde sich dieses Problem sozusagen von selbst, im Vorübergehen, lösen: mit der Machtergreifung im Namen der Arbeiterklasse zum Zwecke der Vernichtung des Privateigentums.

In den letzten Jahren vor dem Oktoberumsturz war Lenin ganz von der Idee einer Diktatur ohne Bürokratie ergriffen. Es war aber nach der Machtergreifung der Bolschewiki kaum ein Jahr vergangen, als sich ihm dieses Problem ganz unerwartet in aller Schärfe stellte, was ihn dazu zwang, »Neuerungen« an der orthodoxen marxistischen Konzeption der Bürokratie vorzunehmen. Die sogenannte »Gewerkschaftsdiskussion« zeigte aber deutlich, wie wenig Lenin und seine »Partei des Proletariats« zur Lösung dieses Problems bereit waren, das sich mit dem »Kriegskommunismus« verband. Mit jedem weiteren Jahr wurde es offensichtlicher, daß Lenin den Kern des Problems nicht erfaßt hatte, weil es um ein zentrales Problem der modernen Zivilisation ging.

Dieser Kern des Problems – sozusagen der Unterwasserteil des Eisberges, den Lenin als Theoretiker des Sozialismus immer außer acht ließ – wurde erkannt, untersucht und konzeptualisiert in Webers Theorie der Bürokratie. Die Hauptsache besteht darin, daß hier die Bürokratie kein bloßer »Überbau« über »Verhältnisse der Ausbeutung und des Privateigentums« ist. Die von Marx, Lenin und ihren Nachfolgern inspirierte Revolution zeigt, daß die Aufhebung des Privateigentums keineswegs das Ende von Ausbeutung und Unterdrückung bedeutet und daß diese Revolution die »Wurzeln« der Bürokratie nicht nur nicht »ausgerissen«, sondern viel tiefer eingesenkt hatte. Sie machte sichtbar, daß bei »Verstaatlichung« des Eigentums die Bürokratisierung gesteigert wird.

Im Unterschied zu Lenin hielt Weber eine »endgültige Lösung« des Problems der Bürokratie für unmöglich – weder auf dem Wege der Evolution noch auf dem der Revolution. Ebendeshalb suchte er nach möglichen Gegengewichten zur Bürokratisierung der Wirtschaft (und der Gesellschaft im ganzen). Während des Ersten Weltkrieges war diese Tendenz zur Bürokratisierung in Deutschland dominant geworden. Ein »Staatskapitalismus« war entstanden, der Weber herausforderte. Dieses Phänomen, Folge der militärischen Verstaatlichung der Wirtschaft, machte auch Lenin zum Gegenstand seiner Analyse. Daraus ergibt sich ein Punkt, wo eine »Gegenüberstellung« von Weber und Lenin, der Theorie der Bürokratie und der These des sogenannten »Wissenschaftlichen Sozialismus«, besonders fruchtbar und aktuell zu werden verspricht.

II. Zwei Auffassung des »Staatskapitalismus«

1. Verstaatlichung der kapitalistischen Wirtschaft als allgemeine Voraussetzung der totalitären Bürokratie

Max Weber betrachtet den Staatskapitalismus als Höhepunkt der Entwicklung zur Bürokratisierung von Wirtschaft und Gesellschaft, die eine tödliche Gefahr für jede Freiheit und Unabhängigkeit des Menschen mit sich bringe. Staatskapitalismus heißt Eingreifen der Staatsbürokratie in den Produktionsprozeß selbst. Als Folge davon aber werden nicht nur ökonomische, sondern auch politische Prinzipien der Gesellschaft deformiert.

Es wird hier eine der Grundbedingungen des kapitalistischen Wirtschaftens verletzt: Nichteinmischung des Staates in Wirtschaft und Unternehmertätigkeit. Der Staat selbst greift in das Eigentumsrecht ein, das zu verteidigen er verpflichtet ist. Letzteres aber ist eine seiner Grundfunktionen, darauf beruht seine Legitimität. Von nun an beginnt er, als Gewalt aufzutreten. Es wird also jenes Verhältnis zwischen dem Staat und seinen Bürgern verletzt, das es den Vertretern der liberalen Staatstheorie erlaubt, vom »Gesellschaftsvertrag« zu reden. Jetzt entsteht die Gefahr, daß alle Freiheit aus diesem Verhältnis verschwindet, so daß es sich in ein reines Zwangsverhältnis verwandelt.

Jene Staatsbürokratie, die früher dem Unternehmerkapitalismus eine adäquate Infrastruktur (rationale Verwaltung, rationales Recht usw.) bereitstellte, mischt sich nun immer aktiver in die wirtschaftliche Tätigkeit der Privatunternehmen ein. Dies scheint während des Krieges unvermeidbar, um die ökonomischen Reserven des Landes zu mobilisieren, aber auf Schritt und Tritt kommt diese Einmischung in Widerspruch mit dem Prinzip der wirtschaftlichen Rationalität (Rentabilität der Produktion). Das ist eine unvermeidliche Folge der Verletzung der ökonomischen Freiheit, die in der Trennung der staatlich-politischen von der wirtschaftlichen Sphäre gründet. Dies beunruhigte Weber, da er hierin auch andere tödliche Verletzungen der bürgerlichen Rechte und Freiheiten angelegt sah.

»Der moderne Beamte«, schrieb er im Frühling 1917, »ist entsprechend der rationalen Technik des modernen Lebens stetig und unvermeidlich zunehmend fachgeschult und spezialisiert. Alle Bürokratien der Erde gehen diesen Weg. Daß sie ihn vor dem Kriege noch nicht zu Ende gegangen waren, bedingte unsere Überlegenheit über die anderen... Wo aber der moderne eingeschulte Fachbeamte einmal herrscht, ist seine Gewalt schlechthin unzerbrechlich, weil die ganze Organisation der elementarsten Lebensversorgung dann auf seine Leistung zugeschnitten ist« (2, 463). Weber schließt, daß die Beseitigung des privaten Kapitalismus durch den staatlichen, den die meisten deutschen Publizisten für den wahren Sozialismus hielten, tatsächlich möglich sei.

Nach Weber kann der einzig reale Inhalt dieses »neuesten Sozialismus« im 20. Jahrhundert aber nur in einer vollendeten Bürokratisierung und Verstaatlichung des gesamten Gesellschaftslebens bestehen. Ebendeshalb kann die »Sozialisierung«, die mit einer konsequent durchgeführten »Bürokratisierung« identisch ist, keineswegs als glänzende Perspektive für eine glücklichere Menschheit betrachtet werden. Ein nüchterner und weitsichtiger Soziologe sieht weder in der nächsten noch in der ferneren Zukunft ein »schönes und helles Bild«, so wie die berühmten Helden von Černyševskij in seinem Buch *Was tun?*, das so viele Versuche inspirierte, das »schöne Morgen« ins Heute zu versetzen, »das Märchen zu verwirklichen«.

Im Unterschied zu den deutschen und russischen Marxisten versprach sich Weber von der »Sozialisierung« oder »Vergemeinschaftung« des Eigentums keineswegs eine »Befreiung der Arbeit«, sondern das gerade Gegenteil. Denn dann würde »auch die Leitung der verstaatlichten oder in irgendeine »Gemeinwirtschaft« übernommenen Betriebe bürokratisch« (2, 464).

2. Webers Idee der »universellen Bürokratisierung«

Weber nennt den bürokratischen Apparat »Maschine«, wie es auch Marx und Lenin taten. Nur ist diese Maschine, im Unterschied zu den gewöhnlichen, leblosen Mechanismen, lebendig. Alle Maschinen sind nichts anderes als verdichteter, erstarrter Geist, was es selbst toten Maschinen erlaubt, den Menschen zu unterdrücken, indem sie ihn, z. B. in den Fabriken, dienen lassen. Um so mehr unterdrückt die »lebendige Maschine« der bürokratischen Organisation mit ihrer hochspezialisierten, qualifizierten Arbeit, ihrer Kompetenzteilung, mit ihrem Reglement und ihren hierarchischen Gehorsamsverhältnissen. Eine vollendete, »universelle Bürokratisierung« der Gesellschaft müßte diese in eine riesenhafte Fabrik mit strenger Hierarchie verwandeln, die am meisten an das alte Ägypten erinnerte.

Jeder Mensch wird (a) an einen Betrieb, (b) an eine bestimmte Klasse, (c) vielleicht auch an einen Beruf gefesselt. Wo noch die Standesorganisation der Staatsangehörigen hinzuträte, würde die Bürokratie unzerbrechlich. Die »organische« Gesellschaft der Zukunft – Objekt spätromantischer Hoffnungen kurzsichtiger Politiker – würde kein anderes Bild bieten als das einer »orientalisch-ägyptischen« Gesellschaftsgliederung, mit dem einzigen Unterschied, daß sie nun »streng rationalistisch werden, wie eine Maschine« funktionieren könnte.

Etwas von dieser Art verbirgt sich *als Möglichkeit* in der Dunkelheit der Zukunft. Zwar ist es nur eine Möglichkeit, nicht unser unvermeidliches Schicksal, wohl aber eine wahrscheinliche Möglichkeit. Wer ernsthaft darüber nachdenkt, kann kaum anders als lächeln bei dem ängstlichen Gerede darüber, daß unsere Zukunft uns »Individualismus« und »Demokratie« im Übermaß schenken werde; daß unsere Hoffnung auf »wahre Freiheit« nur dann erfüllt würde, wenn man die »Anarchie« der Produktion und die »Parteigeschäftigkeit« der Politik durch »organische Strukturierung« beseitigte, d. h. durch die Herrschaft der Bürokratie in Wirtschaft und Staat.

3. Perspektive der Verstaatlichung der kapitalistischen Wirtschaft bei Lenin

Man kann sich nur wundern, wie genau Webers Gedanken zu dem passen, was Lenin ungefähr zur selben Zeit über die Möglichkeiten einer sofortigen sozialistischen Reorganisierung der Gesellschaft schrieb. Webers Argumentation klingt wie eine nüchtern durchdachte Warnung vor jener revolutionär-romantischen Idealisierung (und sogar Ideologisierung), die für Lenin so charakteristisch war. Das staatsbürokratische Eindringen in die Wirtschaft und in andere Gebiete des sozialen Lebens betrachtete Lenin – im Unterschied zu Weber – als etwas Positives; er war fest davon überzeugt, daß eine solche »Verstaatlichung« nicht mehr »bürokratisch« bleibe – und zwar von dem Augenblick an, wo die Staatsmacht in die Hände der Partei übergeht, die im Namen des Proletariats die »Expropriation des Privateigentums« durchführt. Im Unterschied zu Weber verband die »sozialistische« Theorie der Bürokratie deren Schicksal mit dem des Privateigentums. Die sozialistische Revolution sollte, nach Lenin, die Bürokratie samt dem privaten Eigentum liquidieren und alles durch bürokratische Zentralisierung (und Verstaatlichung) von Wirtschaft und Gesellschaft Errungene übernehmen, ohne die durch »universelle Bürokratisierung« ausgestellten Wechsel zu akzeptieren. Die »Schulden« aber verschwanden keineswegs schon dadurch, daß man sie nicht anerkennen wollte. Früher oder später mußten sie bezahlt werden.

Lenins Konzeption des Staatskapitalismus beruht auf einer radikalen Gegenüberstellung von »objektivem Inhalt« und »sozial-politischer Form« der Verstaatlichung der Wirtschaft, wobei das erste ausschließlich positiv und das zweite ausschließlich negativ bewertet wird. Unter dem Zeichen »Plus« stehen in Lenins Schriften vom Sommer und Herbst 1917 alle technischen, ökonomischen und administrativen Prozesse, die nach seiner Meinung zur Zentralisierung der Wirtschaft führen, weil sie die ökonomische Verwaltung in den Händen jener Leute zu konzentrieren erlauben, die die Macht »im Namen des Proletariats« übernehmen und die »Liquidation des Privateigentums« (»Expropriation der Expropriateure«) durchführen.

Unter einem »Minus«-Zeichen aber steht alles, was der totalen Verstaatlichung der Wirtschaft und des sozialen Lebens widersteht, alles, was Weber als potentielle Gegengewichte einer solchen Totalisierung betrachtete – insbesondere die innerwirtschaftliche Bürokratie, dieser »natürliche« Konkurrent der Staatsbürokratie.

4. Unterwegs zum Totalitarismus

Während Weber sich für die Unterschiedlichkeit zweier »Gattungen« der rationalen Bürokratie interessierte, war Lenins Aufmerksamkeit einzig darauf gerichtet, deren Gemeinsamkeit festzustellen, was es ihm erlaubte, von »reaktionärer« Bürokratie, von »reaktionär-bürokratischer« Einmischung ins wirtschaftliche Leben der Gesellschaft zu sprechen – im Unterschied zur erwünschten »revolutionär-demokratischen Kontrolle«, wobei das Demokratische dieser Kontrolle einzig darin bestand, daß sie sich auf die Mehrheit der sogenannten »politisch bewußten Arbeiter« stützte (d. h. auf jene, die ihre Stimme »richtig« – für die Bolschewiki – abgegeben hatten). Was aber das »Revolutionäre« betrifft, so bestand es darin, gegen die Unternehmer Strafmaßnahmen wie »Beschlagnahme allen Vermögens und Gefängnis« oder »Beschlagnahme und Erschießen« zu ergreifen. In Lenins Sprache hieß dies »einzig reale Kontrolle ... *von unten*« über die Bourgeoisie »mit Hilfe des Terrors« (3, 340-351; vgl. 4). Wo diese zwei Hauptbedingungen nicht erfüllt sind, wird die Kontrolle als »reaktionär-bürokratische« qualifiziert – mit allen Folgen, die sich daraus für die Träger der »Kontrolle« ergeben.

Lenins Einstellung zur Verstaatlichung der Industrie in den kriegführenden Ländern von 1914 bis 1917 kommt sehr deutlich in seiner Beschreibung der »Zwangssyndizierung« zum Ausdruck. Darunter versteht er eine »Zwangsvereinigung in Verbänden«: »Zwangssyndizierung ist einerseits eine Art Vorantreiben der kapitalistischen Entwicklung durch den Staat, die überall zur Organisierung des Klassenkampfes, zur Erhöhung der Zahl, der Mannigfaltigkeit und der Bedeutung der Verbände führt. Andererseits aber ist die zwangsweise ›Verbandsbildung‹ die unerläßliche Vorbedingung für jede halbwegs ernsthafte Kontrolle und jede Einsparung an Volksarbeit« (3, 352, vgl. 4). Also schätzt Lenin in beiden Aspekten die sogenannte »Zwangsunionisierung« als in hohem Grade »progressiv« ein.

Lenin ist überzeugt, daß es sich um Maßnahmen handelt, welche in Westeuropa schon längst ergriffen sind und welche – »wie die ökonomische Wissenschaft lehrt und das Beispiel aller Syndikate, Kartelle und Trusts zeigt« – in einem großen Maße »Mittel sowie Kräfte des Volkes *einzusparen*« erlauben; dabei können »diese Einsparungen durch die Vereinigung der einzelnen Unternehmen zu einem Syndikat... ein kolossales Ausmaß« erreichen (3, 354; vgl. 4). Die einzige Aufgabe besteht also darin, die Eigentümer der Industriebetriebe, alle Unternehmer zu »unionisieren«. Das aber bedeutet: alle Betriebe restlos unter Staatskontrolle zu stellen, wobei der Staat sich – so war es wenigstens der Theorie nach gemeint – seinerseits auf die »revolutionär-demokratische« Kontrolle von unten stützt.

Wie kann man so etwas in Wirklichkeit ausführen? Kein Problem, antwortet Lenin: »Angenommen, wir hätten eine wirklich revolutionär-demokratische Regierung und sie würde beschließen: Alle Fabrikanten und Industrielle jedes Produktionszweiges sind verpflichtet, wenn sie, sagen wir, mindestens zwei (sic! – J. D.) Arbeiter beschäftigen, sich sofort nach Kreisen und Gouvernements in Verbänden zu vereinigen. Die Verantwortung für die strikte Durchführung des Gesetzes wird in erster Linie den Fabrikanten und Direktoren, den Vorstandsmitgliedern und den Großaktionären auferlegt... Wenn sie sich der Arbeit an der sofortigen Durchführung des Gesetzes entziehen, werden sie wie Leute behandelt, die vom Militärdienst desertiert sind, und auch wie solche bestraft, werden sie solidarisch, alle für einen und einer für alle, mit ihrem gesamten Vermögen haftbar gemacht« (3, 353 f.).

Letzten Endes wird die ganze Gesellschaft nur »ein Büro und eine Fabrik mit gleicher Arbeit und gleichem Lohn sein« (1, 488). Das aber soll doch noch nicht das »letzte« Ende sein. Nach Lenin ist jene »»Fabrik‹disziplin, die das siegreiche Proletariat nach dem Sturz der Kapitalisten, nach Beseitigung der Ausbeuter auf die gesamte Gesellschaft erstrecken wird … nichts weniger als unser Ideal oder unser Endziel, sie ist nur eine *Stufe*, die notwendig ist, zur radikalen Reinigung der Gesellschaft von den Niederträchtigkeiten und Gemeinheiten der kapitalistischen Ausbeutung, eine Stufe, *um weiter* vorwärtsschreiten zu können« (1, 488).

Wie die unglücklichen Völker unseres Landes durch eigene bittere Erfahrung wissen, dauerte eine solche »radikale Reinigung«, von systematischen Massenrepressionen begleitet, mehr als 35 Jahre – bis zu Stalins Tod. Dabei erfüllten sowohl »Ideale« als auch »Endziele« ihre Funktion, indem sie der Rechtfertigung und ideologischen Legitimierung dieser »radikalen Gesellschaftsreinigung« dienten.

Es ging also darum, die sozialen Prozesse mit Hilfe von Gewalt und Terror, unter offener Androhung der »Lynchjustiz« durch die Massen, bis zu ihrem logischen Ende zu führen, die Weber als »Ägyptisierung« der Gesellschaft auf rationaler Grundlage beschrieb.

5. Totale Gewalt als Geburtshelferin des Totalitarismus

Die Methoden bei der Verwirklichung eines solchen Prozesses in seiner »revolutionär-demokratischen« Variante illustriert Lenin am Beispiel der »Brotkarte«, die er als »typische(s) Musterbeispiel der Regulierung des Verbrauchs in den modernen kapitalistischen Staaten« betrachtet. In seiner Sicht können wir wohl »an diesem Beispiel … am anschaulichsten die reaktionär-bürokratischen Methoden des Kampfes gegen die Katastrophe, die darauf angelegt sind, sich auf ein Minimum an Reformen zu beschränken, mit den revolutionär-demokratischen Methoden vergleichen, die … direkt die Aufgabe haben müssen, mit dem überlebten Alten gewaltsam zu brechen und die Vorwärtsbewegung möglichst zu beschleunigen« (3, 356).

Der Hauptfehler der »reaktionär-bürokratischen« Methoden staatlicher Regulierung des Verbrauchs – so Lenin – ist ihre Inkonsequenz, weil man davor zurückschrecke, direkte Gewalt über die Bevölkerung zu üben. Lenins »Regulierung« dagegen bedeutet letzten Endes eine gewaltsame Neuverteilung des Eigentums, wodurch jedermann gleich abhängig von der Zentralmacht wird, die ihrerseits an die egalitären Instinkte der niedrigsten Gesellschaftsschichten zu appellieren pflegt.

Die revolutionär-demokratische Politik hatte sich nach Lenin keineswegs auf die Brotkarten zu beschränken, sondern hatte auch eine ganze Reihe provisorischer und außerordentlicher Maßnahmen zu ergreifen. (Freilich haben sich diese Maßnahmen nach Verwirklichung der »proletarischen Revolution« und der »proletarischen Diktatur« als sehr stabil und dauerhaft erwiesen.)

In Wirklichkeit war es den (sowjetischen) kontrollierenden und verteilenden Instanzen weder möglich, noch war es erwünscht, eine »gleiche« Lebensmittelverteilung durchzusetzen: Statt dessen gab es eine »klassengerichtete« Verteilungspolitik, durch die an Stelle der alten eine neue, wohl viel härtere soziale Ungleichheit entstand. Denn bei wachsender Armut des Landes wurden jetzt meist nur wenige und ganz und gar unentbehrliche Produkte verteilt; und es galt bei allgemeiner Arbeitspflicht das Motto: »Wer nicht arbeitet, soll auch nicht essen«. Dies führte zu einer Zwangsbestimmung der Beschäftigungsart für jede soziale Gruppe und Schicht. Diese Realität hat die grausamsten Prognosen Webers über die Konsequenzen einer »universellen Bürokratisierung« noch übertroffen.

Die Hauptsache aber – unter theoretisch-methodologischen Gesichtspunkten – besteht hier darin, daß die »revolutionär-demokratischen« (nach dem Oktober des Jahres 1917 hießen sie revolutionär-sozialistischen) Maßnahmen die staatliche Expansion ins wirtschaftliche Leben der Gesellschaft, die allgemeine Bürokratisierung, nicht nur nicht vermieden, sondern sie in vorher unbekanntem Maße stimulierten. Die revolutionäre Demokratie oder der Sozialismus mit seiner »Regulierung von Produktion und Konsumtion« brachte eine zahlreichere und mächtigere Staatsbürokratie hervor als jene im militarisierten Deutschland von 1916-17, die bei Weber apokalyptische Vorgefühle und große Unruhe geweckt hatte.

Indem die Kommunistische Partei das Problem der Bürokratie überhaupt und das der Bürokratie neuer – totalitärer! – Art insbesondere durch das künstliche Problem des »Bürokratismus« ersetzte, blieben alle ihre »antibürokratischen« Anstrengungen nicht gegen die Ursachen, sondern nur gegen die Folgen der sich verstärkenden Bürokratisierung der sowjetischen Staatsordnung gerichtet. Ebendeshalb konnte in den zwanziger Jahren auch die »Neue Ökonomische Politik«, die den Bauern und den »kleinen Wirtschaftlern« Initiativfreiheit zurückgegeben hatte, die Bürokratisierung sozialer und staatlicher Strukturen nicht stoppen oder auch nur verlangsamen, trotz aller Prognosen und Hoffnungen der Autoren jener Neuen Politik, wie sie sich in dem berühmten Aufsatz »Über Naturalsteuer« (11) niederschlagen.

Das Bündnis des Sozialismus mit dem »Staatskapitalismus«, das – der Idee nach – vor allem auch gegen die Bürokratie gerichtet sein sollte, führte zur Entstehung neuer bürokratischer Strukturen, die eine Kontrolle zweiten Grades durchführen sollten, eine »Kontrolle der Kontrolle«, d. i. die Kontrolle eines »kultivierten«, »kulturellen Kapitalismus« über den »unkultivierten«, privatwirtschaftlichen. Also hat das Land, indem es die Zersplitterung des »kleinen Eigentums« und der privaten Wirtschaft zu überwinden suchte – weil diese, der Theorie nach, »Bürokratismus« erzeugten – zwei bürokratische Strukturen statt einer bekommen: die Halbbürokratie gezähmter Unternehmer, die nun vom proletarischen Staat abhingen, und den Staatsapparat selbst, der ihre Tätigkeit regulieren und kontrollieren sollte. Aber sowohl die erste als auch der zweite brauchten unbedingt noch eine Kontrolle durch eine politisch-ideologische Parteibürokratie... und so weiter und so fort.

Als Resultat haben diejenigen, in deren Händen das Schicksal des Landes lag, tatsächlich das bekommen, wonach sie strebten, nur haben sie damals noch nicht gewußt, daß dieses Ding einen Namen hat, nämlich »Totalitarismus«. In seiner »klassischen« Form existierte er in Rußland bis zum Tode Stalins. Aber auch während der nächsten drei Jahrzehnte konnten wir seine Reste nicht loswerden. Denn der Autoritarismus, der den Stalinschen Totalitarismus ablöste, suchte sich immer noch auf totalitäre Strukturen zu stützen, die aber immer ineffektiver wurden.

Die von Gorbačev erklärte Perestrojka bedeutet ein Ende dieses Zustandes. Ihr Schicksal wird davon abhängen, ob es uns gelingt, die verfaulten Reste der totalitären Strukturen loszuwerden. Neue, lebensfähige Strukturen müssen aufgebaut werden. Auch sie werden einen Apparat haben und also »bürokratisch« sein. Totalitaristischen Ansprüchen der Bürokratie kann nur auf dem Wege einer Teilung der Macht begegnet werden, zwischen Gesetzgeber und Exekutive, Wirtschaft und Politik, dem Zentrum und den lokalen Einheiten.

Dabei sollte man freilich das nüchterne Bewußtsein bewahren, daß die leere »Baustelle«, welche die Perestrojka – der »Umbau« – nach Demontage der totalitären Strukturen vor sich hat, zunächst nichts anderes darstellt als den vorgesellschaftlichen »natürlichen Zustand«, den Thomas Hobbes als den »Krieg aller gegen alle« beschrieb. Aber das ist schon ein anderes Thema.

II. Teil: Praxis
Der totalitäre Typ der Bürokratie

1. Vorbemerkung

Das Problem der Herrschaft, das Max Weber so sehr beschäftigte, steht heute wieder im Brennpunkt soziologischer und politologischer Interessen, wenigstens in unserem Lande – nach dem Zusammenbruch des sozialistischen Systems. Unsere Erfahrung der letzten Jahrzehnte bestätigt nicht nur die Aktualität und die Fruchtbarkeit der Weberschen Fragestellungen; sie erlaubt es auch, dieses Problem in einem neuen Lichte zu sehen und Webers Theorie der Bürokratie und der Herrschaft überhaupt in eine neue Richtung zu entwickeln. Wir sind verpflichtet, die tragischen Erfahrungen unserer jüngsten Vergangenheit von diesem Gesichtspunkt aus zu durchdenken; das macht es möglich, Webers Lehre von der Bürokratie nicht nur zu entwickeln, sondern auch in gewisser Hinsicht zu korrigieren. Denn jener Typ der Bürokratie, den Rußland unter Stalin zur Welt brachte, kann nicht adäquat verstanden werden, ohne daß einige wichtige Begriffe von Webers Theorie umgedeutet werden (vgl. 9; 10).

Die vorhandenen Konzeptionen der Geschichte des Sozialismus im zwanzigsten Jahrhundert sind kaum befriedigend.

Zu den vielen Clichés, die uns das wirkliche Ausmaß unserer heutigen Aufgaben verkennen lassen, gehört die verbreitete Vorstellung von den sogenannten »Deformationen« des Sozialismus. Alles, was uns am realen Sozialismus nicht gefällt: die zentralisierte Wirtschaft, die Massenmorde, der politische Terror, der ideologische Druck, wird als »Deformation« qualifiziert. Aber wo soll man bei so vielen Ausnahmen die Regel suchen? Wie kann man bei so vielen Deformationen den unverformten Sozialismus erkennen? Und wenn sich dann noch herausstellt, daß alles, was man heute als »Deformation« betrachtet, von den »Vätern« des Sozialismus als Ziel und Aufgabe formuliert wurde[1], erlebt man einen theoretischen Schock.

---

1 Das Beste, was bisher in der Sowjetunion zu diesem Thema veröffentlicht wurde, sind die Schriften von Alexandr Čipko über die *Quellen des Stalinismus*, die tatsächlich einen Schock in der Öffentlichkeit auslösten.

Noch weniger aussagefähig, aber noch verbreiteter ist der Begriff »Stalinismus«, womit man mehr als nur einen bestimmten Zeitabschnitt meint. Das Wort »Stalinismus« wird wie eine Zauberformel verwendet: Alles, was unsere Geschichte in den Jahren von Stalins Regierung kennzeichnet, wird nur mit seinem Namen und seiner Persönlichkeit verbunden; und um alles wiedergutzumachen, genügt es, »die Folgen des Stalinismus auszurotten« (wie die offizielle ideologische Doktrin zu Chruščevs Zeiten lautete). Diese »Folgen« aber haben sich als sehr beharrlich erwiesen: Sie leben fort, während ihre »Ursache« schon längst im Grabe liegt. Ist es kein Paradox, daß Folgen ohne Ursache existieren sollen? Oder gab es etwa für die »Deformationen« des Sozialismus auch andere Ursachen als Stalins unangenehme Persönlichkeit?

Um dieses Paradox zu lösen, sind unsere Publizisten zuerst den leichtesten und ausgetretensten Weg gegangen: Als Erklärung wurde die fragwürdige These von der ureigensten Neigung des russischen Volkes zur »starken« Staatsmacht vertreten. Damit wurde die Frage nach weiteren Ursachen überflüssig: Der Stalinkult (mit diesem euphemistischen Namen wurde die totalitäre Diktatur seit Chruščev offiziell bezeichnet) erschien nun als Folge der ewigen und natürlichen autoritären Sympathien des russischen Volkes. Dadurch haben unsere Historiker und Soziologen – vielleicht ohne es selbst zu merken – Joseph Stalin völlig rehabilitiert, indem sie die Verantwortung für alle Verbrechen der »Kult«-Epoche – sogar für Stalins persönliche, mit seiner eigenen Unterschrift bezeugte Übeltaten – dem Volk auferlegten, dem Hauptopfer dieser Verbrechen. Und es war nicht nur hier Opfer: Um jenes »Kult«-Regime zu errichten, war die kommunistische Macht gezwungen, das immer stärker widerstrebende Volk buchstäblich zu wechseln und sich ein anderes, passenderes zu schaffen – durch die sogenannte »Kollektivierung der Landwirtschaft« (d. h. durch das Massenexil und den Massenmord der Bauern) und durch die »sozialistische Umerziehung« von Millionen von Menschen in KZs, die Maksim Gorkij als »Schmiede neuer Menschen« so sehr begeisterten.

Als ein großer Fortschritt erschien im Vergleich dazu die neue, schon in Gorbačevs Zeiten entstandene Idee, daß »Deformationen des Sozialismus« nicht aus dem schlechten Charakter einer Persönlichkeit und nicht aus der Volkspsychologie zu erklären seien, sondern aus dem *System* – es wurde »administratives« und später »administrativ-bürokratisches System« genannt. Zwar klang das Wort »administrativ« zu zart und euphemistisch für all die Grausamkeit des Stalinschen Regimes. Auch erzeugt das Wort »System« einige irreführende, alle persönliche Verantwortung negierende Obertöne (wenn es ein System ist – also etwas fast ebenso Unabwendbares wie eine Naturnotwendigkeit –, dann hat auch ein Verbrecher wie Stalin wenig Schuld an dem, was mit dem Lande geschehen ist, denn was kann man schon gegen ein System ausrichten?). Zwar hatte Stalin dieses System geschaffen, dann aber begann es von selbst zu arbeiten. Er spielte hier sozusagen dieselbe Rolle wie Gott bei den Deisten: er gab dem System den Ur-Impuls.

Diese Konzeption ist sehr populär in Kreisen der »Intellektuellen« – wohl aus denselben Gründen wie den vorher beschriebenen. Die erste Variante erlaubte es, die Verantwortung für den Stalin-»Kult« auf das russische Volk mit seinen »monarchistischen Ur-Instinkten« abzuwälzen. Die zweite Variante machte dasselbe Volk für den furchtbaren Bürokratismus des sogenannten »administrativen Systems« verantwortlich (es hieß nun: »die ursprüngliche russische Vorliebe für Bürokraten«). Zwar wird dabei ein und dasselbe Volk einmal der Vorliebe für »Persönliches«, einmal der Vorliebe für »Unpersönliches« bezichtigt. Die Ankläger aber beirrt dies wenig, wie auch die Frage nicht, warum der Schöpfer des Systems – also das Volk mit seiner ursprünglich totalitären Psychologie – gegen dieses System einen so hartnäckigen Widerstand leistete (siehe z. B. die Statistik der Bauernaufstände in den Jahren 1918-1921).

Es gibt eine noch »unbequemere Frage«: Warum arbeitete dieses administrativ-bürokratische System um so effektiver (d. i. warum produzierte es um so mehr Stahl, Kohle, Erdöl u. ä.), je mehr Bauern proletarisiert, d. i. in ihres Eigentums beraubte Arbeiter und Angestellte der Großindustrie verwandelt wurden, aus denen sich die Bürokratie der untersten Ränge rekrutierte? Diese Frage ist für Anhänger der Konzeption einer »administrativ-bürokratischen Deformation des Sozialismus« so unbequem, daß sie sie nicht einmal an die Schwelle ihres theoretischen Bewußtseins kommen lassen möchten. Indessen gibt es eine Tatsache, die ihnen die Augen öffnen könnte: Ich meine die *direkte* und *unmittelbare* Verwandlung des allen Eigentums beraubten Lumpenproletariats in Industriebeamte des untersten Ranges.[2] Das hätte ihnen den Unterschied zwischen dem traditional-autoritären, dem formal-rationalen und dem neuen, dem totalitären Typ der Bürokratie klarmachen können. Auch ist es ein Hinweis darauf, wie leichtsinnig alle unsere Versuche sind, das Wesen der Stalinschen Bürokratie mit Hilfe verschiedener historischer Reminiszenzen und Analogien zu verstehen.

2. Totalitarismus, totalitäre Bürokratie und ihre historische Einzigartigkeit

Würden wir die so populäre historische Analogie zwischen sowjetischem Stalinismus und russischem Zarismus akzeptieren, würden wir bereits das Wesentliche außer acht lassen: die geschichtliche Einzigartigkeit des Phänomens, das bei uns zu Stalins Zeiten, in Italien zu Zeiten Mussolinis, in Deutschland zu Zeiten Hitlers, in China zu Zeiten Maos, in Kambodscha zu Zeiten Pol-Pots zum Vorschein kam – ich meine den Genozid an Klassen, Rassen, nationalen Gruppen oder an mehreren solcher ›Einheiten‹ zugleich. Es gibt viele Leute, die auch diese Phänomene auf historische Präzedenzien zurückführen möchten. Ihnen erwidere ich: Die unerhörte Menge von Opfern, welche die verschiedenen Liquidierungen von Klassen oder Nationen forderten, bezeugt schon allein quantitativ das Entstehen einer *ganz neuen* Situation.

Um gegen so viele Menschen Repressalien anzuwenden – um sie zu verbannen, in Gefängnisse oder KZs zu werfen, von Massenmorden ganz zu schweigen –, bedarf es eines riesengroßen bürokratischen Apparats. Vom Staatsminister bis zur untersten Beamtenschicht, wie z. B. der Lagerbewachung, zählte er viele Millionen. Dabei wurde dieser Apparat auch von einem Heer »inoffizieller Beamter« gestützt. Denn es ging ja nicht um einzelne, wenn auch gigantische Terroraktionen. Eine ganze Klasse oder Nation läßt sich nicht in einer Aktion vernichten.

2 Zu der Beziehung zwischen der Verlumpung bestimmter Gesellschaftsschichten (auch der Intelligenz) und der Bildung einer linken extremistischen Ideologie und eines entsprechenden Bewußtseins – Reproduzent der Idee eines »Kasernen-Kommunismus« – siehe mein Buch *Ästhetik des Nihilismus. Die Kunst und die ›Neuen Linken‹*, Moskau 1975.

Die Terroraktionen sollten »permanent« werden, das war schon die Forderung der »Väter und Gründer« des sowjetischen Systems (vgl. z. B. die Theorie der »permanenten Revolution« von Lev Trockij). Sie sollten in ein Element der alltäglichen Lebensweise verwandelt werden, und zwar in ein zentrales Element (vgl. 11, Bd. 3). Tatsächlich trat die repressive Tätigkeit ins Zentrum eines neuen Systems des Gesellschaftslebens: Der Strafapparat mit seinen Gefängnissen und Lagern wirkte weit über seine eigenen Grenzen hinaus und wurde von einer riesigen Armee der repressiven Bürokratie bedient, wobei sich alle anderen Gruppen der Bürokratie an diesem Vorbild zu orientieren hatten.

Darin besteht der erste prinzipielle Unterschied dieser neuen, »antibürgerlichen«[3] Bürokratie zur autoritären Bürokratie traditionaler Gesellschaften und zur rationalen Bürokratie industriell-kapitalistischer Länder. Weder der autoritären noch der rationalen Bürokratie war die Aufgabe gestellt, ganze Klassen, Schichten oder soziale Gruppen zu vernichten. Die Erfüllung dieser Aufgabe, *Vernichtung* nicht im metaphorischen, sondern im realen Sinn, machte die neue Bürokratie zu einem Verwaltungsorgan besonderer Art. Sie wurde zum Strafinstrument, zum Organ direkter, und zwar bewaffneter Gewalt.

Der zweite Charakterzug der neuen Bürokratie ist ihre Allgegenwart. Alltagsleben, Haus, Familie, Liebesverhältnisse, sogar das Verhältnis des Menschen zu sich selbst und zu seinen verborgensten Gedanken, auf all dies suchte diese Bürokratie einzuwirken. Stalin fühlte sich bekanntlich berechtigt, seinen Vertrauten die passenden Ehefrauen auszusuchen und auch zu bestimmen, wie ein Kunstwerk zu entstehen habe. Er nutzte sein Weisungsrecht gegenüber den größten Künstlern des Landes, wobei er selbst als Modell für seine Untergebenen diente. Hätte sich jemand geweigert, sich seiner »Leitung« zu widersetzen, wäre er ebenso Repressionen ausgesetzt gewesen wie jemand, der die Parteilinie in Politik oder Ökonomie verletzte.

All dies erlaubt es uns, den neuen Typ der Bürokratie als *totalitären* zu bestimmen, in prinzipiellem Unterschied zum autoritären und zum rationalbürgerlichen Typ. Dabei sind »Allgegenwart« dieser Bürokratie und ihr repressiver (Straf-)Charakter nicht zu-

---

3 Sie hat sofort ihre Feindseligkeit nicht nur gegen das Bürgertum, sondern auch gegen das Bauerntum und das Volk überhaupt offenbart.

fällig verbunden: Es stellte sich heraus, daß solche Allgegenwart einzig bei Androhung direkter Gewalt bis hin zum Erschießen möglich ist. Nur mit einer Pistole vor der Brust konnten Menschen zu Handlungen gezwungen werden, die zu ihrer Natur und ihren Traditionen in radikalem Widerspruch standen. Diese Art der Bürokratie kennt deshalb auch nur eine Sorge: ihren eigenen Willen durchzusetzen. Dafür gibt es keine Grenze – außer dem Willen des Führers.

Um wirklich total zu werden, das Ganze der Gesellschaft einnehmen zu können, muß die neue Bürokratie sich ununterbrochen selbst verwandeln (»umschmieden«): Das ganze Volk, jeder einzelne Mensch muß idealiter zum Beamten werden[4] – und sei es nur zum kleinen, winzig kleinen Beamten, aber immer im Dienste der Bürokratie. Während die autoritäre Bürokratie ihre Aufgabe darin sieht, traditionale Strukturen des Gesellschaftslebens zu erhalten, die rationale Bürokratie aber darin, ihr *formales* Ziel der Effektivität zu sichern, ist das höchste Ziel der totalitären Bürokratie Macht, scheinbar um des Kommunismus, aber eigentlich um der Macht willen, d. h. um sich selbst zu erhöhen und zu befestigen.

Dies ist zwar für jeden Typ der Bürokratie charakteristisch, doch die anderen Typen bleiben durch überbürokratische Prinzipien beschränkt (z. B. durch traditionelle Werte oder durch Zweckmäßigkeitsforderungen). Hier jedoch wird die Bürokratie zum ersten Mal autark, sich selbst genug. Der »Führer« der Bürokratie ist durch einen absoluten Willen zur Macht gekennzeichnet (und die Macht der Bürokratie wird dadurch nicht beschränkt, sondern entwickelt und erweitert).

3. Verlumpung der Gesellschaft als Bedingung der Selbstbehauptung der neuen Bürokratie

Diese Macht verlangt, daß alles, womit sie zu tun hat, in ein absolut plastisches, völlig amorphes Material verwandelt werde, aus dem man *alles* nach Belieben neu formen kann. Die Gesellschaft muß in einen amorphen, strukturlosen Zustand gebracht werden. Das ist die prinzipielle Voraussetzung und Bedingung für Selbstbehauptung und Entwicklung der totalitären Bürokratie. Alles,

4 Vgl. Oswald Spengler, *Preussentum und Sozialismus*, München 1920.

was dem Menschen (oder einer sozialen Gruppe) Selbständigkeit geben konnte, alles, was ihm kraft eigener Anstrengung und Arbeit gehörte, jede vom Staat unabhängige soziale Beziehung, wie die Familien-, Verwandtschafts-, Freundschafts- und Nachbarschaftsbeziehung, mußte erbarmungslos ausgerottet werden. Denn all dies bedeutete eine *potentielle Schranke* für den bürokratischen Willen zur Macht.

Das ideale Objekt für solch totalitär-bürokratische Macht ist der Lump[5], der »wurzellose« Mensch – ohne Besitz, ohne Tradition, eine soziale »tabula rasa«, in die – wie es Mao während der chinesischen Kulturrevolution zu sagen pflegte – man jede beliebige Hieroglyphe einritzen kann. Dieser Lump wird zum Vorbild, nach dem alle anderen Gesellschaftsschichten »umgeschmiedet« werden sollen, so daß sie sich in eine strukturlose »soziale Masse« verwandeln; und gleichzeitig wird er zum Hauptwerkzeug dieser allgemeinen Nivellierung, dieser bewußt erzeugten sozialen Entropie.

Das geschah in Rußland während des sogenannten »Kriegskommunismus« und, zehn Jahre später, während der Kollektivierung. Das geschah in der Folge bei jeder großen »Säuberung« der Partei und der Gesellschaft – so wurden die regelmäßigen Wellen der Repression genannt.[6] Letzten Endes hatten all diese Maßnahmen dasselbe soziale Ziel: Ausrottung aller spontan entstehenden Strukturelemente, die der totalitären Bürokratie hätten gefährlich werden können.

Die einzig zulässige Strukturierung in der totalitären Gesellschaft ist die von oben dekretierte. Als solche hat sie von Beginn an einen durchaus *bürokratischen* Charakter. Alle anderen Strukturierungen stehen unter Verdacht, denn die Bürokratie ist geneigt, jedes nicht vom Staate (»Diktatur des Proletariats«) inspirierte Interesse als staatsfeindlich zu betrachten. Folglich wird es unter Strafe gestellt (z. B. als »konterrevolutionäre Tätigkeit« qualifiziert).

Der schlimmste Einfluß auf den sittlichen Zustand des Volkes ging von der Tatsache aus, daß vom Standpunkt des Staates und seiner Gesetze jede informelle soziale Verbindung als antisozial, ja als kriminell angesehen wurde. Mehr noch: Vor Gericht wurden wirklich kriminelle Handlungen sogar milder bestraft. Denn dort,

5 Vgl. Hannah Arendt (11, Bd. 3).
6 Vgl. ebd.

wo ein (sowjetischer) Bürokrat eine Handlung nicht als kriminell qualifizieren konnte, war er geneigt, sie als »konterrevolutionär« zu betrachten, und dieses Delikt mußte viel strenger bestraft werden.

Verbrecher gelten dem sozialistischen Strafrecht als noch sozialisierbare Elemente, als Personen, welche die Natur der neuen Gesellschaftsordnung noch nicht gut genug verstanden haben und deshalb »umerzogen« werden können; »Konterrevolutionäre« dagegen sind asozial und werden entsprechend behandelt. So kam es, daß in sowjetischen KZs, wo Kriminelle zusammen mit den »Politischen« gehalten wurden, nur jene Ämter im Lager übernehmen konnten – und so die letzte Stufe der Beamtenhierarchie bildeten.

Aber dieser total-bürokratische Wahnsinn, gekrönt vom Größenwahn des »Führers«, hatte seine Logik: Die Tendenz zur sozialen Destrukturierung war von Beginn an kein uneigennütziger, unpraktischer Traum selbstloser Reformatoren des Lebens. Die neue Bürokratie zeigte sofort ihren Praktizismus: Schon die Utopie, die »revolutionäre Phantasie«, war im Prinzip bürokratisch, und als die neue Macht das ganze Leben umzuorganisieren begann, handelte sie nach diesem bürokratischen Vorbild, was keine Deformation der ursprünglichen und, wie man zu sagen pflegt, »wehrlosen« Utopie, sondern ihre konsequente Umsetzung bedeutete.

Tatsächlich wurde jener »Traum« sofort verwirklicht: mit Hilfe von Gewehren und Artillerie. Es war der Traum von der »allgemeinen Gleichheit« – nicht von einer relativen rechtlichen Gleichberechtigung, sondern von einer absoluten überrechtlichen Gleichheit – in einem durch Welt- und Bürgerkrieg schon *verlumpten* Land. Das aber bedeutete soziale Destrukturierung, soziale Entropie.

Diese soziale Entropie machte den Bürokraten zu einer auf allen Gebieten notwendigen Figur: in Wirtschaft und Recht, Kultur und Alltagsleben, in persönlichen und intimen Verhältnissen – überall wurde er unentbehrlich. Er stiftete Beziehungen, wo alle überkommenen sozial notwendigen Beziehungen zwischen den Menschen vernichtet waren.

4. Totalitäre Bürokratie und »scheincharismatischer Führungsanspruch«.[7] Der »absolute Führer« der Bürokratie neuen Typs

Damit eröffneten sich phantastische, historisch einmalige Perspektiven der *Machtkonzentration* für jenen, dem es gelang, an die Spitze dieses Apparats zu gelangen. Nachdem die totale Bürokratisierung mit der Revolution eingeleitet worden war, konnte es nicht lange dauern, bis Personen auftauchten, denen all diese grandiosen Möglichkeiten bewußt wurden und ohne die der Apparat sich unvollständig fühlte. Ein »Vožd'« war verlangt, ein Führer, für den es keine Werte außer Macht gibt und der folglich jedes Menschenleben dem Gott der Macht aufzuopfern bereit ist. Für einen solchen Führer ist es um so leichter, dem Volk zu erklären, daß alle Opfer dem Volkswohl dienen, je fester er selbst davon überzeugt ist, daß es kein anderes »Wohl« als das der Macht gibt.

Deshalb scheint die Frage: Kam zuerst die Bürokratie oder der Führer? scholastisch zu sein, wie die berühmte Frage nach dem Verhältnis von Huhn und Ei. Außerdem, was soll man hier Huhn, was Ei nennen: Stalin, der *mehr als irgend jemand* sonst für diese *totalitäre Bürokratie* tat, oder diese Bürokratie, die ihn mit jedem Schritt ihrer Entwicklung immer mehr in seiner Überzeugung festigte, daß seine Macht *absolut* und unbeschränkt sei – so daß uns der bekannte autoritär-monarchistische Absolutismus dagegen wie ein Kinderspiel vorkommt. Ohne einen Führer von der Art Stalins wäre die sowjetische Form der totalitären Bürokratie ebenso undenkbar gewesen wie jener ohne diese.

Der totalitäre Führer, d. h. der durch kein Gesetz beschränkte Machthaber, kennt nur ein Mittel, seine Macht über die von ihm selbst geschaffene und protegierte Bürokratie zu bewahren: Er muß den bürokratischen Apparat immer wieder »durchrütteln«, »säubern«. Denn die totalitäre Bürokratie, deren höchstes Prinzip Befestigung und Verbreitung ihrer Macht ist, neigt ebenso dazu, ihren Führer und Schöpfer zu verschlingen, wie er selbst geneigt ist, seine wirklichen oder scheinbaren Nachfolger, die innerhalb des bürokratischen Apparats »heranreifen«, zu vernichten. Dadurch entsteht auch innerhalb des Apparats jene permanente Spannung, unter die er die gesamte Gesellschaft setzt.

7 Vgl. Guenther Roth (14, 58-68).

Es wäe naiv zu glauben, dieser Mechanismus der »erweiterten Reproduktion« der Bürokratie durch ihre ständigen »Säuberungen« habe zuerst im Kopfe seines Erfinders existiert und sei erst später realisiert worden. Dieser Mechanismus entstand gleichzeitig mit dieser Bürokratie – vor allem mit der Parteibürokratie. Letztere wuchs mit unglaublicher Geschwindigkeit an: Schon in den Jahren des Kriegskommunismus erreichte ihre Zahl vier bis fünf Millionen! Es war kein spontanes Wachstum: Der Prozeß wurde im Zentrum koordiniert, von wo der Personalbestand kontrolliert wurde.

Nach Lenins Tod entwickelte der sich konsolidierende Apparat immer mehr den Wunsch, an seiner Spitze einen »passenden«, durch ihn selbst geförderten Menschen zu haben. Verschiedene Partei-Fraktionen stellten ihre Führer auf. Ein Kampf setzte ein, gedämpft noch in den letzten Jahren von Lenins Leben, erbittert und grausam nach seinem Tode. Er galt nicht so sehr der ideologischen »Parteilinie« als vielmehr der Beherrschung des Apparats. Im Laufe dieses Kampfes wurde bald diese, bald jene Fraktion unterdrückt. Später war dies das probate Mittel, um den Apparat zu zähmen. Der außerhalb des totalitär-bürokratischen Apparats begonnene Prozeß drang *in seine eigene Struktur* ein, verwandelte sich in den von »oben« geleiteten Mechanismus seines inneren Funktionierens. Ende der zwanziger, Anfang der dreißiger Jahre war klar, daß der totalitär-bürokratische Apparat nur mittels eines vom Führer initiierten Prozesses des Sich-selbst-Verzehrens funktionieren konnte. Dies war die einzige Weise, wie er sich bei Erhaltung seiner Struktur erneuern konnte. Deshalb ist die Rede von der totalitären Bürokratie als einer »neuen Klasse«[8] problematisch – jedenfalls in theoretischer Hinsicht.

Der Apparat war ein *durchaus spezifisches ›soziales Gebilde‹*: Er gewährte seinen Mitgliedern zwar gewisse Privilegien, aber der Hauptvorteil fehlte: persönliche Sicherheit. Je größer die Privilegien der obersten Beamten wurden, desto wahrscheinlicher wurde auch die Gefahr, sie mit Jahrzehnten im Lager oder Gefängnis, vielleicht sogar mit dem Leben zu bezahlen. Nur auf diese Weise konnte dieses paradoxe Gebilde sich als Instrument der alles durchdringenden politischen Macht bestätigen: indem es die ohnedies schon maßlose Macht *seines* Führers vergrößerte. Und je

8 Vgl. Milovan Djilas (12) und M. Voslensky (13).

größer die Führermacht wurde, desto unsicherer wurde die Existenz jeder neuen Generation von Bürokraten.

5. Funktionen der neuen Bürokratie.
Der Preis des bürokratischen »Fortschritts«

Daß die totalitäre Bürokratie und ihr Führer von einem ungezügelten Willen zur Macht besessen sind, schließt keineswegs aus, daß sie auch bestimmte Nebenfunktionen erfüllen. Manche Soziologen sind geneigt, darin eine Art »funktioneller« (12, 39, 41, 63, 67, 76) Rechtfertigung dieses neuen Typs der Bürokratie zu sehen. Unter solchen »sekundären« Funktionen wird am häufigsten die »Ordnung« erwähnt, welche die Bürokratie in einem durch zwei furchtbare Kriege völlig zerstörten Land und mit einem durch zwei Revolutionen demoralisierten Volk schaffen mußte. Als zweite sekundäre Funktion gilt die »Mobilisierungsfähigkeit«: Die neue Bürokratie löste erfolgreich solche Aufgaben, die eine große Konzentration menschlicher und materieller Ressourcen erforderten. So wurde ein Niveau der Kohle-, Erdöl- und Stahlproduktion erreicht, das in soziologischen *Modernisierungstheorien* als – vielleicht einziges ernst zu nehmendes – Argument zugunsten der Bürokratie neuen Typs verwendet werden konnte. Dabei aber vergißt man freilich immer den *Preis*, den Land und Volk für diese totalitär-bürokratische Praxis zu zahlen hatten. Heute kann man oft Ausrufe hören wie: »Zu Stalins Zeit gab es Ordnung!« Dabei darf man aber neben den ganz vernünftigen Fragen: Wer spricht so, warum, und was will er damit erreichen? die Hauptfrage nicht vergessen: Was war dies für eine Ordnung – und zu welchem Preis? Denn in den Jahrzehnten ihres »Funktionierens« zeigte die Stalinsche Bürokratie einleuchtend, daß sie nur *eine* Art von »Ordnung« zu schaffen vermochte: die »alte« Welt bis ins Fundament zu zerstören, wie es die »Internationale« besingt. Ihr gelang es, die Gesellschaft in einen amorphen Zustand zu bringen, alle sie strukturierenden Sozialverhältnisse zu liquidieren und erst dann neue »organisierende Elemente«, und zwar *militärischer* Art einzuführen. Deren Besonderheit machen die Worte des Militärkommissars Trockij deutlich, wonach jeder Soldat der Roten Armee die Straforgane der neuen Macht mehr fürchten sollte als den Feind und seine Geschosse.

Aber eine solche soziale Organisation, deren *notwendige Bedingung* soziale *Desorganisation* ist, kann man nur mit Mühe »Ordnung« nennen. Denn dort, wo die bunte Vielfalt menschlicher Verhältnisse auf eine einzige *militär*-politische hierarchische Abhängigkeit reduziert ist, wird die *Ordnung* um den Preis prinzipieller *Unordnung* erreicht: Soziale Desintegration und Desorganisation werden *nicht* überwunden, sondern verstärkt und vertieft. Um diese Ordnung zu erhalten, mußte man ständig Situationen größter Spannung im Lande künstlich erzeugen: durch einen Belagerungs- oder Ausnahmezustand, einen wirklichen inneren oder äußeren Krieg oder die propagandistische Dramatisierung einer Kriegsgefahr. Auch dürfen wir nicht jene furchtbare Unordnung vergessen, die jahrzehntelang in den Gebieten herrschte, in die die totalitäre Bürokratie mit ihrem einzigen Ordnungsprinzip, der sich auf direkte bewaffnete Gewalt stützenden *politischen Macht,* eindrang: Wirtschaft, Technik, Wissenschaft, Kultur, Kunst, Sittlichkeit.

Hier auch ein Wort zur »beschleunigten Modernisierung« von Industrie und Landwirtschaft, womit viele Soziologen bei uns und im Westen die »historische Notwendigkeit« und das Verdienst unserer totalitären Bürokratie beschreiben, mußte doch Rußland aus »uralter Rückständigkeit« herausgeholt werden. Zuerst möchte ich auf den Urheber dieser Vorstellung verweisen. Alle diese Argumente finden wir in Vorträgen und Schriften Joseph Stalins. Mit den betörenden »Millionen« Tonnen Kohle, Stahl, Getreide suchte er die Erinnerung an die anderen »Millionen« zu tilgen: von Erschossenen, Verhungerten, Verbannten und in den Lagern Verschollenen. In den 70 Jahren Sowjetmacht büßte das Land mehr als ein Viertel seiner Bevölkerung ein. (Dabei sind die Opfer des Zweiten Weltkriegs nicht mitgezählt, aber auch sie hätten nicht diese Zahl erreicht, wäre die Armee anders organisiert gewesen und der Krieg anders geführt worden.)

Außerdem war z. B. Deutschland kein Land »uralter Rückständigkeit«, als die Nazis zur Macht kamen und ihre Variante totalitärer Bürokratie verwirklichten. Also ist das Problem des Totalitarismus nicht ausschließlich mit dem der »Rückständigkeit« verbunden, wie es uns heute so viele – bewußte und unbewußte – Apologeten der »unvermeidlichen Notwendigkeit« totalitärer Bürokratie einreden wollen. Ihnen gilt diese Bürokratie als die einzige Kraft, mit deren Hilfe »industriell rückständige« Länder

»beschleunigt modernisiert« werden können (vgl. Voslensky 13, 226-228).

6. Ursprünge der Bürokratie des neuen Typs
Bürokratisierung und »Verbürgerlichung«

Um der Gerechtigkeit willen müssen wir betonen, daß Lenin – im *Unterschied* zu Trockij und Stalin – die Gefahr der Bürokratisierung der neuen Macht ernsthaft beunruhigte. *Im Gegensatz* zu Stalin und Trockij verband er Bürokratisierung in der Spätphase seines Denkens nicht mehr nur mit »bürgerlichen Elementen« der »alten Welt« – vor allem wurden damals die Bauern als solche betrachtet –, *sondern auch mit den inneren Funktionsmechanismen der neuen Macht selbst*. Hätte Lenin bis zum Schluß den Bürokratismus nur mit Bürgerlichkeit identifiziert, hätte er nie seine »Neue Ökonomische Politik« erklären können – ein »Zugeständnis an den Klassenfeind«, wie es die »linken Kommunisten« ausdrückten.

Die »Linken«, mit ihrer dogmatisch-bürokratischen Denkungsart, waren geneigt, alle Ursprünge und Quellen des Bürokratismus nach außen, in die »nicht klassenbewußten«, kleinbürgerlichen Elemente, zu verlegen, d. h. in das, was noch außerhalb der bürokratischen Kontrolle geblieben war. Ausdruck solch radikallinker antibürgerlicher Stimmung bei gleichzeitiger heftiger Abneigung gegen die »Neue Ökonomische Politik« und ebenso heftiger Nostalgie nach den Zeiten des Kriegskommunismus sind die späteren Gedichte und Theaterstücke von Vladimir I. Majakovskij.

Bis 1928, solange die »Neue Ökonomische Politik« Staatspolitik blieb, äußerte sich diese »linke« (antibürgerliche) Stimmung im Kampf gegen das »spießbürgerliche Philistertum«. Im Laufe dieser Kampagne erklarte die neue Bürokratie ihr Recht, sich in das Privatleben der Bürger einzumischen. Heute wird deutlich, daß die »Neue Ökonomische Politik« Möglichkeiten für eine *andere, nicht totalitäre* Modernisierungsform der russischen Wirtschaft eröffnet hätte. Dies bedeutete eine *reale Gefahr* für den bürokratischen Apparat. Denn dort, wo sich *ökonomische*, d. i. Markt- und Ware-Geld-Verhältnisse, herausbilden, wird kein staatsbürokratischer Vermittler und Kontrolleur mehr gebraucht.

Um so wütender widersetzte sich die durch Allmacht und Nicht-Verantwortlichkeit bereits verdorbene neue Bürokratie dieser neuen ökonomischen Politik, die sie als gefährliche, zunächst kleinbürgerliche, dann großbürgerliche Degeneration der Revolution und Ursprung allseitiger Bürokratisierung der Gesellschaft geißelte. Also blieb damals der Streit über die Ursprünge der Bürokratisierung keineswegs abstrakt-theoretisch. Es ging um Leben oder Tod der totalitären Bürokratie.

Heute ist in Rußland eine weitere Idee sehr in Mode. Man sagt, es sei der Partei-Bürokratie gelungen, das Volk dadurch zu täuschen, daß man mit grandiosen Industriebaustellen seine Begeisterung weckte: mit Magnitogorsk und gigantischen Wasserkraftwerken – wobei es freilich richtiger wäre, an den Belomorkanal und die anderen Riesenbaustellen zu erinnern, auf denen Zwangsarbeit verrichtet wurde. Aber wie auch immer: Das Volk war nicht so dumm und bei weitem nicht so enthusiastisch, wie man es heute suggerieren will. Wenn ein sowjetischer »Durchschnittsmensch« auf dem Roten Platz oder in einer Versammlung »Hurra!« schrie und applaudierte, sollte man zuerst nach den wahren Gründen seines Benehmens fragen, ob ihn »Enthusiasmus« oder Angst erfüllte, die Angst, daß mangelnder Enthusiasmus als Illoyalität gedeutet werden könnte. Die Folgen waren allen Sowjetbürgern gut bekannt: Vorladung oder nächtliche Verhaftung ohne Vorankündigung – und dann Anwendung des § 58 des Strafgesetzes, wonach auf Vaterlandsverrat zehn Jahre Gefängnis oder gar Erschießen standen.

Es gab aber damals auch viele – wenngleich nicht »das Volk« oder die Durchschnittsmenschen –, deren Enthusiasmus echt war. Diese mußten sich selbst und anderen ständig beweisen, daß ihre Methode »beschleunigter Industrialisierung« des Landes *nicht nur die effektivste*, sondern auch die *einzig richtige und wohltuende* sei. Ebendiese Schicht, die neuen totalitären Bürokraten, traten damals als aktive Kämpfer gegen die sogenannten »Doppelzüngler« auf (vgl. das »Doppeldenken« bei George Orwell). Diese Kampagne inszenierte der Führer selbst: Er konnte nie den Verdacht loswerden, daß nicht jeder ihm ein langes Leben wünschte, der »Es lebe der Genosse Stalin!« schrie.

Der sogenannte »Volksenthusiasmus« wuchs denn auch während dieses Kampfes gegen die Doppelzüngigkeit. Die Mittel dieses Kampfes waren einfach genug, Majakovskij nannte sie »Genosse

Mauser«: Wer die Echtheit seines Enthusiasmus *nicht* beweisen konnte, mußte bestraft werden. Bei den Römern hieß es: »Cum tacent clamant«, d. h. »Sie schreien mit ihrem Schweigen«. Totalitäre Regime unseres Jahrhunderts haben auch hier ihre Korrekturen angebracht, und das alte Wort muß jetzt umgekehrt werden: »Mit ihrem Schreien schweigen sie«. Wenn man Gewehre auf sie richtet, schreien die Menschen gewöhnlich alles, was man befiehlt, und so laut, wie es gefordert wird.

7. Die totalitär-bürokratische Revolution

Die Wahl zwischen den beiden »Modellen« ökonomischer Modernisierung verlief also gar nicht glatt und leicht. Die Frage, wie sie sich damals stellte, kann – grob – mit folgenden Worten formuliert werden: Auf wessen Kosten wird die Modernisierung und werden weitere industrielle Entwicklungen durchgeführt? Auf Kosten des Volkes, das in diesem Falle nach der kurzen Atempause, die die »Neue Ökonomische Politik« gewährte, den Gürtel wieder enger schnallen muß? Oder auf Kosten der neuen Bürokratie, die dann entweder ihre *politische Macht aufgeben und sich in eine rational funktionierende Administration verwandeln oder ganz von der Bühne abtreten* muß? Stellt man die Frage so, versteht man sofort, welche Antwort jene Leute geben mußten, die dies zu entscheiden hatten und denen die *Macht gehörte,* die Leiter der neuen Bürokratie.

Die an der Spitze der verschiedenen Zweige des bürokratischen Apparats stehenden Parteiführer betrachteten diesen Apparat als ein *»Werkzeug der Revolution«,* die noch zu vollenden sei. Und die Grundfrage der Revolution war, wie zu Lenins Zeiten, die *Machtfrage.* Deshalb mußten sie jede Beschränkung oder Verringerung der Macht des von ihnen geleiteten Apparats als »Zugeständnis an die Konterrevolution« ablehnen: *zugunsten* der Bürokratie (sprich der »Revolution«) und *wider* das Volk (sprich: das »konterrevolutionäre« oder »kleinbürgerliche Element«).

Zwar war die Entscheidung, so formuliert, leichter zu treffen als zu verwirklichen. Denn entscheiden konnte man allein, für die Verwirklichung brauchte man das Volk. Aber was, wenn dieses an der getroffenen Entscheidung nicht interessiert war? Bertolt Brecht sagte einmal, dann löse der moderne Diktator eben das

Volk auf und wähle sich ein neues. Etwas in dieser Art bot der Führer der totalitären Bürokratie den russischen Bauern, der überwiegenden Mehrheit der Bevölkerung, als klar wurde, daß diese keineswegs sein Modell »beschleunigter Industrialisierung« zu ihren Lasten akzeptieren würden. Dieser Volksneubau erhielt den Namen »Kollektivierung der Landwirtschaft«. Auf militärisch-bürokratische Weise wurde das Bauerntum total »neu zugeschnitten«, weil man ein »Volk« bekommen wollte, das sich nicht mehr Stalins Wunsch widersetzte, eine moderne Schwerindustrie – Voraussetzung moderner Kriegführung – um jeden Preis und in unglaublich kurzer Zeit zu schaffen.

Aber je mehr Neubauten es in der Schwerindustrie gab, welche übrigens den realen Wohlstand des Volkes weder damals noch später verbesserten, desto mehr Möglichkeiten gab es für hohe und mittlere Parteibeamte, Karriere zu machen. Für sie trug diese totalitär-bürokratische Förderung der Industrie reiche Früchte, in Gestalt von Wohnungen und Villen, Spezialsanatorien und Delikatessen, Dienstwagen und Prestige (13). Deshalb war ihr Enthusiasmus für die »Riesenbauten des Kommunismus« so echt und innig – welchen Preis auch immer Land und Volk für diese Bauten zahlen mußten. Sogar die Massenrepressalien konnten diesen aufrichtigen Enthusiasmus nicht abkühlen.

Eine der Hauptvoraussetzungen für den »Neuzuschnitt«, die Verwandlung des Volkes in eine gehorsame Masse, war *die Entfremdung der Werktätigen vom Eigentum*. Ihr lag der ursprüngliche Akt gewaltsamer Expropriation der wohlhabenden Bevölkerungsschichten zugrunde. Danach sollte neu verteilt werden. Aber diese Verteilung war nur scheinbar ausgleichend, denn Verteilungskriterium war hier nicht, wieviel man schon hatte, sondern *wie intensiv die Teilnahme am Expropriationsakt* gewesen war. Wer an Konfiskationen wenig oder gar nicht teilnahm, riskierte, beim nächsten Mal sich vom Subjekt ins Objekt der Expropriation zu verwandeln.

Die Hauptsache aber bestand darin, daß unter dem Deckmantel solcher Umverteilung des Eigentums in der Landwirtschaft sich eine reale Massenkonfiskation der Produktion zugunsten – wie es damals hieß – der »Arbeiter«, der »Stadt«, vollzog, tatsächlich zugunsten derjenigen, denen das Recht (oder das Privileg) gehörte, über expropriiertes Eigentum nach eigenem Ermessen zu verfügen. (Eigentlich erinnert das an revolutionäre »Expropriationsakte«, auf die Stalin sich als junger Bolschewik vor dem Jahr 1917 spezialisiert hatte.) Jedenfalls faßte das Volk die Kollektivierung nie als Wiederherstellung sozialer Gerechtigkeit auf – dies wurde unter anderem auch seinem »geringen Klassenbewußtsein« und der »Idiotie des Landlebens« zugeschrieben.

Der Führer hatte recht, als er die Kollektivierung mit einer Revolution verglich. Nur hätte er hinzufügen sollen, daß es eine totalitär-bürokratische Revolution von oben war.

Öfters hört man, daß die Revolution, obwohl von oben initiiert, doch auch »von unten« unterstützt worden sei. Was aber bedeutet dieses »von unten«? Die Ideologie der dreißiger Jahre wandte einen listigen Trick an: Als »untere Volksschichten« bezeichnete sie jene, die sich tatsächlich unter der Grenze jeder Sozialität überhaupt befanden – Strolche und Kriminelle, welche seit Gorkijs Zeiten in der russisch-sowjetischen Literatur immer wieder poetisiert wurden. Damals und heute gestehen sogar radikal-linke Ideologen und Publizisten zu: *Nur* diese Art Mensch konnte man für die Idee der Kollektivierung begeistern (I. Kljamkin). Aber »etwa ein Drittel der Landbevölkerung« machte dieser Abschaum gewiß nicht aus. Die »Begeisterung« der übrigen, selbst der ärmsten Bauern existierte nur auf den ersten Seiten der Zeitungen und in Propagandafilmen von der Art der von Eisenstein so hoch gepriesenen Werke *Bauern* (von Ermler) und *Habgier* (von Medvedkin).

Die Kollektivierung der Landwirtschaft bedeutete also nichts anderes als die *Entfremdung* des Bauern von den Produkten seiner Arbeit, obwohl dies als deren »Vergesellschaftung« ausgegeben wurde. Das Wort »Vergesellschaftung« bezeichnete von nun an die Tatsache, daß das Recht, über Eigentum und Produktion zu verfügen, an die Bürokratie überging. Damit wurde das letzte Hindernis aus dem Wege geräumt, die Industrie durch Mobilisierung aller materiellen und menschlichen Ressourcen des Landes total-burokratisch zu entwickeln. Nun konnte man erklären, in der Sowjetunion sei der »Sozialismus« errichtet. Denn für die Bürokratie und ihren Führer bedeutete »Sozialismus« nichts anderes als das unbeschränkte Recht, über alle Ressourcen des Landes nach eigenem Ermessen zu verfügen und jenen Teil, den man – nolens volens – für den »Volksbedarf« vorsehen mußte, allein zu bestimmen.

8. »Säuberungen« als Form der Lenkung
des bürokratischen Apparats

Als Stalin im Jahre 1937 den »völligen und endgültigen« Sieg des Sozialismus feierlich verkündete, nahm dies die neue Bürokratie mit brausendem Beifall entgegen, denn es war ja ihr eigener Sieg, der da verkündet wurde. Damals ahnte sie noch kaum, was dieser »Sieg« für sie selbst und vor allem für ihre oberste Schicht bedeutete. Zwar hätte sie die Gleichzeitigkeit von politischen Schauprozessen und lebensfrohen Siegestrompeten aufmerken lassen müssen. Doch der Sieg des neuen bürokratischen Apparats schien total. Freilich, wo sollte man nun den »inneren Feind« suchen, ohne welchen dieser Apparat im Prinzip nicht arbeiten konnte? Ohne viel Mühe ließ sich logisch folgern, daß dieser Feind jetzt *nur* noch innerhalb des Apparats selbst zu suchen war.

Dieser Kampf gegen den sich im Apparat versteckenden Feind kam dem »Führer des siegreichen Sozialismus« sehr gelegen. Er wurde sein Hauptmittel, den allzu groß gewordenen Apparat zu lenken. Die Zahl der Beamten verringern konnte er nicht – dies hätte die Verringerung seiner eigenen Macht bedeutet. Es blieb ihm also nichts anderes übrig, als seine Macht über den Apparat *durch Terror* (die sogenannten »politischen Prozesse«) zu behaupten. Die »Säuberungen« wurden durch Vergrößerung der »Gaben« an jene kompensiert, die an die Stelle der erschossenen, manchmal auch nur verhafteten Beamten traten, oder an jene, die dank einem glücklichen Zufall sich hatten retten können.

Heute ist dies für die meisten Theoretiker des Sozialismus ein unlösbares Problem: Wie konnte Stalin »seine« Gefolgsleute derart unterdrücken? Ebenso naiv wie die Frage ist die übliche Antwort: Für Stalin waren diese Leute nicht mehr »seine«. Nachdem er Diktator geworden war, wurde ihm alles, was zur Revolution und zum »wahren« Sozialismus gehörte, fremd. Nein, jene Hunderttausende von Parteifunktionären, die oft aufgrund von Befehlen, die seine Unterschrift trugen, verhaftet und erschossen wurden, waren für ihn weder die »Seinen« noch die »Fremden«. Sie waren »Apparat« – unpersönliches Werkzeug der totalen Macht, das die persönliche Macht des Führers verstärkte und von ihm gehandhabt werden mußte.

In die Spitze des Apparats, die Stalin seit der zweiten Hälfte der dreißiger Jahre in wiederkehrenden Abständen abschnitt, gerieten

Ende der dreißiger Jahre – also unmittelbar vor dem Zweiten Weltkrieg – alle höheren Offiziere der Armee. Aber selbst unter jenen, die dies als eines der Hauptverbrechen Stalins betrachten, gibt es viele, die immer noch dem totalitär-ideologischen Mythos anhängen, eine große Leistung Stalins und seiner »Staatsordnung« sei es gewesen, die Sowjetunion im Zweiten Weltkrieg zum Sieg zu führen. Wir stellen hier unsere übliche Frage: *Um welchen* Preis? Wie viele Millionen an Toten und Krüppeln bezahlte dieses Volk, das, wie es in Geschichtsbüchern heißt, diesen »historischen Sieg unter der weisen Führung des Genossen Stalin« erstritt? Vielleicht hätte dieser Preis um einiges niedriger gelegen, wäre der Krieg nicht unter seiner Leitung geführt worden, der keine anderen als die totalitär-bürokratischen Kriegführungsmethoden kannte?

Überzeugt, daß »der Sieger nicht gerichtet wird«, ließ sich Stalin durch ein einziges Kriegführungsprinzip leiten: Sieg um jeden Preis! Indessen ist das Grundprinzip der Kriegskunst immer ein anderes gewesen: maximale Erfolge bei *minimalen Verlusten*.

Dieser Sieg wurde dank der größten Selbstaufopferung unseres Volkes erreicht, es war und bleibt *sein* Sieg. Die astronomische Zahl von Opfern bezeugt dagegen unwiderlegbar, daß das totalitär-bürokratische System in diesem Kriege eine *Niederlage* erlitt und sich als unfähig erwies.

Nach dem siegreichen Krieg erwarteten viele eine Milderung des Strafregimes. Aber nach allem, was oben gesagt wurde, ist es nicht verwunderlich, daß die Tribunale – die »Trojka« und andere – im und nach dem Krieg ihre Aktivität noch steigerten. Nach einem Ausdruck des sowjetischen Dichters B. Sluckij hämmerten sie während des Krieges im Hinterland Tag und Nacht auf die Schreibmaschine. Der totalitär-bürokratische Apparat wuchs immer noch – in die Breite wie in die Tiefe, und für seine Existenz brauchte er immer neue Feinde, besser innere als äußere, für die es doch Soldaten gab. Allerdings wurde der Kampf gegen »äußere Feinde« jetzt in Form des »kalten«, ideologischen Krieges geführt, wiederum von derselben Parteibürokratie.

Allerschwerste Strafen trafen nach dem Kriege alle Kriegsgefangenen: Aus den deutschen KZs wurden sie sofort nach Sibirien transportiert, nur weil sie es vorgezogen hatten, sich gefangenzugeben statt Selbstmord zu begehen, wie es in einem Befehl Stalins vom Sommer 1941 stand. Das bezeugt noch einmal die bekannte

Tatsache: daß die neue Bürokratie das ganze Volk zu bloßem Material degradierte.

9. Die Achillesferse des Totalitarismus:
Totalitarismus und Autoritarismus

Das Schicksal des Totalitarismus war im siegreichen und im besiegten Lande nach dem Kriege sehr verschieden, was den Gedanken von Karl Jaspers bestätigt, der Totalitarismus besitze *keine innere Fähigkeit zur Selbstüberwindung.* Nur in einem irrte sich Jaspers, nämlich in der Behauptung, er könne nur infolge einer Kriegsniederlage und Okkupation vernichtet werden. Es gibt noch eine zweite Macht, den Tod, der irgendwann auch den Führer ergreift.

Der Führer der totalitären Bürokratie ist nicht nur ihre Triebkraft, sondern auch ihr *verwundbarster und schwächster Punkt.* In seinen Händen laufen zu viele Fäden zusammen, mit deren Hilfe er den unübersehbaren bürokratischen Apparat in Bewegung setzt, als daß sein Tod diesen Apparat nicht mit Zerstörung bedrohte, falls sich nicht sofort ein adäquater Ersatzmann finden läßt. »Adäquat« meint, daß der Nachfolger bereit sein muß, mit einer neuen und unverzüglichen Welle von Repressalien den Apparat zu bezähmen, um sich durch diesen »Massen«-Aderlaß als echter Führer zu behaupten. (Es ist wohlbekannt, daß Stalin vor seinem Tode eine neue Welle solchen Massenterrors vorbereitete. Die Prozesse der sogenannten »Ärzte-Giftmörder« waren erste Signale dazu.)

Aber inwiefern war der Apparat selbst für einen solchen neuen Schock bereit? Denn nach dem Tode des Diktators mußte er nun ja *selbst* durchführen, was vorher Stalin regelmäßig durchgeführt hatte, mußte also, bildlich gesprochen, sich selbst die Adern öffnen.

Sofort nach Stalins Tod brach hinter den politischen Kulissen zwischen den Prätendenten der Kampf um den Führerposten los. Er war besonders heftig, weil klar war, daß jeder Prätendent, der scheiterte, eines der ersten Opfer des »Nachfolgers« sein würde. Diejenigen, die von vornherein nur geringe Chancen hatten, den Thron zu besteigen, und folglich große Chancen, erste Opfer zu werden, hatten damals die glückliche Idee, ihre Anstrengungen zu vereinigen, um die Gefahr abzuwehren, daß ein Führer von der Art Stalins an die Macht kam, der keine Einschränkungen seiner Diktatur dulden würde. So entstand die Idee einer »kollektiven Führung« der kommunistischen Partei: Dieser Zusammenschluß gegen alle Ansprüche einzelner Personen auf unbegrenzte Macht war also eine einfache Vorsichtsmaßnahme der Selbsterhaltung.

Die Hauptsache aber bestand darin, daß *Repressalien*, die bereits geplant und vorbereitet waren, zunächst *verschoben* und später überhaupt eingeschränkt wurden. Damit erhielt das totalitäre System einen Schlag, der es erschütterte – was jenen, die ihn geführt hatten, entging.

Unter diesem Gesichtspunkt wäre es nicht nutzlos, auch die *historische* Bedeutung des 20. Parteitages und der Chruščev-Rede neu zu betrachten. Entscheidend war nicht die Aufdeckung der ungeheuerlichen Verbrechen Stalins, die nicht nur die KPdSU tief beeindruckte. Entscheidend war, daß die Partei- und Staatsführer der Sowjetunion das Wort »Verbrechen« laut aussprachen und damit öffentlich auf Massenrepressalien verzichteten, ohne die der Totalitarismus im Prinzip undenkbar ist. Denn ohne Repressalien, die jeden Augenblick, auch in einer vermeintlichen »Atempause«, möglich sind und immer unerwartet ausbrechen, ist das Regime kein totalitäres mehr. Selbst wenn alte totalitäre Strukturen weiter bestehen, wenn die Führer noch das politische, wirtschaftliche, kulturelle Leben des Landes einschnüren – aus dem Totalitarismus ist *Autoritarismus* geworden, mit allen sich daraus ergebenden Folgen, die auch eine *allmähliche Umwandlung* totalitärer Strukturen in autoritäre ermöglichen. Ohne jene einzigartige Atmosphäre *allgemeiner Angst,* welche durch die immer drohende Möglichkeit eines Todesurteils für jeden Menschen ohne Ausnahme geschaffen wird, ist die *totale Einmischung* der Bürokratie ins menschliche Leben überhaupt unmöglich. Und ohne solche Einmischung gibt es keinen Totalitarismus.

Wohl behielt Nikita Chruščev viele Gewohnheiten bei, die die früheren Führer entwickelt hatten. So faßte er unüberlegte Entschlüsse und, was noch schlimmer ist, ließ sie verwirklichen. Er konnte im Gespräch mit westlichen Diplomaten oder einheimischen Intellektuellen, statt zu argumentieren, mit der Faust auf den Tisch schlagen. Aber er war ein Gegner von all dem, was Wesen und Kern der totalitären Verwaltung ausmachte: Er wollte keine Massenmorde und überhaupt keine Todesurteile aus politischen Gründen. Erst unter Chruščev endete der Bürgerkrieg, den die totalitäre Bürokratie gegen »ihr eigenes« Volk geführt hatte.

Allerdings haben weder Chruščev noch die anderen, mit ihm in die Staatsführung gekommenen Parteileiter verstanden, daß man sich hier *auf Halbheiten nicht beschränken durfte*. Nachdem man auf das Hauptinstrument totalitär-bürokratischer Staatsverwaltung verzichtet hatte, war es unzulässig, alles übrige unverändert zu lassen.

Wohl haben auch sie klar genug die »Notwendigkeit der Reformen« bezeugt – das Wort »Reformen« lag sozusagen in der Luft jener »Tauwetterjahre«. Aber unter »Reform« wurden nur ökonomische Änderungen verstanden, mit deren Hilfe man die zahlreichen Löcher in der Volkswirtschaft zu stopfen hoffte.

Die jahrzehntelang nur durch militärpolitische Abschreckungsmittel in Bewegung gehaltene totalitäre Wirtschaft konnte aber nicht nur mit *rein ökonomischen* Maßnahmen reformiert werden. Da alle die Wirtschaft paralysierenden *politischen* Strukturen unverändert blieben, mußte jede, auch eine »rein ökonomische« Maßnahme sich in einen administrativ-bürokratischen »Voluntarismus« verwandeln. Denn für totalitäre bürokratische, an bedingungsloser Selbsterhaltung orientierte Strukturen blieben sachliche Interessen – in diesem Fall die Interessen effektiver Wirtschaftsentwicklung – bestenfalls zweitrangig.

Effizienz auf wirtschaftlichem Gebiet wurde gewöhnlich durch Kaderversetzung zu erreichen versucht. Wenn das nicht half, griff man zu einem Wundermittel: Die erste beste organisatorische oder technische Erfindung wurde propagandistisch hochgespielt und zwangsweise eingeführt. Oft erwies sich so eine Neuerung als leere Projektemacherei, und sie wurde bald stillschweigend begraben. Aber die zu ihrer Einführung geschaffenen bürokratischen Strukturen existierten weiter, sie entwickelten und vergrößerten sich sogar, gewannen an Zahl und Macht, obwohl es die Sache, derentwegen sie geschaffen wurden, längst nicht mehr gab. Dieser hauptsächlich durch seinen Selbsterhaltungstrieb geleitete Apparat verschlang schließlich den gescheiterten Reformator Chruščev und unterstützte den ihm bequemeren Leonid Brežnev – einen Leiter des *autoritären Typs*, der im voraus schon damit einverstanden war, zu herrschen, ohne zu regieren, d. i. ohne sich in die Selbstentwicklung des Apparates einzumischen.

Dieses »Laisser-faire« begünstigte die allmähliche »Partikularisierung« der Bürokratie, ihren Zerfall in mehrere voneinander unabhängige »freischwebende« Strukturen (und Gruppen oder »Cliquen«) sowohl im Zentrum als auch an der »Peripherie« – und besonders an der »Peripherie«, wo lokale Beamte bald den Status von Diadochen wie beim Zerfall von Alexanders Reich beanspruchten (vgl. 14, 69-74).

Es war nicht nur eine »Flaute« (wie man heute sagt), sondern auch eine recht *explosive* Situation – das bezeugt auch die Intervention in Afghanistan, deren Ziel es war, einen »Ausnahmezustand« im Land zu schaffen, der eine Umgestaltung unseres ganzen Systems notwendig, ja lebenswichtig erscheinen ließ.

10. Der Zusammenbruch des Totalitarismus: Die Notwendigkeit umfassender Reformen

Nach vielen Jahrzehnten ihrer Herrschaft ist die totalitäre Bürokratie in alle Poren unserer Gesellschaft eingedrungen, was eine völlige Umwandlung der einfachsten und fundamentalsten sozialen Verhältnisse zur Folge hatte. Also wäre es naiv, anzunehmen, daß der Umbau (»Perestrojka«) innerhalb »kürzester Frist« vollendet werden könnte. »Perestrojka« ist vielmehr der Name für *eine ganze* (und zwar lange) *Epoche*, in welcher wir bereits verschiedene Perioden unterscheiden können.

Die allgemeine Aufgabe dieser Epoche ist es, die tief eingewurzelten, obgleich teilweise verfaulten totalitären Strukturen auszurotten und neue soziale Zusammenhänge zu stiften. Da es sich hier um soziale Organik handelt, braucht man dafür auch *organische* Methoden, keine bürokratischen. Glücklicherweise gelang es der modernen Wissenschaft noch nicht, die embryonale Entwicklung des Kindes im Mutterleibe künstlich zu »beschleunigen«. Auch das durch Implantieren fremder totalitär-bürokratischer Strukturen beschädigte soziale Gewebe braucht seine Zeit, um organisch zu vernarben.

Natürlich fängt der Gesellschaftsleib an zu »bluten«, wenn diese fremden und antiorganischen Strukturen aus seinem verwundeten Zellgewebe entfernt werden. Aber ohne dies ist eine *Selbstheilung* der Gesellschaft, die eine lange Periode des Totalitarismus hinter sich hat, undenkbar. Ohne dies gewinnt sie ihre Fähigkeit zur *selbständigen* organischen Entwicklung nicht zurück. Die Folgen der jahrzehntelangen chirurgischen Operation, die der Totalitarismus an uns verübte, sind schrecklich: Unter dem Implantat kommt ein völlig *amorphes* soziales Gewebe zum Vorschein – wie von den revolutionären Chirurgen gewollt.

So entdecken wir heute, daß der Totalitarismus uns den sogenannten »wissenschaftlichen und technischen Fortschritt« (der jetzt das letzte Argument zugunsten des Sozialismus ist) um einen allzu hohen Preis bescherte: Das Land (oder die Bevölkerung) mußte ihn mit extremer *sozialer Regression* bezahlen. Die Bevölkerung wurde in einen vor-sozialen Zustand versetzt; in einen »Krieg aller gegen alle«, in einen *unerklärten Bürgerkrieg*, »von oben«, vom »Führer selbst«, legitimiert und stimuliert. Dies ist die wirkliche Erbschaft »des charismatischen Führers«, und verglichen damit klingt all das Gerede von der Tradition des »autokratischen Despotismus«, von den »Überbleibseln der asiatischen Produktionsweise« wie kindliches Lallen. Denn all dies gehört schon einem gesellschaftlichen, nicht einem *vorgesellschaftlichen* Zustand an. Wir aber müssen einen Gesellschaftszustand erst wieder erreichen, und erst dann kann es um die »*bürgerliche* Gesellschaft« und um die *Rechts*gesellschaft gehen.

Sich von einem vorgesellschaftlichen Zustand, der sowohl totalitär-bürokratische wie auch autoritär-mafiaartige antisoziale Tendenzen fördert, in einen nicht bloß gesellschaftlichen, sondern bürgerlichen Zustand zu erheben – das ist die *große* Aufgabe, vor die unser Land und unser leidgeprüftes Volk heute gestellt sind.

Literatur

1. Lenin, V.I., »Staat und Revolution«, in: V.I. Lenin, *Werke*, Bd. 25, Berlin, 3. Aufl. 1972, S. 393-507.
2. Weber, M., »Parlament und Regierung im neugeordneten Deutschland. Zur politischen Kritik des Beamtentums und Parlamentarismus«, in: *Max Weber-Gesamtausgabe*, Bd. I/15, Tübingen 1984.
3. Lenin, V.I., »Die drohende Katastrophe und wie man sie bekämpfen soll«, in: V.I. Lenin, *Werke*, Bd. 25, Berlin, 3. Aufl. 1972, S. 327-377.
4. Lenin, V.I., »Werden die Bolschewiki die Staatsmacht behaupten?«, in: V.I. Lenin, *Werke*, Bd. 26, Berlin, 3. Aufl. 1972, S. 69-121.
5. Weber, M., *Wirtschaft und Gesellschaft*, Tübingen 1985.
6. Weber, M., »Wahlrecht und Demokratie in Deutschland«, in: *Max Weber-Gesamtausgabe*, Bd. I/15, Tübingen 1984.

7. Weber, M., »Der Sozialismus«, in: *Max Weber-Gesamtausgabe*, Bd. I/15, Tübingen 1984.

8. Schluchter, W., *Aspekte bürokratischer Herrschaft. Studien zur Interpretation der fortschreitenden Industriegesellschaft*, Frankfurt am Main 1985.

9. Davydov, J. N., »Totalitarism i totalitarnaja bjurokratija«, in: *Nauka i žizn*, Moskva 1989, Nr. 8, S. 44-51.

10. Davydov, J. N., »Totalitarism i bjurokratija«, in: *Političeskoje samoobrazovanie*, Moskva 1989, Nr. 16, S. 52-61.

11. Arendt, H., *Elemente und Ursprünge totaler Herrschaft*, Bde. 1-3, Frankfurt/Berlin/Wien 1975.

12. Djilas, M., *Die neue Klasse. Eine Analyse des kommunistischen Systems*, München 1957.

13. Voslensky, M., *Nomenklatura. Die herrschende Klasse der Sowjet-Union*, Wien/München/Zürich/Innsbruck 1980.

14. Roth, G., *Politische Herrschaft und persönliche Freiheit. Heidelberger Max Weber-Vorlesungen 1983*, Frankfurt am Main 1987.

15. Rossi, P., *Vom Historismus zur historischen Sozialwissenschaft. Heidelberger Max Weber-Vorlesungen 1985*, Frankfurt am Main 1987.

Max Weber und die Geschichtswissenschaft in der Sowjetunion in den zwanziger und dreißiger Jahren

Vorbemerkung

Im Jahre 1981 erschien ein Buch von Johannes Weiß mit dem Titel *Das Werk Max Webers in der marxistischen Rezeption und Kritik.* Hier werden ziemlich ausführlich auch die Max Weber gewidmeten Schriften russischer Autoren analysiert. Interessanterweise schließt Weiß seine Betrachtung der zwanziger Jahre (in diese Zeit fallen vor allem die Aufsätze von A. I. Neusychin und W. Stoklicka-Tereskovic über die Soziologie Webers) mit folgenden Worten: »Daß diese mit großem Interesse und weitgehender Zustimmung begonnene Auseinandersetzung marxistischer Autoren mit Webers Stadt-Untersuchung bis heute keine Fortsetzung und Entfaltung erfahren hat, ist nicht leicht zu erklären. Der Grund kann nicht darin liegen, daß Webers Untersuchungen mittlerweile in der historisch-sozialwissenschaftlichen (und insbesondere mediävistischen) Stadtforschung nicht-marxistischer Provenienz eine bedeutende Wirkung entfaltet hätten oder darin gar eine dominierende Rolle spielten.«[1]

Wenn ein so gründlicher Forscher und Kenner der marxistischen Weber-Literatur nicht zu erklären vermag, warum eine so fruchtbare Herangehensweise an das Werk Webers wie die von Neusychin später nicht weiterentwickelt und vertieft wurde, so gibt es hier wirklich ein Rätsel, dessen Lösung es uns vielleicht erlaubt, die Besonderheiten der sowjetischen Geschichtswissenschaft und Soziologie zu verstehen.

---

1 Johannes Weiß, *Das Werk Max Webers in der marxistischen Rezeption und Kritik,* Opladen 1981, S. 132 f.

Die zwanziger Jahre
D. M. Petruševskij

In den zwanziger Jahren gelang es noch nicht, die wissenschaftliche Tradition aus dem vorrevolutionären Rußland zu brechen. Und obwohl 1922 auf Lenins Befehl die bekanntesten Philosophen, Historiker, Kulturforscher aus Rußland verbannt worden waren, gab es noch viele Geisteswissenschaftler, die vor der Revolution nicht nur ihre Bildung erworben, sondern sich auch schon in der Wissenschaft einen Namen gemacht hatten. Zu denen, deren Arbeiten in den zwanziger Jahren erschienen und – wie Johannes Weiß richtig bemerkt – nicht weitergeführt wurden, müssen der berühmte russische Mediävist D. M. Petruševskij (gest. 1942) und sein Schüler A. I. Neusychin (1898-1969) gerechnet werden.

D. M. Petruševskij stammte aus der Schule von P. Vinogradov, dessen Werke um die Jahrhundertwende sowohl in Rußland als auch in Europa sehr bekannt waren. (Sein Buch *Die englische Gesellschaft im 17. Jahrhundert* wurde 1908 ins Englische übersetzt.) Petruševskijs Interesse für Wirtschaftsgeschichte bildete sich unter dem Einfluß von Petr Struve – einer der Führer der Konstitutionell-Demokratischen Partei, bedeutender Historiker der Politischen Ökonomie und Vertreter des sogenannten »legalen Marxismus« in Rußland. Schon zu Beginn des 20. Jahrhunderts wandte sich Struve vom Marxismus ab und – wie andere liberal orientierte Wissenschaftler, unter denen wir später auch Petruševskij finden – Kant und dem Neukantianismus zu. Petruševskij übernahm die antinaturalistische Konzeption der Kulturwissenschaften von Wilhelm Windelband und Heinrich Rickert, und es überrascht nicht, daß er Webers Aufsätze über die Methodologie der Kulturwissenschaften begeistert aufnahm. In seinem Buch *Grundrisse der Wirtschaftsgeschichte des mittelalterlichen Europa* (Moskau 1928) behandelte er Webers methodologische Prinzipien in einer großen Einleitung mit dem Titel »Über einige logische Probleme der modernen Geschichtswissenschaft«. Nach Petruševskij vereinigte Max Weber »in seiner Person den Denker und den Spezialisten, besaß er sowohl ein tiefgehendes und feines Verständnis für die logischen und methodologischen Fragen der Sozialwissenschaften als auch erstklassige Kenntnisse in vielen ihrer Fächer«.[2]

Ebenso wie Max Weber lernte Petruševskij vieles von der historischen Schule der Nationalökonomie; zur abstrakt-deduktiven Methode, die von den meisten Wirtschaftswissenschaftlern auch auf die Geschichte angewendet wurde, verhielt er sich sehr kritisch. Nach Petruševskij erlaubt eine solche Methodologie einem Ökonomen nicht, ein wirklicher Historiker zu werden – von ganz seltenen Ausnahmen abgesehen. »Die herausragendste Ausnahme ist Max Weber, der Verfasser der berühmten ›Römischen Agrargeschichte‹ und der noch bedeutenderen ›Agrargeschichte des Altertums‹ – um von anderen Werken ganz zu schweigen.«[3]

Die neukantianische Unterscheidung zwischen Naturwissenschaften, die allgemeine Gesetze feststellen, und Kulturwissenschaften, die die individuelle Besonderheit geschichtlicher Phänomene darstellen, übernahm Petruševskij ohne Vorbehalte. Er betont, Max Weber habe die neukantianische geschichtswissenschaftliche Methode am produktivsten angewandt und die methodologischen Mittel der sozialgeschichtlichen Forschung vertieft und im Detail ausgearbeitet. »Die Idee einer besonderen logischen Natur der Kulturwissenschaften, die durch eine besonders enge Verbundenheit ihrer Objekte mit Wertideen bedingt ist, wurde bei Max Weber mit großer Gründlichkeit entwickelt.«[4] Am höchsten schätzte Petruševskij Webers Schrift »Die ›Objektivität‹ sozialwissenschaftlicher und sozialpolitischer Erkenntnis«, die er ausführlich analysierte. Die wichtigsten Momente sind seiner Meinung nach die folgenden:

1. Die Objektivität sozialwissenschaftlicher Erkenntnis wird durch die überempirische Geltung der höchsten Wertideen garantiert, welche unsere Erkenntnisinteressen und dadurch auch den Forschungsgegenstand und das methodologische Instrumentarium bestimmen.

2. Obwohl das Ziel des Historikers Erkennntis des Individuellen ist, bedeutet dies keineswegs, daß die Kulturwissenschaften keine allgemeinen, abstrakten Begriffe gebrauchen dürften. Ohne nomologisches Wissen ist eine Zurechnung konkreter Folgen zu konkreten Ursachen unmöglich. Dabei ist aber die Bildung allge-

2 D. M. Petruševskij, *Očerki po ekonomičeskoj istorii srednevekovoj Evropy*, Moskva-Leningrad 1928, S. 28.
3 Ebd., S. 48.
4 Ebd., S. 28.

meiner Begriffe nicht Ziel, sondern nur Mittel der geschichtlichen Erkenntnis. »Die in ihren Grundaufgaben individualisierende Geschichtswissenschaft«, schreibt Petruševskij, »ist ihren Mitteln nach eine generalisierende Wissenschaft.«[5] Mit Weber stimmt Petruševskij darin überein, daß dort, wo die Individualität eines Phänomens untersucht wird, die Frage nach den Ursachen keine Frage nach Gesetzen, sondern eine Frage nach konkreten kausalen Zusammenhängen ist. Die Aufgabe des Historikers besteht also nicht darin, eine Erscheinung dem allgemeinen Gesetz unterzuordnen, sondern darin, sie einer individuellen Konstellation als ihr Resultat zuzurechnen.[6]

3. Die größte Aufmerksamkeit des russischen Historikers zieht Webers Lehre von den Begriffen als Idealtypen auf sich. In seiner Kritik der Abbildtheorie behauptet er immer wieder – darin Max Weber folgend –, daß der Idealtypus eine Konstruktion ist, die keineswegs mit der geschichtlichen Wirklichkeit identifiziert werden darf. Diese Konstruktion bleibt immer eine Utopie, obwohl sie eine große heuristische Bedeutung haben mag. In der Einführung dieser Kategorie sah Petruševskij Webers vielleicht größte Leistung. »Die Idealtypen von Max Weber ... sind den charakteristischen Konstruktionen der abstrakten ökonomischen Wissenschaft sehr verwandt ... Dabei besteht Webers Verdienst darin, daß er die logische Herkunft solcher Konstruktionen klar einsichtig macht und sie einer eingehenden logischen Bearbeitung unterzieht. So verwandelt sich ein Hausmittel der abstrakten ökonomischen Theorie in das feinste logische Instrument der Kulturforschung, mit dessen Hilfe Licht und methodologische Klarheit in alle Zweige der Kulturwissenschaft gebracht werden. Den Idealtypen von Max Weber gehört ohne Zweifel eine sehr große methodologische Rolle in der Zukunft, die sie wohl schon jetzt zu spielen beginnen.«[7]

Der von Weber neu eingeführte Begriff erlaubt es, so Petruševskij, das Hauptvorurteil des Naturalismus auszurotten: die Verwechslung der Theorie mit dem realen geschichtlichen Prozeß, eine Verwechslung, die Folge einer unkritischen Entlehnung des Be-

5 Ebd., S. 42.
6 Max Weber, *Gesammelte Aufsätze zur Wissenschaftslehre*, Tübingen 1922, S. 178.
7 Petruševskij, *Očerki po ekonomičeskoj istorii...*, a.a.O., S. 42.

griffs »Gesetz« aus den Naturwissenschaften ist. Im Jahre 1928 konnte sich Petruševskij aus naheliegenden Gründen nicht direkt und eindeutig zu diesem Thema äußern. Zu dieser Zeit durfte sich niemand in Rußland straflos von diesem naturalistischen Vorurteil absetzen, weil es das methodologische Fundament des historischen Materialismus bildete, der nun zur Staatsideologie geworden war. Man brauchte aber keinen besonderen Scharfblick, um zu verstehen, daß hier vor allem vom marxistischen Schema der historischen Entwicklung die Rede war, von seinem Anspruch – in Analogie zu den Naturwissenschaften –, die unverbrüchlichen *Gesetze* des geschichtlichen Prozesses festzustellen. »Der Begriff ›Gesetz‹«, schreibt Petruševskij, »wurde von den Kulturwissenschaften aus der Naturforschung entlehnt und völlig unkritisch in seiner naturalistischen Bedeutung übernommen; er wurde unverändert auf die Phänomene der gesellschaftlichen Entwicklung übertragen, wobei man sicher war, daß die Gesetze dieser Entwicklung, ihre notwendigen Phasen und Stufen, für beliebige Menschengesellschaften ohne prinzipielle Schwierigkeiten ›entdeckt‹ werden können.«[8]

Natürlich war es nicht Marx allein, der seine historische Entwicklungskonzeption auf jenes naturalistische Fundament gründete. Im Zeichen des Naturalismus entwickelte sich auch die positivistische Soziologie. In der zweiten Hälfte des 19. Jahrhunderts herrschte der Naturalismus in allen Sozialwissenschaften auch in Gestalt des Evolutionismus, der die Mentalität der meisten Historiker, Soziologen, Linguisten, Literatur- und Kunstwissenschaftler bestimmte. Die marxistische Theorie der Gesellschaftsformationen wurde in jener Periode der allgemeinen Evolutionsbegeisterung geboren. Nach Petruševskij erlaubt es der Webersche Begriff des Idealtypus, an der Evolutionsidee die notwendigen Korrekturen anzubringen. »Die Evolutionsidee als solche wurde in den Sozialwissenschaften gewissermaßen kompromittiert, nachdem sich die scheinbar besten Evolutionsschemata allenfalls als künstliche Konstruktionen erwiesen hatten, in denen die gleichzeitig existierenden Phänomene und Formen in eine gerichtete Entwicklungsreihe gebracht waren.«[9] Max Weber demonstrierte mehrmals die Haltlosigkeit solcher Evolutionsschemata,

8 Ebd., S. 45.
9 Ebd., S. 45.

z. B. in seiner Untersuchung zur Geschichte der antiken und mit-telalterlichen Stadt.

Besonders frei und ungezügelt konnte sich die evolutionistische Phantasie mit ihrer Vorliebe für abstrakte Konstruktionen auf dem Felde der Urgesellschaft ergehen. Marx betrachtete die Urge-sellschaft als den Paradieszustand der Menschheit (Agrarkommu-nismus als Ausgangspunkt der Entwicklung aller Gesellschaften). Dadurch wurde auf eine pseudoempirische Weise bestätigt, daß das kommunistische Ideal, weil in der Vergangenheit schon einmal verwirklicht, auch in der Zukunft realisierbar sei. Hier gab es viel Glauben und wenig Kritik, bemerkte Petruševskij in bezug auf das Thema Urgesellschaft. »Die Urgeschichte selbst ist als Thema heute sehr stark kompromittiert – sei es die Urgemeinschaft ver-schiedener Völker und Stämme in Afrika und Australien, die bei den Anhängern der komparativen Methode besonders populär sind, seien es verschiedene Urformen der agrarischen, militäri-schen und anderer Gesellschaftsordnungen in der Frühzeit der europäischen Völker von der Antike bis zur Neuzeit.«[10]

Die Gedanken Petruševskijs stimmen völlig mit denen Webers überein, indem jener in den Phantasien zur Urgesellschaft eine allgemeine Tendenz zur Stilisierung und Vereinfachung (Vulgari-sierung) dessen sah, was in Wirklichkeit ein kompliziertes Pro-dukt des tief in die Dunkelheit der Jahrhunderte sich erstrecken-den Prozesses »einer durchaus individuellen... Entwicklung ist«.[11]

Nach Petruševskij hilft uns Max Weber mit seinen logischen Un-tersuchungen, uns vom Diktat des methodologischen Naturalis-mus zu befreien, und seine Forderung, die Idealtypen auf konkretes geschichtliches Material anzuwenden, setzt den uferlo-sen abstrakten Spekulationen ein Ende – jenem Steckenpferd vieler Tausender halbgebildeter marxistischer Historiker, wie wir heute (nach 75jähriger Erfahrung) hinzusetzen könnten.

Wir haben somit in Petruševskij, einem der bekanntesten russi-schen Historiker, einen Schüler und Nachfolger Max Webers vor uns. In den methodologischen Prinzipien des deutschen Sozio-logen sah er die Alternative zum Marxismus, und – was besonders bemerkenswert ist – dies wollte er weder verheimlichen noch

10 Ebd.
11 Ebd., S. 92.

camouflieren. Zwar durfte Petruševskij den Marxismus nicht offen kritisieren, und daher spricht er immer nur vom »methodologischen Naturalismus« – von dem aber eine Variante eben die marxistische Konzeption der geschichtlichen Entwicklung ist.

Eine solche Unabhängigkeit von der herrschenden Staatsideologie konnte natürlich auch in den zwanziger Jahren nicht ungestraft bleiben. Das Buch von Petruševskij durfte zwar erscheinen, war aber mit einem Vorwort im Namen »des Verlags« versehen, das als Warnung an die Leser dienen sollte: »In seinem Werk, und besonders in der Einleitung, äußert der Autor Ansichten, mit denen wir bestimmt nicht einverstanden sein können.«[12] Der anonyme Verfasser des Vorworts kritisiert Petruševskij, weil er in der Nachfolge Rickerts und Webers moralische Kategorien, wie Werte, in die wissenschaftliche Sphäre hineingetragen habe. Das Hauptobjekt seiner Kritik aber ist der von Petruševskij übernommene Begriff des »Idealtypus«, der weder mit dem dialektischen Verständnis der Wirklichkeit noch mit Marxens Lehre von den Gesellschaftsformationen vereinbar sei, auf die sich das ganze Gebäude der kommunistischen Ideologie stützt.

Obwohl in den zwanziger Jahren ein solches Werk noch publiziert werden konnte, war dies schon damals nur jenen wenigen großen Wissenschaftlern möglich, deren Autorität bereits vor der Revolution allgemein anerkannt gewesen war (»bourgeoise Fachleute«, nach einem Ausdruck von Lenin). Der anonyme Verfasser warnt den Leser im Vorwort denn auch vor solchen »fremden« Wissenschaftlern, gegenüber denen man wachsam bleiben müsse: »Dieses Buch, von einem hervorragenden nichtmarxistischen Historiker geschrieben, ist für unseren heutigen marxistischen Leser überaus lehrreich... Es enthält ein umfangreiches Faktenmaterial und erlaubt dem Leser, sich kritisch zu den Schlußfolgerungen des Verfassers zu stellen, indem es ihm ein Mittel für selbständige Schlußfolgerungen und Verallgemeinerungen an die Hand gibt.«[13]

Bald nach seinem Erscheinen geriet Petruševskijs Buch in das ver-

12 Ebd. S. 5.
13 Ebd., S. 15. Ein solcher marxistisch orientierter Leser reagierte auf das Werk von Petruševskij folgendermaßen: »Vor kurzem ist in der russischen Literatur D. M. Petruševskij als Verteidiger der Philosophie von Windelband, Rickert und Max Weber hervorgetreten... Für Petruševskij ist der Kapitalismus nur ein Gedankenbild, das in seiner

nichtende Artilleriefeuer der marxistischen Kritik: Es wurde speziell dafür eine Diskussion (»prorabotka«) angesetzt. Daran nahm auch der offizielle marxistische Historiker M. N. Pokrovskij teil, damals Stellvertretender Volksbildungsminister (Volkskommissar). Er beschuldigte den Angeklagten Petruševskij der schwersten Sünde – des »offenen Antimarxismus«.[14] Mit gleichen Anklagen traten auch alle anderen »Diskussionsteilnehmer« auf, so daß die ganze Prozedur keineswegs einen theoretischen, sondern einen politisch-ideologischen Charakter bekam, wie es damals üblich war.[15] Nur zwei Stimmen paßten nicht in den allgemeinen harmonischen Chor: die von A. I. Neusychin und die von E. A. Kominskij. Neusychin trat entschlossen an die Seite seines Lehrers, wozu es in jenen Jahren nicht nur wissenschaftlicher Redlichkeit, sondern auch großen Mutes bedurfte. Denn zu den Verbrechen von Petruševskij zählte auch das politisch schwerwiegendste: Er hatte »bürgerliche Wissenschaftler« als seine Lehrer anerkannt! »D. M. Petruševskij«, schreibt die heutige Historikerin S. Neretina, »der sich selbst als Anhänger der Schule von Alfons Dopsch und Max Weber bezeichnete, hat bis zu seinem Tode im Jahre 1942 lieber geschwiegen als den neuen Führern Treue geschworen, obwohl er vor der Revolution den ›legalen Marxisten‹ sehr nahe gestanden hatte.«[16]
Die freie wissenschaftliche Forschung wurde allmählich eine kriminelle, strafbare Sache – zumindest in den Humanwissenschaften.

abstrakten Reinheit nicht in der ›einmaligen‹, unwiederholbaren historischen Wirklichkeit gefunden werden kann; nach Petruševskij ist er nur ein ›Idealtypus‹, eine ›soziologische Kategorie‹, welche sich völlig aus den Grenzen von Zeit und Ort löst und hoch über der individuellen geschichtlichen Wirklichkeit schwebt…« (Г. Kapeljuš, *Religija rannego kapitalizma*, Moskva 1931, S. 55). »Das ist eine doppelt idealistische Einstellung« (ebd., S. 238).

14 Siehe M. N. Pokrovskij, »›Novye‹ tečenija v russkoj istoričeskoj literature«, in: *Istorik-marxist*, 1928, Nr. 8.

15 Siehe *Istorik-marxist*, 1928, Nr. 8.

16 S. S. Neretina, »Istorija s metodologiej istorii«, in: *Voprosy filosofii*, 1990, Nr. 9, S. 149.

A. I. Neusychin

Aleksandr I. Neusychin (1898-1969), ein bedeutender Historiker, Schüler und Anhänger von Petruševskij, versuchte gleichfalls, Max Weber für den russischen Leser zu entdecken und das Wichtigste aus Webers Werk in seiner eigenen Arbeit anzuwenden. Diesem widmete er eine Reihe seiner Schriften: »Max Webers soziologische Untersuchung über die Stadt«[17]; »Ein neuer Versuch zum Aufbau einer systematischen Wirtschaftsgeschichte – anläßlich der Veröffentlichung des Buches: M. Weber, Wirtschaftsgeschichte, München und Leipzig 1923«[18]; »Die ›empirische Soziologie‹ Max Webers und die Logik der Geschichtswissenschaft«[19]. Die letzte Arbeit wurde 1974 zum zweiten Mal herausgebracht, in dem Sammelband von Neusychin: *Probleme des europäischen Feudalismus*.

Sorgfalt der Analyse, Weite des wissenschaftlichen und kulturellen Blicks, tief durchdachte und abgewogene Schlußfolgerungen machen diese Untersuchungen meiner Meinung nach zum Besten, was bis heute in Rußland über Weber geschrieben wurde.

Im Unterschied zu Petruševskij betrachtet Neusychin Max Weber nicht als Kritiker und Gegner von Marx, sondern vielmehr als dessen Nachfolger, der ihn fortführt. Dort, wo es um die Logik der Kulturwissenschaften geht, folgt Weber zwar Rickert, aber, so betont Neusychin, in seinen konkreten historischen und soziologischen Forschungen verläßt er den neukantianischen Boden und zeigt sich als ein begabter Schüler von Marx. »Je weiter Weber in seinem Streben fortschritt, Beziehungen zwischen den verschiedensten Erscheinungen und entferntesten Seiten des gesellschaftlichen Lebens herzustellen, je größer die Spannweite seines historisch-soziologischen Schaffens wurde, desto mehr wurde der Leitfaden der Rickertschen Logik gebogen, mußte er doch alle Krümmungen und Biegungen auf dem gewundenen Pfade der geschichtlichen Untersuchungen des Historikers Weber mitmachen.

---

17 Aleksandr I. Neusychin, »Sociologičeskoe issledovanie Maksa Vebera o gorode«, in: *Pod znamenem marksizma* (hinfort: PZM), 1923, Nr. 6.
18 Aleksandr I. Neusychin, »Novyj opyt postroenija sistematičeskoj istorii chozjajstva«, in: *Archiv Marksa i Engel'sa*, 1924, Bd. 1.
19 Aleksandr I. Neusychin, »›Empiričeskaja sociologija‹ Maksa Vebera i logika istoričeskoj nauki«, in: *PZM*, 1927, Nr. 9 und 12.

In Wirklichkeit entfernte sich Weber mit jedem Schritt immer weiter von Rickert; in seinen grandiosen historisch-soziologischen Überblicken läßt sich der Einfluß einer ganz anderen philosophischen Konzeption erkennen, welche der Rickerts und dem Neukantianismus im ganzen gegenübersteht – der Einfluß des historischen Materialismus.«[20]

Nach Neusychin befreite sich Weber in dem Maße von Rickerts Einfluß, wie er zum Soziologen wurde. Das zeigt sich vor allem in seinem Bestreben, idealtypische Begriffe zu verwenden und Kausalbeziehungen aufzudecken. »Man könnte wohl sagen – die Worte von Marianne Weber verkehrend –, daß Max Weber in seiner methodischen Praxis nicht den historischen Materialismus, sondern die Rickertsche Logik der Kulturwissenschaften überwunden hat. Zwar hat er die logischen Voraussetzungen seiner Forschung von Rickert entlehnt, aber im Laufe seines Lebens entfernte er sich immer mehr von der Darstellung des Unwiederholbaren als Selbstzweck – er kam zur soziologischen Erklärung der Geschichtsphänomene, und auf diesem neuen Wege wurde Marx zu einem Leiter, ›dessen Kategorien er wie kein anderer anzuwenden wußte‹ (K. Leichter, »Max Weber als Lehrer und Politiker«, in: *Der Kampf*, Nr. 9, S. 378), obwohl er dies nur ein heuristisches Verfahren genannt hat.« Diese Überwindung Rickerts sei Weber vor allem dank der Anwendung ›idealtypischer‹ Begriffe gelungen.[21]

Nach Neusychin entfernt sich Weber als Verfasser von *Wirtschaft und Gesellschaft* besonders weit von Rickert, vor allem in der abstrakten Einleitung. Hier erreicht das soziologische System Webers, seine Klassifikation verschiedener Elemente und Typen menschlichen Handelns, eine solche Ausführlichkeit, daß »Rickert – von seinem Standpunkt – recht gehabt hätte, ihm die Einführung des ›Naturalismus‹ in die Geschichte zum Vorwurf zu machen, d. h. eine naturwissenschaftliche Betrachtung der Gesellschaft«.[22] Aber ein solcher Vorwurf, fährt Neusychin fort, wäre auch ganz berechtigt »vom Gesichtspunkt des historischen Materialismus aus. Denn in dieser späten Soziologie Webers steckt

---

20 Aleksandr I. Neusychin, *Problemy evropejskogo feodalizma*, Moskva 1974, S. 414.
21 Ebd., S. 471.
22 Ebd., S. 415.

etwas vom Positivismus, und hätte er nicht jenes hervorragende historische Feingefühl besessen, hätte sie sich leicht in eine gewöhnliche Soziologie verwandeln können, die generelle Regeln des Geschehens aufstellen will und sich sehr wenig um den konkreten geschichtlichen Gehalt kümmert«.[23] Im Unterschied zu Petruševskij entfernt Neusychin Weber zunehmend von Rickert, um ihn Marx anzunähern.

Von größtem Interesse sind für Neusychin jene Werke Webers, in denen es diesem gelungen ist, die historische Methode mit der soziologischen zu vereinen. Nach Neusychins Überzeugung ist die Soziologie überhaupt nur auf dem Boden der Historie möglich; Soziologie sei nichts anderes als »die in die Sprache der generellen Begriffe übersetzte Geschichte«.[24] Darin läßt sich bei Neusychin wie auch bei Petruševskij der Einfluß der historischen Schule erkennen. Auch bei Weber sucht Neusychin vor allem *die Methode*, die das Generelle mit dem Individuellen zu verbinden erlaubt. »Webers Soziologie interessiert uns nicht als ein neues System oder eine neue Theorie, sondern als Methode..., die für die Deutung historischer Erscheinungen... angewendet werden kann. Eben dadurch unterscheidet sich Weber von allen anderen Soziologen, daß die Ergebnisse seiner soziologischen Arbeit viel näher am historischen Geschehen sind als gemeinhin üblich«.[25] Neusychin analysiert detailliert zwei Arbeiten Webers: »Die Stadt« und *Die protestantische Ethik und der Geist des Kapitalismus*. Diese Auswahl ist keineswegs zufällig. Besonders anziehend für Neusychin ist Webers Fähigkeit, die komparativ-historische und die idealtypische Methode, d. h. Individualisierung und Generalisierung, zu vereinen. Dies erlaube es ihm, gleichzeitig in zwei Rollen aufzutreten, als Soziologe und als Historiker, und damit eine neue produktive Richtung zu eröffnen: die historische Soziologie, welche Kausalbeziehungen zwischen individuellen Ereignissen einsichtig macht. »Jeder konkrete Prozeß in der Entwicklung der italienischen, deutschen, antiken u. a. Stadt«, schreibt Neusychin über Webers »Stadt«, »ist kausal dargestellt und mit aller gebührenden Aufmerksamkeit für das Individuelle

23 Ebd.
24 Aleksandr I. Neusychin, »Sociologičeskie issledovanija Maksa Vebera o gorode«, in: *PZM*, 1923, Nr. 8-9, S. 247.
25 Ebd., S. 246.

und Eigenartige betrachtet. Aber diese konkret historische, kausale Betrachtung einzelner Prozesse steht im Rahmen der idealtypisch beleuchteten, komparativ gewonnenen historischen Parellelen und bleibt nicht nur Material (und Illustration) für jene Parallelen, sondern bildet ihren lebendigen geschichtlichen Gehalt... In jener Vereinigung der kausalen, typologischen und idealtypischen Betrachtung liegt das Geheimnis dessen, was Webers »empirische Soziologie« auszeichnet: ihr historischer Reichtum und zugleich ihr weiter soziologischer Horizont.«[26]

Neusychin betrachtet die empirische Soziologie Webers als Gegengift, um jene Begeisterung für generelle Schemata zu dämpfen, der sich marxistische Historiker immer wieder hingegeben haben; seit der Oktoberrevolution war jedes lebendige sozialwissenschaftliche Denken in Rußland an solche Schemata gefesselt. Ihre Unfruchtbarkeit sah Neusychin ebenso wie sein Lehrer Petruševskij. »Eine gewissermaßen allgemeine Vorstellung vom Wesen der ›Soziologie‹ besteht, kurz gesprochen, darin: Soziologie sei eine *abstrakte, theoretische, systematische* Wissenschaft von der Gesellschaft als solcher, verstanden als ein gewisses System zusammenhängender Elemente. Sie beschäftigt sich nur mit der Verallgemeinerung der in Erfahrungswissenschaften gesammelten Tatsachen, von denen sie bestimmte Gesetze der sozialen Entwicklung abstrahiert.«[27]

Neusychins Wunsch, Weber und Marx einander anzunähern, ist völlig verständlich: Ist erst einmal bewiesen, daß Weber kein Opponent und Feind des Marxismus ist, dann darf auch der russische Historiker den öden Boden der toten Schemata verlassen und in der methodologischen Richtung Webers weiterarbeiten. Um seine These zu stützen, beruft sich Neusychin auf den bekannten Brief von Marx an den Herausgeber der russischen Zeitschrift *Otečestvennyje zapiski*, in welchem der Verfasser des *Kapitals* dagegen protestiert, daß sein »Grundriß der Genese des Kapitalismus in eine geschichtsphilosophische Theorie vom allgemeinen Gang der ökonomischen Entwicklung« verwandelt wird, der alle Völker unvermeidlich unterworfen sind. Eine solche Theorie

---

26 Aleksandr I. Neusychin, *Problemy evropejskogo feodalizma*, a.a.O., S. 469 f.
27 Aleksandr I. Neusychin, »Sociologičeskoe issledovanie Maksa Vebera o gorode«, in: *PZM;* Nr. 8-9, S. 245.

würde sich, nach den Worten von Marx, in einen »Universal-schlüssel« für die Erklärung jeder historischen Tatsache verwandeln. Leider wurde der historische Materialismus tatsächlich zu einem solchen »Universalschlüssel«, mit all seinen Dogmen und Formationen, wie denen von Basis und Überbau, vom Klassenkampf und von der unvermeidlichen Diktatur des Proletariats, welche den berühmten »Sprung aus dem Reich der Notwendigkeit ins Reich der Freiheit« verwirklichen soll. Alle diese Begriffe hatten schon vor der Revolution von 1917 eine politisch-ideologische Bedeutung und dienten den verschiedenen Fraktionen innerhalb der sozialdemokratischen Parteien als ideelle Waffe im Kampf gegeneinander. Nach 1917 breitete sich dieser Geist sofort auf das ganze Gesellschaftsleben einschließlich aller Wissenschaften aus. Dieser um sich greifenden Politisierung der Wissenschaft wollte Neusychin widerstehen, indem er sich eine Stütze und einen Bundesgenossen in Max Weber suchte. Aber im Unterschied zu Petruševskij blieb für seinen jungen Schüler nur ein Weg offen: Weber so nahe wie möglich an Marx heranzurücken. Deshalb bemühte er sich, im Werk von Marx den Historismus, die Arbeit mit dem konkreten empirischen Material, zu betonen sowie den historischen Materialismus als *Methode* zu sehen und nicht als fertiges und perfektes System.[28]

Dabei konnte Neusychin allerdings wesentliche Unterschiede zwischen Marx und Weber nicht gänzlich außer acht lassen; Weber selbst hatte sie ja schließlich mehrmals betont.

1. So ist Webers Begriff des »Idealtypus«, wie wir schon gesehen haben, gegen das marxistische Prinzip gerichtet, die Konstruktionen unseres Verstandes, die ein Mittel zur Erkenntnis der kulturgeschichtlichen Wirklichkeit sind, mit dieser Wirklichkeit selbst

---

28 »... Die Schöpfer der soziologischen Systeme pflegten zu glauben, daß sie nur alle bekannten Tatsachen zu verallgemeinern, die dabei bemerkten Zusammenhänge der Phänomene als Entwicklungsgesetze zu postulieren brauchten, und ein soziologisches System sei schon fertig. Jene wenigen Denker, die eine Ausnahme in bezug auf diese Gewohnheit darstellen, haben eigentlich keine soziologischen *Systeme* hinterlassen, sondern nur *methodologische* Hinweise gegeben (Beispiel: Marx). ... Max Weber ... will sich nicht der Lieblingsbeschäftigung eines Bücher oder Sombart hingeben: die für alle Völker und Zeiten notwendigen Phasen und Stufen der Entwicklung zu bestimmen; also ist er in dieser Hinsicht viel mehr mit Marx solidarisch ... (Ebd., S. 246).

zu identifizieren. Die Theorie des Idealtypus wendet sich sowohl gegen die Abbildtheorie als auch gegen den Marxschen »Emanatismus«, welcher sich, wie Wolfgang Schluchter richtig bemerkt, auf die Hegelsche Identitätsphilosophie und die Hegelsche Dialektik stützt. »Die ihrer Mystik entkleidete Hegelsche Dialektik ist ihm eine Erzeugungsdialektik, die es erlaubt, die aus realen Produktions- und Distributionsakten entstandene kapitalistische Produktionsweise, die eine konkret historische antagonistische Totalität ist, als *Gedankentotalität* zu rekonstruieren.«[29]

Auch Neusychin sieht die Differenzen zwischen Marx und Weber ganz klar. So schreibt er: »Weber macht es sich zur Aufgabe, solche idealtypischen Begriffe zu konstruieren, die auf verschiedene Epochen anwendbar sind; deshalb spricht er von der wirtschaftlichen Tätigkeit überhaupt, vom Unternehmen überhaupt, und erst nachdem diese allgemeinen Idealtypen gebildet sind, macht er sich an die Konstruktion der an eine bestimmte Gesellschaftsformation gebundenen Begriffe... ›Wirtschaftshandeln‹ ist für Weber... eine Art von primärem, einfachstem Urelement jeden Wirtschaftens. Aus der Kombination dieser Elemente setzt sich die konkrete ökonomische Wirklichkeit jeder Wirtschaftsepoche zusammen. Auf diese Weise konstruiert Weber verschiedene Wirtschaftssysteme aufgrund der wechselnden Zusammensetzung immer derselben, für alle Epochen und Formationen geltenden Elemente. Und das entfernt ihn schon sehr weit von Marx.«[30]

2. Die andere wichtige Divergenz, der Neusychin besondere Aufmerksamkeit widmet, ist Webers Interesse an der *Psychologie* des wirtschaftlichen Subjekts. Als Folge davon hinterläßt Webers Definition des Kapitalismus, nach Neusychins Worten, »einen seltsamen Eindruck«: Der deutsche Soziologe »zählt als Voraussetzungen des Kapitalismus fast ganz dieselben Erscheinungen wie Marx auf. Aber die Idee, welche diese Erscheinungen vereinbar macht, ist bei beiden Denkern prinzipiell verschieden: Indem für Marx die bestimmte Produktionsweise und das Entwicklungsstadium der Produktivkräfte das Wesentlichste sind, legt Weber das Hauptgewicht auf die Psychologie des wirtschaftenden Subjekts –

---

29 Wolfgang Schluchter, *Religion und Lebensführung*, Bd. 1: *Studien zu Max Webers Kultur- und Werttheorie*, Frankfurt am Main 1988, S. 68.
30 Neusychin, »Novyj opyt postroenija sistematičeskoj istorii chozjajstva«, a.a.O., S. 428.

in der kapitalistischen Gesellschaft ist es vor allem der Unternehmer.«[31]

Alles, was Weber über die Genese des Kapitalismus schrieb – und er berührt dieses Thema mehr oder weniger direkt in den meisten seiner Werke –, schätzt Neusychin hoch ein. Mit Webers Kritik an Sombart, der Kolonialhandel und Akkumulation der Grundrente als Hauptquellen der ursprünglichen Akkumulation des Kapitals betrachtete, stimmt er völlig überein. Ebenso hoch bewertet der russische Historiker auch die *Protestantische Ethik* mit ihrem »glänzenden Vergleich der kapitalistischen ›Wirtschaftsethik‹ mit der protestantischen Moral«.[32] Im allgemeinen aber findet Neusychin die Antwort Webers auf die Frage nach dem Ursprung des Kapitalismus wenig befriedigend. Denn hier gehe er wiederum von der ökonomischen Psychologie aus, und als Folge davon sehe er die Hauptbedingungen seiner Entstehung im rationalen kapitalistischen Geist. »Vom historischen Materialismus aus gesehen«, schreibt Neusychin, »steht hier die Folge an der Stelle der Ursache und umgekehrt, und überhaupt wird der kausale Zusammenhang der Erscheinungen durch den funktionellen ersetzt«.[33]

Dort, wo Neusychin Webers methodologische Prinzipien vom Standpunkt des Marxismus kritisiert, tut er dies immer ruhig und mit Argumenten, ohne die Gedanken des Opponenten zu vereinfachen oder zu verfälschen, ohne den Boden einer rein wissenschaftlichen Diskussion zu verlassen und ohne die zu jener Zeit auch unter Wissenschaftlern üblichen politischen Schimpfwörter wie »bürgerliche Ideologie«, »Klasseninteresse« zu verwenden. Sein Verfahren aber bleibt immer dasselbe: Er sucht überall, wo irgend möglich, Weber Marx anzunähern und die großen wissenschaftlichen Leistungen des ersteren dabei möglichst hervorzuheben. Sogar bei der Analyse der *Protestantischen Ethik* bringt Neusychin dies fertig, trotz Webers Erklärung, daß dieses Werk eine »positive Überwindung der materialistischen Deutung der Geschichte« sei. »Während die Darstellung von Webers historisch-soziologischen Konstruktionen ihren Lauf nahm«, schreibt Neusychin über die *Protestantische Ethik*, »schwebte vor unserem geistigen Auge wenn immer eine bekannte, wenn auch nicht ganz

31 Ebd., S. 432.
32 Ebd., S. 433.
33 Ebd.

deutliche Silhouette, ein Schattenbild des Denkers, der irgendwie unsichtbar Webers Gedankengang lenkte. Ohne Zweifel gehörte diese Silhouette Marx.«[34]

Ich glaube, Neusychin hat darin recht; nur ist die allgegenwärtige »Marxsche Silhouette« in der *Protestantischen Ethik* ein Objekt der Polemik. Wohl wird mitunter das kritische Pathos Webers durch seine Tendenz geschwächt, sich von »metaphysischen Annahmen« in der Wissenschaft zu befreien. Jedenfalls stützt sich Neusychin auf Webers »Werturteilsfreiheit«, um augenscheinliche Unterschiede in der Auffassung von der Genese des Kapitalismus bei Marx und Weber zu verwischen. Aber Webers Hauptthese von der religiösen Ethik als Voraussetzung der Entstehung des modernen Kapitalismus, insofern sie eine bestimmte wirtschaftliche Einstellung, den »kapitalistischen Geist«, in die Welt brachte, ist kritisch gegen den historischen Materialismus gerichtet. Zwar kann Neusychin dies kaum leugnen, er bemerkt aber dazu: »... Wer aber in solchen Ausdrücken Webers den auf den Boden der Geschichte übertragenen philosophischen Idealismus erkennen möchte, würde einen schweren Irrtum begehen. Weber ist weder Idealist noch Materialist; er lehnt jede philosophische Betrachtung der sozialen Entwicklung ab, die er verächtlich ›Geschichtsphilosophie‹ oder ›Metaphysik‹ nennt. Seine Position ist Empirismus – kein unbewußter, sondern ein absichtlicher, prinzipieller Empirismus.«[35]

Weber kritisierte in der Tat alle geschichtsphilosophischen Konstruktionen, das Schema der Positivisten bei Comte und Bentham genauso wie das der Idealisten bei Hegel und das der Romantiker; die organizistischen Konstruktionen von Othmar Spann und Oswald Spengler sowie die morphologischen Kulturstufentheorien von Breisig und Lamprecht und selbstverständlich die Geschichtsphilosophie von Marx. Nach einer Bemerkung von Wolfgang J. Mommsen hat es Weber sogar vermieden, den Begriff »Geschichte« zu gebrauchen, indem er ihn durch wertneutralere Formulierungen wie »Weltgeschehen«, »innerweltliches Geschehen« usw. ersetzte.[36] Das ist leicht zu verstehen, da Weber immer

34 Neusychin, *Problemy evropejskogo feodalizma*, a.a.O., S. 444.
35 Ebd., S. 448 f.
36 Siehe Wolfgang J. Mommsen, *Max Weber. Gesellschaft, Politik und Geschichte*, Frankfurt am Main, 1982, S. 105.

ein Maximum von Objektivität in seiner Forschung zu erreichen suchte.

Aber selbst die wissenschaftlichen Voraussetzungen der Weberschen Soziologie sind von denen bei Marx radikal verschieden, was besonders deutlich in der *Protestantischen Ethik* zum Vorschein kommt. Erstens ist seine Aufmerksamkeit unverwandt auf die *Motivierung* der menschlichen Handlungen gerichtet: Die Grundkategorie seiner Soziologie, das soziale Handeln, setzt einen »subjektiv gemeinten Sinn« voraus. Weber hat immer betont, das Individuum und *sein* sinnvolles Handeln seien der Hauptgegenstand der soziologischen Untersuchung. Eben deshalb definierte er seine Soziologie als eine verstehende, weil »die verstehende Soziologie (in unserem Sinne) das Einzelindividuum und sein Handeln als unterste Einheit, als ihr ›Atom‹... behandelt... Für die Soziologie... kommt alles die Schwelle eines sinnhaft deutbaren Sichverhaltens zu ›Objekten‹ (innern oder äußeren) Unterschreitende nur ebenso in Betracht wie die Vorgänge der ›sinnfremden‹ Natur... Aus dem gleichen Grunde ist aber für diese Betrachtungsweise der Einzelne auch nach oben zu die Grenze und der einzige Träger sinnhaften Sichverhaltens.«[37]

Zweitens ist die subjektive Motivierung nicht auf die ökonomische reduziert. Für Weber ist der Mensch kein *homo oeconomicus* wie für Bentham, Adam Smith (wohl auch bei ihm nicht ganz), Ricardo und, natürlich, für Marx.

Drittens kennt Weber keine objektive (im naturwissenschaftlichen Sinne) »historische Notwendigkeit«, nach der die Individuen nur Marionetten auf der Bühne des großen Weltdramas mit dem Titel »Entwicklung der Produktivkräfte« sind. Subjekt des geschichtlichen Prozesses ist für Marx weder der Mensch noch eine Menschengemeinschaft, sondern die »Produktion« – auf dieselbe

---

37 Max Weber, *Gesammelte Aufsätze zur Wissenschaftslehre*, Tübingen 1988, S. 439. Diese Webersche Orientierung an dem einzelnen als »Atom« der verstehenden Soziologie betont ausdrücklich Karl Löwith: »Die letzte Voraussetzung von Webers Definitionen der sozialen Gebilde ist: daß wahrhaft wirklich und existenzberechtigt nur der auf sich gestellte einzelne Mensch ist, nachdem den ›Objektivitäten‹ jeder Art infolge ihrer Entzauberung durch die Rationalisierung keine selbständige substantielle Bedeutung mehr zukommt (Löwith, »Die Entzauberung der Welt durch Wissenschaft«, in: *Jahrbuch für kritische Aufklärung* 2, 1964, S. 150).

Weise, wie der Weltgeist ein solches Subjekt für Hegel ist. Von Webers Standpunkt aus ist die Hegelsche Dialektik ebenso unannehmbar: Im *Kapital* ist ebendiese Dialektik in einer »materialistisch umgebildeten Gestalt« vorhanden.[38]

Das menschliche Bewußtsein im allgemeinen und die religiösen Werte im besonderen sind für Marx nur Epiphänomene, während für Weber *das Geistesleben des Menschen keineswegs weniger bedeutsam ist als sein materielles Interesse* und in ebenso großem Maße den Charakter des kulturgeschichtlichen Prozesses bestimmt.[39] Nach Weber wird der Gang der geschichtlichen Ereignisse durch charismatische Führer entscheidend beeinflußt, deren Handeln eben an Geisteswerten orientiert ist. Individuelle Freiheit besteht nach Weber in der Fähigkeit, einen der gegeneinander kämpfenden Werte (Götter) zu wählen; durch diese Wahl werden Charakter und Richtung des menschlichen Handelns und letzten Endes auch des Geschichtsprozesses bestimmt. Mit den Worten von Wolfgang J. Mommsen: »Kraft seiner Fähigkeit, geistig zur Welt Stellung zu nehmen und zwischen verschiedenen höchsten Werten zu wählen, überragt das Individuum – jedenfalls potentialiter – die empirische Welt. Es vermag sein Handeln an höchsten Idealen zu orientieren und so der Geschichte neue Wege zu weisen.«[40]

Dies bedeutet freilich nicht, daß Weber den Einfluß der ökonomischen Faktoren, der materiellen Interessen von Individuen, leug-

38 Weber, *Gesammelte Aufsätze zur Wissenschaftslehre*, a.a.O., S. 17.

39 In einem Brief an Heinrich Rickert vom 2. 4. 1905 sprach Weber von einer »Art ›spiritualistischer‹ Konstruktion der modernen Wirtschaft« (Marianne Weber, *Max Weber. Ein Lebensbild*, Tübingen 1926, S. 359). »Am faktischen Verhalten der Sektenmitglieder kann daher die Sozialwirksamkeit der Idee beobachtet werden, ... Sekten und ähnliche Gruppen, deren spezifische Wertbezogenheit gesichert ist, sind daher besonders geeignete Objekte für die Untersuchung der Wirksamkeit von Ideen ... Die Idee mag mit den Interessen übereinstimmen, beide mögen sich über die Zeit gegenseitig anpassen, entscheidend ist aber, daß das postulierte Verhalten aus der Konstruktion der Idee selbst folgt« (M. Rainer Lepsius, »Interessen und Ideen. Die Zurechnungsproblematik bei Max Weber«, in: *Kultur und Gesellschaft. Kölner Zeitschrift für Soziologie und Sozialpsychologie*, Sonderheft 27, Opladen 1986, S. 24).

40 Mommsen, *Max Weber. Gesellschaft, Politik und Geschichte*, a.a.O. S. 107.

nen möchte. Sie werden neben den nichtökonomischen Faktoren und den ideellen Interessen anerkannt, und dies macht den radikalen Unterschied Webers zu Marx aus.[41]

Indem Neusychin versucht, die Unterschiede zwischen Weber und Marx zu verwischen, kommt es also unwillkürlich zu Fehldeutungen. In seiner Abhandlung über die Webersche »Wirtschaftsethik der Weltreligionen« beispielsweise behauptet Neusychin, Weber sei hier der marxistischen Methodologie nahe. Er zitiert die folgende Aussage Webers: »Im übrigen aber war die Eigenart der großen religiös-ethischen Systeme durch weit individuellere gesellschaftliche Bedingungen als durch den bloßen Gegensatz von herrschenden und beherrschten Schichten bestimmt.«[42] Neusychin kommentiert diesen Text so: »Indem er diese individuellen Bedingungen sucht, kommt Weber zu der Behauptung vom Klassencharakter der Religionen; zwar unterläßt er es nicht zu betonen, daß ›vor allem die Art einer religiösen Verheißung, allgemein gesprochen, keineswegs notwendig oder auch nur überwiegend, lediglich Sprachrohr eines Klasseninteresses war...‹ (*RS*, S. 249).« »Aber trotz dieser Mahnung«, fährt Neusychin fort, »glaubt Weber, daß jeder Klasse eine bestimmte religiöse Ideologie entspreche, und umgekehrt: jede Ideologie eine bestimmte Klasse als ihren Träger haben müsse«.[43]

Auf den ersten Blick kann es wohl tatsächlich so scheinen, als ob Weber einen »Klassencharakter der Religion« im Marxschen Sinn anerkennen würde. Er zeigt ja, daß verschiedene Gesellschaftsschichten als Träger bestimmter Religionstypen hervortreten – Priester, Beamte, Bauern, Krieger oder Handwerker.

Dies aber scheint nur auf den ersten Blick so. Bei näherer Betrachtung entdecken wir, daß bei Weber *Schichten* nicht dasselbe sind

41 Also kann man kaum die Meinung von Neusychin teilen, Webers Standpunkt sei »prinzipieller Empirismus«. Zwar hat Weber immer mit einem überaus reichen empirischen Material gearbeitet, aber – wenigstens in bezug auf die *Protestantische Ethik* – scheint mir Schluchters Formulierung passender, der zufolge die Studie auch »zugleich eine Kritik am historischen Materialismus unter idealistischen Vorzeichen sei« (siehe W. Schluchter, *Religion und Lebensführung*, a.a.O., S. 67).

42 M. Weber, *Gesammelte Aufsätze zur Religionssoziologie*, Bd. 1, Tübingen 1920, S. 249.

43 Neusychin, *Problemy evropejskogo feodalizma*, a.a.O., S. 420.

wie bei Marx *Klassen*. Nicht umsonst macht Weber den Leser darauf aufmerksam, daß er nicht vom einfachen »Gegensatz der Herrscher und Beherrschten« spreche, wie es Marx zu tun pflegte. Das ist ein wichtiger Vorbehalt. Denn bei Marx gibt es eigentlich *nichts Wichtigeres als diesen Gegensatz*, der sich mit seiner Klasseneinteilung der Gesellschaft verbindet. Für ihn ist immer nur ein Gegensatz von Bedeutung: Ausbeuter und Ausgebeutete, seien es Reiche und Arme (ökonomische Ausbeutung) oder Machthabende und Ohnmächtige (außerökonomische Ausbeutung). Das ist der Gesichtswinkel eines Menschen, der keine anderen Verhältnisse unter den Menschen ernst nimmt. Jedes Interesse ist für Marx letzten Endes ein *materielles Interesse:* Nicht nur Reichtum, sondern auch Macht ist von diesem Standpunkt aus ein *Ausbeutungsmittel* – und zwar ein Mittel zur materiellen Ausbeutung.

Bei Weber ist der Begriff »Interesse« viel breiter: Interessen können nicht nur materielle, sondern auch ideelle sein.[44] Deshalb sind Schichten wie Priester, Beamte, Handwerker usw. keineswegs einfach Klassen im Sinne von Marx. Nach Weber wird das Handeln verschiedener sozialer Gruppen oder Schichten durch mehrere Faktoren determiniert; außer den ökonomischen Faktoren nennt er religiöse Anschauungen, Orientierung des Individuums an nichtreligiösen Werten (ethischen, politischen oder ästhetischen), das Festhalten an der Tradition usw. Mit dem von ihm selbst geschaffenen Begriff des »sozialen Handelns« hat er ein viel reicheres und differenzierteres Erklärungsmodell als mit dem Begriff der »Klasse«.[45]

44 »Interessen (materielle *und ideelle*), nicht: Ideen, beherrschen unmittelbar das Handeln der Menschen. Aber: die ›Weltbilder‹, welche durch ›Ideen‹ geschaffen wurden, haben sehr oft als Weichensteller die Bahnen bestimmt, in denen die Dynamik der Interessen das Handeln fortbewegte« (Weber, *Gesammelte Aufsätze zur Religionssoziologie,* a.a.O., Bd. 1, S. 252). – Kursivsetzung von mir – P. G.

45 Der Begriff »Klasse« wurde im Marxismus sehr stark ideologisiert. Man kann dies z. B. an seiner Verwendung bei Georg Lukács sehen. In *Geschichte und Klassenbewußtsein* behauptet er unter anderem, daß ein Teil der Klasse ihre eigenen Klasseninteressen falsch verstehen kann; er betrachtet also die Klasseninteressen – in völliger Übereinstimmung mit dem marxistischen Schema – als eine *objektive Realität,* die ohne Menschenbewußtsein existieren kann. Weber hat zu dieser

Der Versuch des russischen Historikers, Weber und Marx einander so nahe wie möglich zu bringen, war also von Anfang an zum Scheitern verurteilt, obwohl seine Absichten die besten gewesen sein mochten: Einerseits wollte er Weber für den russischen Leser, andererseits den historischen Materialismus retten, war doch letzterer dabei, sich in eine von allem wissenschaftlichen Gehalt entleerte »Waffe der proletarischen Ideologie und Politik« zu verwandeln. Die Hauptabsicht Neusychins aber war, wie wir jetzt vermuten können, einen mehr oder weniger ideologiefreien Raum für die Arbeit des Historikers auszugrenzen und zu sichern.

Neusychin gelang es jedoch nicht, sein Ziel zu erreichen. Seine Arbeit an Weber wurde unterbrochen, und der zweite Teil seiner Abhandlung »Die ›empirische Soziologie‹ Max Webers und die Logik der Geschichtswissenschaft« blieb ungeschrieben. Es wurde immer schwieriger, überhaupt im Genre einer objektiven Untersuchung zu arbeiten, und für Neusychin insbesondere wurde diese Schwierigkeit noch größer, nachdem die Hetzjagd auf Petruševskij begonnen hatte.

Nach der schon erwähnten Diskussion im Jahre 1928, bei der Neusychin als Verteidiger von Petruševskij hervorgetreten war, wurde er selbst Objekt der Verfolgung. Seine Schülerin, L. T. Milskaja, schreibt darüber: »Sein mutiges Auftreten während der berüchtigten Diskussion im Jahre 1928 über das Buch von Petruševskij *Grundrisse der Wirtschaftsgeschichte des mittelalterlichen Europa* hat sein ganzes weiteres Leben beeinflußt. Als Teil-

Frage bemerkt, Klasse sei »keine Gemeinschaft, und es führt zu Schiefheiten, wenn man sie mit Gemeinschaften begrifflich gleichwertig behandelt. Und der Umstand, daß Menschen in gleicher Klassenlage auf so fühlbare Situationen, wie es die ökonomischen sind, regelmäßig durch ein Massenhandeln in der dem Durchschnitt adäquatesten Interessenrichtung reagieren – eine für das Verständnis geschichtlicher Ereignisse ebenso wichtige wie im Grund einfache Tatsache –, darf vollends nicht zu jener Art von pseudowissenschaftlichem Operieren mit dem Begriff der ›Klasse‹, des ›Klasseninteresses‹ führen, die heute vielfach üblich ist und ihren klassischen Ausdruck in der Behauptung eines begabten Schriftstellers gefunden hat: daß zwar der Einzelne sich über seine Interessen irren könne, die ›Klasse‹ über die ihrigen aber ›unfehlbar‹ sei« (Max Weber, *Wirtschaft und Gesellschaft*, Tübingen 1985, S. 533). Mit Hilfe von »Argumenten« solcher Art haben die »Führer des Proletariats« Terror und Gewalttat während mehrerer Jahrzehnte gerechtfertigt.

nehmer an jener Diskussion hat sich Neusychin nicht von seinem Lehrer losgesagt, wie es die Regeln des schon damals in alle Bereiche des Lebens eindringenden ›Zeremoniells‹ forderten, sondern sich bemüht, seinen ›Gegnern‹, die alles unzulässig vereinfachten, die eigentliche wissenschaftliche Position Petruševskijs zu erläutern. Er wollte zeigen, daß Petruševskijs Buch nur ein Versuch war, sich über die neuen Richtungen der westlichen Geschichtsforschung klarzuwerden; daß es keineswegs gegen den Marxismus, sondern gegen die veraltete Abstammungstheorie und ihre Adepten gerichtet war. Aber die Ankläger Petruševskijs – unter ihnen A. D. Udalzov, S. S. Krivzov, Z. Friedland, P. I. Kusner, V. D. Aptekar u. a. – wollten die Erläuterungen von A. K. Neusychin und E. A. Kosminskij nicht verstehen.«[46]

Die schwere Lage, in der sich Neusychin am Ende der zwanziger Jahre befand, wurde doppelt schwer infolge einer allgemeinen Unterdrückung der Geschichtswissenschaft. Neusychin war genötigt, sich außerhalb seines Faches eine Arbeitsstelle zu suchen. Bis 1934 arbeitete er als Referent an der Lenin-Bibliothek, dann durfte er wieder zur pädagogischen Tätigkeit zurückkehren. Aber bis 1939 hatte er keine Möglichkeit, seine Schriften drucken zu lassen. Von weiterer Max-Weber-Forschung konnte erst recht keine Rede sein.

Aber keine überzeugende Arbeit geht spurlos unter. Neusychin hinterließ Schüler, und fast ein halbes Jahrhundert später bereitete seine Schülerin M. I. Levina einen Sammelband mit Übersetzungen von Webers Schriften vor (ursprünglich wurde er, mit dem Stempel »Nur für den internen Dienstgebrauch« – der sogenannten »Spezchran« – versehen, in geringer Auflage vom Institut für wissenschaftliche Information herausgegeben und erst 1990 einem breiteren Leserkreis zugänglich gemacht).[47]

46 L. T. Milskaja, »A. I. Neusychin, Vydajuščijsja učënyj i pedagog«, in: *Voprosy istorii*, Nr. 2-3, 1991, S. 232.

47 M. Weber, *Die protestantische Ethik und der ›Geist‹ des Kapitalismus* [russ.], Teil 1, Moskva: INION 1972 (mit einem Vorwort der Übersetzerin M. I. Levina); Max Weber, *Die protestantische Ethik* [russ.], Teil II-III Moskva: INION 1973; Max Weber, *Methodologie der Wissenschaft* [russ.], Teil I-II, Moskva: INION 1980 (mit einem Vorwort von P. P. Gaidenko); *Religionssoziologie und Ideologie,* Moskva: INION 1985; in diesem Sammelband wurden von M. I. Levina die folgenden Werke übersetzt: »Zwischenbetrachtung: Theorie der Stufen und

Zum Schluß möchte ich einen Passus aus einem Brief von Neusychin an M. Levina aus dem Jahre 1942 zitieren, der seine geistige Nähe zu Weber bezeugt – eine Nähe, die nur aufgrund gemeinsamer höchster Wertorientierungen, der gleichen Auffassung vom Beruf des Wissenschaftlers, entstehen kann. »Das wissenschaftliche Schaffen – nicht nur in der Geschichtswissenschaft, sondern in jedem Bereich – erfordert eine Uneigennützigkeit höherer Art – zwar nicht in dem Sinne, daß es von der Innenwelt des Forschers getrennt bleiben soll, wohl aber so, daß er sich wenigstens teilweise den objektiven Aufgaben der Forschung unterordnen muß. Dabei erfordert das wissenschaftliche Schaffen... den *ganzen* Menschen... Ein Wissenschaftler (Historiker und Soziologe) hat das Pathos einer wahrhaft wissenschaftlichen Leistung so bestimmt: ›Eine wirklich endgültige und tüchtige Leistung ist heute stets: eine spezialistische Leistung. Und wer also nicht die Fähigkeit besitzt, sich einmal sozusagen Scheuklappen anzuziehen und sich hineinzusteigern in die Vorstellung, daß das Schicksal seiner Seele davon abhängt: ob er diese, gerade diese Konjektur an dieser Stelle dieser Handschrift richtig macht, der bleibe der Wissenschaft nur ja fern... Ohne diesen seltsamen, von jedem Draußenstehenden belächelten Rausch, diese Leidenschaft, dieses ›Jahrtausende mußten vergehen, ehe du ins Leben tratest, und andere Jahrtausende warten schweigend‹: darauf, ob dir diese Konjektur gelingt, hat einer den Beruf zur Wissenschaft *nicht* und tue etwas anderes‹. Mögen wir diese strenge Auffassung auch als rhetorische Übertreibung abtun«, setzt Neusychin hinzu, »(obwohl ich zweifle, daß es hier irgendeine Übertreibung gibt), so müssen wir doch anerkennen, daß jedem echten wissenschaftlichen Schaffen Züge von Selbstverleugnung, ja Askese eignen.«[48]

Der Wissenschaftler, auf den sich hier Neusychin beruft, ist Max Weber.[49] Aleksandr Neusychin ist sein Jünger in jenem alten Sinn

Richtungen religiöser Weltablehnung« – *RS*, Bd. 1; »Religionssoziologie (Typen religiöser Vergemeinschaftung)« – *WuG*, erster Halbband; Kapitel V. Im Jahre 1990 wurde von Jurij Davydov ein Sammelband von Max Weber herausgegeben. Er beinhaltet die genannten Übersetzungen von M. I. Levina und zwei Vorträge – »Politik als Beruf« (übersetzt von A. Filippov) und »Wissenschaft als Beruf« (übersetzt von P. P. Gaidenko).

48 Neusychin, *Problemy evropejskogo feodalizma*, a.a.O., S. 518 f.
49 Weber, *Gesammelte Aufsätze zur Wissenschaftslehre*, a.a.O., S. 588 f.

des Wortes als Schüler, der das *Lebenswerk* seines Lehrers *fort-setzt*. Kein Wunder also, daß Neusychins Schriften über Weber bis heute zu den besten russischen »Weberiana« gehören.

Die dreißiger Jahre

Unter jenen, die sich im Rußland der dreißiger Jahre Webers Ge-danken zuwandten, soll vor allem F. Kapeljuš genannt werden mit seinem Buch *Die Religion des Frühkapitalismus* (Verlag »Der Gottlose«, Moskau 1931). Wohl hat es einiges mit den Abhand-lungen von Petruševskij und Neusychin gemein: Kapeljuš stützt sich auf eine breite historische Literatur zu den Problemen des Frühkapitalismus, und wie Neusychin vergleicht er Weber immer mit Marx, wobei er sowohl Gemeinsamkeiten wie Unterschiede zwischen ihnen herauszufinden sucht. Aber bei all seiner Gelehr-samkeit, bei all seinem lebendigen Interesse für den Gegenstand seiner Untersuchung unterläßt er es nicht, bei jeder Gelegenheit die vorgeschriebenen Dogmen des historischen Materialismus zu zitieren und jene, die auch nur ein wenig davon abweichen, zu entlarven (oben haben wir schon seine Kritik an Petruševskij zi-tiert). Diese aufdringliche, geradezu mechanische und oft depla-cierte Gegenüberstellung von »Weberschem Idealismus« und Marxschem Materialismus gehört schon zum neuen Stil, der sich in allen Gesellschaftswissenschaften durchsetzte und über viele Jahrzehnte uneingeschränkt herrschte. Bei Kapeljuš fällt es bereits schwer zu unterscheiden, was in seinen Schriften ihm selbst ge-hört und was als Tribut an das geforderte Ritual betrachtet werden muß. Aus eigener Erfahrung weiß ich sehr gut, wie die kleinste Abweichung von diesem ideologischen Ritual in den fünfziger, sechziger – das sogenannte »Tauwetter« der sechziger Jahre war in der Philosophie und den Geschichtswissenschaften kaum spürbar – und siebziger Jahren das Erscheinen eines Buches oder einer Abhandlung verhindern konnte. Es erforderte vom Verfasser List und vom Herausgeber Mut, wollte man von diesem Ritual abwei-chen!

Kapeljuš konzentriert seine Aufmerksamkeit auf die *Protestanti-sche Ethik*. Es ist recht schwierig, seine eigentliche Einschätzung dieses Werkes herauszufinden, denn seine Äußerungen sind oft widersprüchlich. So heißt es, Webers Konzeption des Protestantismus als einer innerweltlichen Askese sei eigentlich von Adolf v. Harnack entlehnt und enthalte folglich nichts Neues. Aber sofort fügt unser Autor hinzu, daß sie einen »ziemlich ausgeklügelten Charakter trägt«.[50] Hier muß sich der Leser fragen, was sie denn nun ist: ein Gemeinplatz, die triviale Konstatierung des längst Bekannten oder eine neu ausgedachte (und dabei fiktive) Konstruktion? Ohne aber dem verlegenen Leser zu helfen, fährt Kapeljuš fort: »Der Zusammenhang zwischen Frühkapitalismus und asketischen Tendenzen ist eine festgestellte historische Tatsache. Mit seiner Theorie der innerweltlichen Askese versucht Weber, viele Tatsachen zu erklären. Seine Erklärung mag richtig oder unrichtig sein, jedenfalls stellt die Webersche Position einen Schritt vorwärts dar im Vergleich zur stereotypen Auffassung vom Calvinismus als einer ›seltsamen Mischung‹.«[51]

Kapeljuš will gewisse Vorteile des Weberschen Werks anerkennen, indem er seinen Hauptgehalt auf folgende Weise zusammenfaßt: »Abgesehen von Askese und Sparsamkeit spielen in dieser Weberschen Konzeption eine bedeutsame Rolle Disziplinierung, Rationalisierung und Methodisierung der ganzen Lebensweise der Puritaner durch jenes religiös gefärbte ›Ethos‹, aus welchem Weber den ›Geist des Kapitalismus‹ hervorkommen läßt. Nur diese religiöse Disziplinierung der innerweltlichen Tätigkeit, nur die Idee der Bereicherung ›in Gottes Namen‹, kann nach Weber die Tendenz zum unbegrenzten Erwerb als Selbstzweck begründen. Den unbegrenzten Erwerb als Selbstzweck faßt Weber als etwas der menschlichen Natur Fremdes und ihr Widerstrebendes, als etwas ihr ›Transzendentes‹, ›Irrationales‹ auf. Nur eine religiöse Idee kann den Menschen dazu bringen, daß er nicht um seinetwillen erwirbt, nicht um seine Lust – oder seine Habsucht – zu befriedigen, sondern im Namen des Erwerbs als solchen, ›ad majorem Dei gloriam‹.«[52]

Daran anschließend kann nun Kapeljuš den Wert der Weberschen Konzeption, mit der er eine ganz neue Dimension, ein neues Forschungsfeld für die soziologische Wissenschaft, nämlich die Religionssoziologie, entdeckt habe, wie folgt bestimmen: »Das ist

---

50 F. Kapeljuš, *Religija rannego kapitalizma*, Moskva 1931, S. 233.
51 Ebd., S. 234. Gemeint ist hier das Wort von Geißers, dessen Buch 1882 in russischer Übersetzung erschien.
52 Ebd., S. 235.

ohne Zweifel eine idealistische, sogar eine ultraidealistische Konstruktion, und eine aufgeblasene und schwankende dazu. Trotzdem enthält sie ein Körnchen Wahrheit. Denn es liegt ihr eine reale Tatsache zugrunde: die Selbstvermehrung des Kapitals, die erweiterte kapitalistische Reproduktion.«[53]

Das »Körnchen Wahrheit« der Weberschen Theorie besteht, wie es diese Aussage bezeugt, in der Möglichkeit, mit ihrer Hilfe die Richtigkeit der marxistischen Lehre zu bestätigen, nach der alle geistigen Phänomene von der materiellen Basis – in diesem Fall von der erweiterten kapitalistischen Reproduktion – abhängig sind und daraus abgeleitet werden müssen. In bezug auf die *Protestantische Ethik* bedeutet dies, die gesamte Argumentation des deutschen Soziologen umzukehren. Wie paradox es auch erscheinen mag, dies ist tatsächlich Kapeljuš' Absicht. »Man kann«, behauptet er, »bei dieser Theorie von Max Weber ›die Innenseite nach außen kehren‹, dann erweist sie sich für die marxistische Methodologie als durchaus bedeutungsvoll: Sie demonstriert ja, auf welche Weise der Frühkapitalismus mit einer bestimmten religiösen und moralischen Ideologie – nämlich dem Calvinismus – verbunden war. Die Thesen von Engels, daß Calvins Prädestinationslehre den Ansichten der kühnsten Bourgeois seiner Zeit ›angepaßt‹ war und daß der Calvinismus in Wirklichkeit eine religiöse Übersetzung der Interessen des damaligen Bürgertums darstellte, erhalten eine sehr konkrete und wertvolle Ergänzung und Erläuterung in der Theorie Max Webers, nachdem wir sie ordentlich ›von innen nach außen‹ gewendet haben.«[54]

Also soll die *Protestantische Ethik* in den Dienst der marxistischen Doktrin gestellt werden, welche die Entwicklungsgesetze der Gesellschaft in Analogie zu den Naturgesetzen verstehen will. Um das zu ermöglichen, müssen das menschliche Bewußtsein, Weltanschauung und Religion, d. h. der »subjektiv gemeinte Sinn«, der das menschliche Handeln bestimmt, ausgeklammert werden. Das alles wird als etwas von ökonomischen Beziehungen Abgeleitetes, als Überbau über der ökonomischen Basis, betrachtet. Man kann aber nicht übersehen, daß eben dieses Geschichtsbild durch die Webersche Untersuchung des Protestantismus zerstört wurde. Also hört Kapeljuš nicht auf zu wiederholen: »Jene religiöse und

53 Ebd., S. 235.
54 Ebd., S. 238.

moralische Ideologie des Calvinismus, welche bei Weber zum Vater des kapitalistischen ›Geistes‹ und eigentlich des Kapitalismus überhaupt ernannt wird, kann umgekehrt interpretiert werden, nämlich als ein ideologischer Überbau über die ökonomische Basis des Kapitalismus.«[55]

Das ist die typische Situation in der Sowjetunion der dreißiger Jahre: Um wenigstens ein »Körnchen Wahrheit« in der Theorie eines »bürgerlichen Wissenschaftlers« anerkennen zu können, muß man »ihre Innenseite nach außen« kehren und sie zu einer »Ergänzung und Erläuterung« der Lehre des Marxismus erklären.

Die penible Erfüllung aller Forderungen des ideologischen Rituals wurde von einigen sowjetischen Wissenschaftlern als eine Art Schild benutzt, in dessen Schutz sie den engen und erstarrten Rahmen des marxistischen Dogmas ein wenig zu lockern versuchten. Das ist auch hier der Fall. Kapeljuš, sich auf Max Weber stützend, erlaubt sich, eine marxistische These zu überprüfen, nämlich jene, der zufolge die progressive Gesellschaftsklasse – in diesem Fall das Bürgertum – sich schon während ihrer Entstehung auf die progressive Ideologie – also den Materialismus – stützte. »Wir hoffen«, schreibt Kapeljuš im Schlußteil seines Buches, »daß unsere Arbeit folgendes aufgeklärt hat: Im 16. und 17. Jahrhundert, in der frühkapitalistischen Epoche, wurde die Ideologie des aufstrebenden Bürgertums nicht vom Materialismus, sondern von religiösen Momenten gebildet«.[56] Dabei bezieht sich Kapeljuš auf Marx' »Thesen über Feuerbach«: Sie wurden ja in den dreißiger Jahren, ebenso wie die Jugendschriften von Marx in den sechziger Jahren, als Argument gebraucht von jenen, die den Marxismus zu »vergeistigen« suchten und für einen »Sozialismus mit menschlichem Antlitz« eintraten. Kapeljuš bemerkt, daß der Begriff »Materialismus« nicht allzu eindeutig verstanden werden sollte. Mehr noch: Nicht immer sei der Materialismus progressiver, d. h. revolutionärer, als der Idealismus. Bis Feuerbach war der Materialismus, nach Marx, vielmehr eine theoretische, an Anschauung orientierte, keine praktische, auf Tätigkeit orientierte Philosophie. Daraus könnte der Leser schließen, daß auch der Idealist Weber (wie ihn der Autor qualifiziert) tolerant behandelt werden dürfe.

55 Ebd., S. 280.
56 Ebd., S. 253.

Aber der Autor selbst zieht diesen Schluß nicht, denn die aus Marx abgeleitete ideologische Amnestie erstreckt sich nicht auf den Idealismus nach Marx.

Schluß

Alle Fälle der Weber-Forschung, die wir hier betrachtet haben, bezeugen, daß *nicht* einzig und allein die Entwicklungslogik der wissenschaftlichen Erkenntnis das Interesse oder Desinteresse am Werk Max Webers bestimmte. Jene erstaunliche Tatsache, für die Johannes Weiß keine plausible Erklärung geben konnte, daß ein vielversprechender Dialog, den russische Marxisten mit Weber begonnen hatten, so plötzlich unterbrochen wurde und keine Fortsetzung erfuhr, weder in den dreißiger noch in den vierziger oder fünfziger Jahren, findet so eine einfache (und traurige) Erklärung: im groben Eingreifen der Politik in die Wissenschaft.

Die »Weber-Renaissance«
und unsere »Perestrojka«

In einem Brief an Hannah Arendt vom 4. 10. 1964 erinnert sich Karl Jaspers an Worte, die er einst von Heinrich Rickert hörte: »Daß Sie aus Max Weber eine Philosophie machen, das ist Ihr gutes Recht; daß Sie ihn aber einen Philosophen nennen, ist Unsinn« (1, 603). Diese Worte enthalten eine ernste Warnung an alle, die Webers Lehre als ein Ganzes zu verstehen versuchen, statt sich auf oberflächliche Interpretationen, auf eine willkürliche Zusammenstellung beliebter (oder umgekehrt – unbeliebter) Zitate zu beschränken. Es ist aber sehr schwer, diese Warnung zu befolgen, so schwer, daß sie uns oft an ein Rätsel der Sphinx erinnert.

Max Weber gehört zu jenen Soziologen, aus deren Lehre kein einzelner Begriff herausgenommen und isoliert verwendet werden darf, wie verlockend dies auch erscheinen mag, sind doch viele seiner Begriffe axiomatisch einleuchtend und wirklich »heuristisch«. Man darf dies nicht nur deshalb nicht tun, weil jeder seiner soziologischen Begriffe erst durch seine tiefen und vielseitigen Verhältnisse zu allen anderen bestimmt wird (obwohl der ganze Zusammenhang keinen streng formalisierten systematischen Charakter trägt), sondern aus einem noch wichtigeren Grund: Sobald wir seine Begriffe sorgfältiger analysieren, entdecken wir »darunter« eine bodenlose Tiefe uns immer weiterführender sozialphilosophischer Vorstellungen und rein »metaphysischer« Postulate. Dieser neue, tiefliegende Zusammenhang der unausgesprochenen philosophischen Annahmen ist nicht leicht zu durchschauen. Dabei kann man vermuten, daß Max Weber selbst diesen Zusammenhang für sich nicht mehr als Soziologe oder Sozialphilosoph, sondern vielmehr als »Metaphysiker« formulierte, und zwar in jenem Sinne, in welchem Kant, nachdem er die alte Metaphysik in seiner *Kritik der reinen Vernunft* zunichte gemacht hatte, selbst als Metaphysiker in der *Kritik der praktischen Vernunft* und überhaupt in seiner Ethik auftrat.

Wie gefährlich es auch sein mag, Weber als Philosophen zu behandeln – die Gefahr, in den von Rickert erwähnten »Unsinn« zu verfallen, ist tatsächlich groß –, die Logik des Gegenstandes, d. h. das Webersche Werk selbst, führt die nachdenklichsten Forscher regelmäßig an diese gefährliche Grenze. Mehr noch: Wenn wir die Leistungen der Weberforschung, besonders der sogenannten »Weber-Renaissance« der letzten Zeit, einschätzen wollen, müssen wir die Erfolge eines Forschers daran messen, wie weit er sich dieser Verbotslinie zu nähern wagte. Denn nur auf diesem Wege kann man der soziologischen Lehre Webers als einem Ganzen näherkommen. Sonst ist es unmöglich, jene immer neu auftauchenden Tendenzen zu überwinden, Weber als Verfasser einer Sammlung »soziologischer Weisheiten« darzustellen, wodurch all sein Bemühen, Soziologie als strenge empirische Wissenschaft zu begründen, mißachtet wird.

Die Untersuchung von Genese und Struktur der soziologischen Lehre Webers auf diesem Wege führte zu den besten Ergebnissen in der Weberforschung, und das nicht nur im Westen. Wenn die zweite »Entdeckung Webers« in unserem Lande[1] irgendwelche Resultate ergab, die mit denen der »Weber-Renaissance« im Westen verglichen werden könnten, so ist dies zwei Momenten zu verdanken. Es gab, erstens, einzelne Forscher, die die Webersche Lehre, welche auf den ersten Blick aus heterogenen Teilen zusammengesetzt ist, in ihrer *Ganzheit* zu verstehen versuchten. Und es wurde, zweitens, erkannt, daß diese Ganzheit ohne Einblick in den »metaphysischen« Untergrund der empirischen Soziologie Webers keineswegs zu begreifen ist.

Hier müssen wir nun leider feststellen, daß, obwohl einige Wissenschaftler im Westen das erwachte Interesse der russischen Soziologie an Weber bemerkten, sie diesen schwierigen Prozeß nicht richtig einschätzten. So zählt z. B. Johannes Weiß in seinem

---

1 Man kann sie vielleicht auch die dritte nennen: Vor der Oktoberrevolution 1917 kannte man Max Weber wohl in Rußland, nach 1917 aber, infolge der Verfolgung und teilweisen Vernichtung der russischen Intelligencija, wurden die traditionellen Beziehungen zwischen der russischen und westeuropäischen Kultur abgebrochen. So erscheint das erneute Interesse für Webers Werk Ende der dreißiger Jahre als eine wahre »Entdeckung«.

Buch über die Rezeption Webers in Osteuropa und vor allem in unserem Lande in ein und derselben Reihe Autoren ganz verschiedener Richtungen auf: solche, die außerstande sind, aus Webers Lehre etwas anderes als einen Haufen willkürlich herausgegriffener Zitate zu gewinnen, solche, die eine Art Zusammenhang zwischen diesen Zitaten herzustellen suchen, ihn aber nur ideologisch, vom marxistischen Standpunkt her, deuten können, und schließlich solche, die nicht nur das wirkliche innere Verhältnis der soziologischen Grundbegriffe Webers erschließen, sondern auch ihren tieferen »metaphysischen« Hintergrund zu erfassen suchen.

Es war nämlich für unsere »zweite Entdeckung« Webers symptomatisch, daß die ersten Versuche, seine Lehre als Ganzes zu begreifen, nicht im soziologischen, sondern im philosophischen Milieu gemacht wurden. So ist z. B. meine Mitautorin Piama Gaidenko, die vor 20 Jahren Max Webers Werk und Denken dem russischen Publikum bekannt zu machen versuchte, von Beruf Philosophiehistorikerin, die sich in ihren ersten Büchern mit der Philosophie von Martin Heidegger, dann mit der von Immanuel Kant beschäftigte, so daß sie auch an die Analyse der Lehre Webers von einem kantischen Standpunkt aus heranging (siehe ihre Arbeiten 3, 4, 5).

Für unsere »zweite Entdeckung« Webers war das Begreifen seiner Lehre in ihrer Ganzheit durch eine tiefere Analyse des ihr zugrundeliegenden einheitlichen weltanschaulichen »Komplexes« nicht minder wichtig als für die »Weber-Renaissance« im Westen. Beachtet man diesen Umstand nicht, so ist es kaum möglich, den Zusammenstoß von zwei verschiedenen Traditionen in der Deutung von Webers Werk zu erkennen. Dies um so weniger, als die Vertreter beider aufgrund eines ständigen ideologischen Drucks gezwungen waren, sich auf die »Klassiker des Marxismus-Leninismus« zu berufen.[2] Ich meine zum einen die obenerwähnte kantische und zum anderen die szientistisch-positivistische Tradition.

Letztere kommt am deutlichsten in den Arbeiten von Igor Kon zum Vorschein, der im Westen besser als andere russische Historiker der Soziologie bekannt ist. Igor Kon betrachtete die sozio-

2 Obwohl auch hier der aufmerksame sowjetische Leser ein unterschiedliches Maß an ideologischer Nachgiebigkeit der Verfasser bemerkte.

logische Lehre Max Webers vom Standpunkt der positivistischen Richtung in der Soziologie (und schloß sie damit in einen magischen Zirkel marxistisch-positivistischer Interpretation ein).[3] Eine solche Einstellung konnte kaum dazu beitragen, die »metaphysischen Wurzeln« dieser Lehre aufzudecken.

Ebensowenig leistete sie der angewandten Soziologie einen Dienst. Diese war mehr an der Terminologie eines westlichen Soziologen interessiert als am inneren Zusammenhang seiner Theorie. Dabei muß man berücksichtigen, daß manche Weberschen Begriffe von unserer angewandten Soziologie bereits früher aus Parsons' Werken entlehnt wurden, wobei ihre wirkliche Herkunft unbekannt blieb. Unsere Soziologie »assimilierte« Weber, bevor sie ihn wirklich entdeckt hatte.

Dennoch setzte sich immer nachdrücklicher das Bestreben durch, Max Webers Werk im ganzen zu begreifen – wenn nicht im allgemeinen Bewußtsein unserer Soziologen, so doch in der theoretischen Soziologie, welche sich bei uns hauptsächlich im Rahmen der Untersuchungen zur Geschichte der westlichen Soziologie entwickelte.[4] Leider blieben Johannes Weiß all diese »Familiengeheimnisse« unserer einheimischen Weberforschung verborgen.

3 Igor Kon qualifiziert Max Weber als »den bedeutendsten Vertreter des Neuidealismus in der deutschen Soziologie« (2a, 131), wobei er der – für jene Zeit – recht typischen marxistisch-positivistischen Auffassung folgt. Zwar entsprach diese Auffassung den ideologischen Forderungen der Zensur nicht gänzlich, doch weit genug, um nicht abgelehnt zu werden. Der wirkliche Sinn der erkenntnistheoretischen Position Webers wurde aber stark verzerrt, weil die Interpretation von der dogmatischen Vorstellung eines »radikalen Gegensatzes zwischen Materialismus und Idealismus« ausging.

4 Auf diesem Wege wurde bei uns Schritt für Schritt eine echte soziologische Theorie ausgearbeitet, im Gegensatz zum historischen Materialismus, der jahrzehntelang als die einzig zulässige soziologische Theorie galt.

2

Dennoch zog sein 1981 erschienenes Buch sofort die Aufmerksamkeit auf sich, verriet es doch eine bessere Kenntnis der russischen Literatur, als sie westliche Autoren sonst zu haben pflegen. Johannes Weiß kannte nicht nur die offiziellen Publikationen, sondern auch die im sogenannten »kleinen Druck« erschienenen Aufsätze und sogar Manuskripte. Dabei orientierte er sich freilich hauptsächlich am »soziologischen Establishment« (das sich bei uns zu jener Zeit schon gebildet hatte[5]). Deshalb blieb eine ganze Schicht der weniger oder überhaupt nicht marxistisch orientierten Weberforschung außerhalb seines Blickfelds – nämlich jene Werke, welche die offizielle Ideologie als »revisionistisch« qualifizierte.

Zu diesen Schriften, die, wenn überhaupt, mit dem Stempel »Nur für den internen Dienstgebrauch«[6], publiziert wurden, gehört der Sammelband *Das Schicksal der Kunst und der Kultur im westeuropäischen Denken des 20. Jahrhunderts* (Moskau 1979), in dem die berühmte Vorlesung »Wissenschaft als Beruf« zum ersten Mal publiziert wurde (in der Übersetzung und mit dem Kommentar von Piama Gaidenko). Dank dieser Übersetzung und den sie begleitenden Beiträgen von Gaidenko und anderen Autoren (3, 4, 5, 6, 8) trat Max Weber zum ersten Mal vor unsere Leser als ein großer sozialer Denker, weder eng positivistisch noch »idealistisch« orientiert, wie es unsere offiziell anerkannte Soziologie behauptet hatte.

Adressiert war diese Publikation (mit der Einführung von Jurij Davydov »Max Weber: Der westeuropäische Humanismus und der Zerfall des Reiches des Wahren, Guten und Schönen«) vor allem an Philosophen und Geisteswissenschaftler, und es waren

5 Zu diesem Establishment sind die von Johannes Weiß erwähnten G. W. Ossipov und E. W. Ossipova zu rechnen und vor allem der am häufigsten zitierte I. S. Kon (seine wichtigsten Bücher und Aufsätze, in denen es um Max Weber geht, wurden nicht zufällig in der DDR publiziert, wo ja der Druck der Ideologie damals viel lastender war als in der Sowjetunion).

6 Jede Kopie des mit diesem Stempel herausgegebenen Buches hatte ihre Nummer und wurde in speziellen Abteilungen der größten Bibliotheken aufbewahrt, zu denen nur wenige und nur mit mehreren schriftlichen Genehmigungen Zugang hatten.

auch diese Kreise, wo sie sofort eine breite Resonanz fand. Erst Jahre später – mit Beginn der »Perestrojka« – begannen auch viele Soziologen, sich die antipositivistische Deutung von Max Webers Lehre anzueignen.

Doch es war eben die obenerwähnte Publikation, die die erste Bresche in unsere dogmatisch-positivistischen Vorstellungen von Weber schlug. Schon 1980 wurde Weber als einer der größten sozialen Denker nichtpositivistischer Richtung in dem Sammelband *Der Neomarxismus und die Probleme der Kultursoziologie* dargestellt. Die erste Abteilung – die große historisch-theoretische Einleitung – war Max Weber gewidmet[7]; außerdem wurde die weitgehende, obwohl nur »negative« Abhängigkeit des Neomarxismus der Frankfurter Schule von der Rationalitätskonzeption Webers gezeigt.

Derselbe Gedanke war übrigens schon früher – 1977 – deutlich formuliert worden, nämlich in der ersten Abteilung meines Buches *Kritik der sozialphilosophischen Ansichten der Frankfurter Schule,* welche zu jener Zeit nur mit Mühe publiziert und als Habilitationsschrift vorgelegt werden konnte (siehe den Paragraphen »Transformation der Rationalitätsidee Max Webers in die Geschichtsphilosophie der Frankfurter Schule« (9, 78-88) und die Einleitung zur dritten Abteilung, wo Herbert Marcuses Beitrag auf dem Kongreß der westdeutschen Soziologen zum 100. Geburtstag Max Webers[8] besprochen wird).

Indessen waren die obenerwähnten Schriften dieser »neuen Welle« der Weberforschung nicht wirklich die ersten: Es gab schon früher Versuche dieser Art im Zusammenhang mit der soziologischen Analyse des Neomarxismus. Die Problematik der Rationalitätstheorie (und Rationalisierung) bei Weber war damit aufs engste verbunden.

Um sich davon zu überzeugen, genügt es, unsere ersten Aufsätze über die Sozialphilosophie des Frankfurter Neomarxismus durchzublättern (11, 158-161, vgl. auch 12). Bezeichnend ist, daß diese Arbeiten ursprünglich nicht im Rahmen der offiziellen Soziologie entstanden, sondern im Rahmen der Ästhetik. Denn in der Abteilung Ästhetik des Moskauer Instituts für Kunstgeschichte ver-

---

7 Unter dem Titel »Max Weber und die Krise des westeuropäischen Rationalismus«.
8 Herbert Marcuse, »Industrialisierung und Kapitalismus« (10).

sammelte sich ein Teil der ehemaligen Mitarbeiter und Doktoranden des Philosophischen Instituts, in dem die Arbeit auf dem Gebiet der erst entstehenden Soziologie[9] unmöglich war, wollte man nicht in Konflikt oder in einen allzu weit gehenden Kompromiß mit der herrschenden marxistischen Ideologie geraten. Die Soziologie – verstanden als theoretische Disziplin, nicht als Lieferant »konkreter Untersuchungen« (praktisch als Berichte und Memoranden für »leitende Parteiinstanzen«)[10] – bildete sich also ursprünglich sozusagen an der Peripherie heraus – vor allem unter dem Namen einer Soziologie der Kunst (13).[11]

Im Unterschied zur marxistisch-positivistischen soziologischen Theorie (wie paradox eine solche Verknüpfung auch klingen mag), die sich im Schoße des Instituts für Philosophie entwickelte, bildeten sich im Rahmen unserer Soziologie der Kunst zwei Richtungen heraus – eine antipositivistisch-»jungmarxistische« und eine weberianische (vgl. 14). Die »jung-« oder »neomarxistische« lehnte unsere einheimische Version der Kunstsoziologie bald ab, denn sie stand von Beginn an in Opposition zum Marxismus, welcher in unserem Lande die offizielle ideologische Rechtfertigung des totalitären Regimes zu leisten hatte.

Den letzten Anstoß weg vom Marxismus – auch in seinen eher humanisierten Formen, dem sogenanten »Frühmarxismus« – gab uns die chinesische »Kulturrevolution«, die mit großem Enthusiasmus von westlichen Neomarxisten begrüßt wurde. Vor allem spalteten sich unsere »Jungmarxisten«, die eine Soziologie der

9 Aus der Abteilung »Arbeit und Alltagsleben« des Philosophischen Instituts entstand später ein Institut für Soziologie, dessen Mitarbeiter aber überwiegend in voller Übereinstimmung oder im Kompromiß mit dem orthodoxen Marxismus blieben.

10 Unser erstes Institut für Soziologie wurde nur als »Institut für konkrete soziologische Untersuchungen« eingerichtet (und hieß so bis Gorbačevs Machtübernahme, also bis 1985), und für alle seine Leiter blieb der »historische Materialismus« die einzig mögliche theoretische Soziologie.

11 Das war kein zufälliger Notausgang – dieselbe »Flucht in die Ästhetik« unternahmen schon früher zwei der bekanntesten Denker der sowjetischen Zeit, nämlich M. M. Bachtin und A. F. Lossev: Der erste entwickelte seine Philosophie unter dem Namen »Literaturkunde«, der zweite als »Ästhetik« (hauptsächlich als »Geschichte der antiken Ästhetik«).

Kunst (als Modell der theoretischen Soziologie überhaupt) auf der Grundlage der Ideen des jungen Marx zu entwickeln versuchten (siehe dazu 15). Ein Teil von ihnen ging vom Marxismus zum Kantianismus und von der Entfremdungstheorie zur Weberschen Theorie der Rationalität und Rationalisierung über. Der zweite, viel größere Teil[12] verließ die Soziologie der Kunst und wandte sich einer unbestimmten »Ästhetik« zu, die er im Sinne modischer Richtungen zu modernisieren suchte – zuerst in strukturalistischer, dann in hermeneutischer Art.

Die Entwicklung der theoretischen Soziologie im Rahmen der Kunst- und Kultursoziologie kam durch diese Spaltungen zu ihrem Ende.[13] Wer seine Arbeit auf soziologischem Gebiet fortsetzen wollte, mußte nun Obdach im Institut für soziologische Untersuchungen der Akademie der Wissenschaften suchen, in der Hoffnung, dort eine »ökologische Nische« zu finden – außerhalb des Kampfes, der damals auf dem Felde der Soziologie zwischen den dogmatischen Anhängern der »streng marxistischen« Soziologie, den »marxistischen Positivisten« und den radikal links orientierten Politikern stattfand, die sich deshalb Soziologen oder Politologen nennen mußten, weil es absolut unmöglich war, außerhalb der KPdSU nur Politiker zu sein. Diese chaotische Übergangsperiode in der Entwicklung unserer soziologischen Wissenschaft, in der unter der Bezeichnung »marxistische Soziologie« Vertreter sehr verschiedener theoretischer Richtungen koexistierten, dauerte bis zum Beginn unserer »Perestrojka«.

3

Während der »kleineren Verfolgungswelle« gegen die Intelligencija in der Sowjetunion in den Jahren 1968-1973, als die Parteileitung ihren Kampf mit den Dissidenten und sogenannten »Unterzeichnern« führte, blieb für theoretisch orientierte Soziologen

---

12 Dies waren hauptsächlch die Anhänger eines hegelianisierten Marx.
13 Diesen Prozeß förderte die Parteileitung: Die Ästhetische Abteilung am Institut für Kunstgeschichte wurde im Zuge der allgemeinen Verfolgungskampagne vernichtet, die unsere Partei- und Staatsführer gegen sogenannte »Dissidenten« – Unterzeichner der Protestbriefe – begonnen hatten; viele Mitarbeiter der Abteilung hatten solche Briefe unterschrieben.

kein anderer Weg, ihre Gedanken auszudrücken, als durch die Auseinandersetzung mit den neuesten theoretischen Tendenzen in der westlichen Soziologie.[14] Da eine der auffälligsten soziologischen Erscheinungen jener Zeit im Westen der Neomarxismus war (nicht zu verwechseln mit unserem einheimischen!), den die »Neue Linke« ins »soziologische Establishment« trug, wurde zuerst diese Bewegung, dann der Neomarxismus (vor allem der der Frankfurter Schule) Gegenstand gespannter Aufmerksamkeit für unsere Soziologen; dabei ging die theoretisch-ideologische Divergenz – nun in bezug auf dieses neue Objekt – immer weiter und tiefer.

Es war auch kein Zufall, daß jene Soziologen, deren Abkehr vom Marxismus mit einer vertieften Aneignung des theoretischen Nachlasses von Max Weber einherging, die aber ihre weberianisch klingenden Ansichten nicht direkt aussprechen durften[15], einen Ausweg darin fanden, den Einfluß der wichtigsten Ideen Webers auf die Neomarxisten zu untersuchen und Deformierungen dieser Ideen dort kritisch zu analysieren. Das machte es möglich, ohne offene Konfrontation mit der marxistischen Dogmatik die Unselbständigkeit und Abhängigkeit der kritischen Theorie des Neomarxismus nicht nur von Marx (was die Neomarxisten ja auch selbst nicht leugneten), sondern auch von Max Weber zu zeigen, dessen Lehre sie selbst als eine »bourgeoise«[16] entschieden ablehnten. Dadurch aber wurde die Aktualität der Weberschen Ideen auch für die neomarxistische »Karl-Marx-Renaissance« demonstriert und die Priorität Webers in bezug auf eine ganze Reihe weitverbreiteter Ideen der modernen Soziologie behauptet.[17]

Auf diese Weise wurde die Linie fortgesetzt, die wir in unseren ersten Schriften über Theodor W. Adorno entworfen hatten (11,

14 Welche zu jener Zeit selbst in hohem Maße ideologisiert war, was auch den überflüssigen »Ideologismus« unserer Untersuchungen der westlichen soziologischen Theorie beeinflußte.

15 Leider hatte Lenin Max Weber als einen »diplomierten Lakaien der Bourgeoisie« gebrandmarkt, und diese »Qualifikation«, vom »Klassiker« ausgesprochen, konnte nicht verändert werden.

16 Diese Tradition kommt von Georg Lukács, dem Begründer des Neomarxismus; dabei verdankte er Max Weber mehr als irgendein anderer unter den Neomarxisten.

17 Die meisten unserer Soziologen waren geneigt, diese Ideen entweder der Frankfurter Schule oder Talcott Parsons zuzuschreiben.

12), als der westliche Neomarxismus bei uns noch unbekannt war und unser einheimischer »Jungmarxismus«[18] noch den Charakter einer direkten Deduktion aus den frühen Marxschen Arbeiten (vor allem aus seinen »Thesen über Feuerbach«) hatte (vgl. 16, 15[19]). Jetzt freilich war die Rede nicht mehr nur von Adorno, sondern auch von Herbert Marcuse (17) und Max Horkheimer (in bezug auf seine programmatische Schrift »Die traditionelle und kritische Theorie« und die bekannte *Dialektik der Aufklärung*, zusammen mit Adorno geschrieben) (9, 43-107). Dabei wurde besonders die Deutung des Weberschen Rationalitätsbegriffs im Geiste der Hegel-Marxschen Kategorie der »Entfremdung« (die bei Marx einen spezifischen sozialphilosophischen Sinn hatte) beachtet, und die Entstehung der Frankfurter »Geschichtsphilosophie« wurde als Alternative zu Webers Soziologie der Rationalitätsgeschichte gesehen.[20] Unsere Kritik richtete sich dabei gegen den fatalistischen Determinismus. Er schien uns jenem »bleiernen Geschichtsmaterialismus« analog zu sein, den Thomas Mann beim Verfasser des *Untergangs des Abendlandes* festgestellt hatte. Für soziologischen Fatalismus muß man bezahlen; bei den Frankfurter Theoretikern war der »Preis« die apokalyptisch-eschatologische Vorstellung von der sozialen Revolution. Sie avancierte zur einzig möglichen Form der Scheidung von der »mißlungenen« bürgerlichen Zivilisation, und so entstanden im neomarxistischen Bewußtsein immer wieder revolutionär-extremistische Obertöne.

18 Den Namen »Jungmarxisten« hat uns M. A. Lifšic gegeben – der russische Freund von Georg Lukàcs und sein Mitarbeiter an der Zeitschrift *Literaturkritiker*, welche in den dreißiger Jahren in Moskau herausgegeben wurde. Er wollte uns – seinen Ästhetiker-Kollegen – damit seinen eigenen »klassischen Marxismus« entgegensetzen und zeigen, daß wir vom offiziellen marxistischen Dogma weit abgefallen waren, so daß wir auf diese ironisch-denunziatorische »Qualifikation« beinahe stolz waren.

19 Im Unterschied zum ersten Autor, der damals auch das Grundwerk von Lukàcs kannte (nach der verkürzten Übersetzung, die in der *Zeitschrift der kommunistischen Akademie* zu Beginn der zwanziger Jahre publiziert worden war), war dem zweiten nur das in der DDR herausgegebene Buch von Lukàcs *Der junge Hegel* bekannt.

20 Auf diese Weise wurde von uns die universalhistorische Soziologie von Max Weber verstanden.

Sowohl in den erwähnten Arbeiten über Adorno, Horkheimer und Marcuse als auch in den Schriften zu Beginn der achtziger Jahre (18) wurde gezeigt, daß eine solche »Ausnutzung« von Webers Rationalitätsidee durch die Neomarxisten der Frankfurter Schule immer und gar nicht zufällig mit einem merkwürdigen »Amalgamieren« einer Hegel-Marxschen Interpretation der Rationalität mit einer links-freudianischen, insbesondere links-sur-realistischen Position zusammenging. Infolgedessen verwandelte sich die späte Frankfurter Geschichtsphilosophie in eine Art Psychopathologie der Geschichte – in eine Geschichte des »Wahnsinns« der (westlichen) Vernunft, in eine durchsichtige Parodie der Aufklärungsidee vom Fortschritt der Vernunft und Vernünftigkeit (7a, 115-135).

Also wurden schon in der Geschichtsphilosophie der Frankfurter Schule die Voraussetzungen für jene Gesinnung geschaffen, deren adäquatesten Ausdruck heute der Postmodernismus darstellt. Bemerkenswert ist dabei, daß die Suche nach Alternativen zu dieser nihilistischen Haltung in unserem Lande hauptsächlich im Zusammenhang mit unserer einheimischen »Weber-Renaissance« erfolgte, zu der die obenerwähnte »zweite Entdeckung« Max Webers am Ende der sechziger Jahre geführt hatte.

Ehe wir darauf näher zu sprechen kommen, sei eine Abschweifung vom Hauptthema gestattet, um uns selbst als außenstehende Beobachter neuerer Prozesse in der westlichen Sozialphilosophie und theoretischen Soziologie zu charakterisieren. Die einzige offiziell anerkannte und deshalb zulässige Weise, die moderne westliche soziologische Theorie zu besprechen, war die Kritik dieser Theorie, wobei ihre objektive Darstellung nur in Grenzen möglich war. Eine solche Darstellung wurde von seiten der ideologisch orientierten Behörden als »bourgeoiser Objektivismus« qualifiziert (und aus einer solchen Qualifizierung wurden administrative Konsequenzen gezogen – von Degradierung über Entlassung bis hin zum Berufsverbot). Deshalb war es ein großer Fortschritt für unsere Geisteswissenschaftler, als wir von einer »transzendenten« Kritik der theoretischen Soziologie des Westens[21] zu einer »imma-

---

21 Dabei wurden theoretische Aussagen – öfter auch ganz willkürlich herausgegriffene Zitate – mit offiziell anerkannten und eigentlich sakralisierten Texten der Gründer unserer Ideologie verglichen, wodurch – bei Abweichung – ihre Unrichtigkeit als bewiesen galt.

nenten« übergehen konnten[22], welche die zusammenhängende Darstellung der kritisierten Konzeption und die Enthüllung ihrer eigenen inneren Widersprüche voraussetzte.

Es war allerdings sehr schwierig – nicht nur für den westlichen Beobachter, sondern auch für den russischen, der alle Geheimnisse der äsopischen Sprache kannte –, zu unterscheiden, ob ein Autor eine Konzeption nur deshalb kritisierte, weil dies die einzige Möglichkeit war, die sowjetische Öffentlichkeit mit ihrem Inhalt bekannt zu machen, oder ob seine Kritik prinzipieller Natur war, das heißt, ob er die gegebene Konzeption tatsächlich für innerlich widerspruchsvoll oder ungenügend begründet hielt. Aber gerade an diesem Punkt zeigte sich der Fortschritt unserer soziologischen Theorie: Sie begann endlich, selbständig unter verschiedenen westlichen Konzeptionen und theoretischen Richtungen auszuwählen.

Wir kennen nur *einen* ernsthaften Versuch, die unterschiedlichen Tendenzen unserer Soziologie, die sich alle unter derselben Gestalt der »Kritik« verbergen mußten, zu analysieren: Klaus Mehnerts Überblick über die unterschiedliche Einschätzung der »Neuen Linken« im Westen durch sowjetische Autoren, veröffentlicht in der Zeitschrift *Osteuropa* zu Beginn der siebziger Jahre (bald auch erschienen als Buch) (37). Der Erfolg dieser Untersuchung Mehnerts lag darin, daß er die wirklichen Ursachen für die unterschiedliche Einschätzung der »Neuen Linken« bei uns sowie für das unterschiedliche Argumentationsniveau erkannte.

Tatsächlich gab es mehrere Merkmale dieser Bewegung, besonders die Ideologie der Gegenkultur, die auf einen Teil unserer liberal-positivistisch gestimmten Soziologen anziehend wirkten. Sie lagen ihnen so nahe, daß sie sich vollkommen mit den westlichen »Neuen Linken« identifizierten. Die »gegenkulturelle« Lebensweise imponierte ihnen so sehr, daß sie nicht imstande waren, die prinzipiellen Unterschiede zwischen der westlichen »Neuen Linken« und der einheimischen liberalen »linken« Bewegung wahrzunehmen. Jene war antibourgeois und antikapitalistisch, ihre

22 Diese Periode begann noch zu Chruščevs Zeiten, während der sogenannten »Tauwetterperiode«; in der Wissenschaft aber kam es zu mehr oder weniger spürbaren Resultaten erst Ende der siebziger, Anfang der achtziger Jahre, unmittelbar vor der »Perestrojka«.

ideologischen Formen erinnerten sehr an die revolutionären Exaltationen unserer zwanziger Jahre.[23] Diese hegte, trotz ihres »linken« Selbstverständnisses, den mitunter unbewußten Traum von der Konvergenz von Sozialismus und Kapitalismus.[24]

Es gab aber schon damals bei uns Soziologen, die den Unterschied zwischen den Bewegungen betonten, indem sie auf die radikal antikapitalistischen (und überhaupt antieuropäischen) Tendenzen der »Neuen Linken« zeigten, als Aufgabe für uns aber ein positives Verhältnis, die Konvergenz, zu den grundlegenden Werten der modernen westlichen Zivilisation forderten. Aber sie blieben eine verschwindend kleine Minderheit. Unsere Linken erklärten sie zu »Neukonservativen«, Macht und Zensur aber hatten nicht ganz grundlos den Verdacht, daß sie »konterrevolutionäre« Gedanken hegten.[25]

Das Interessanteste – und damit kehren wir zu unserem Thema, der »Weber-Renaissance«, zurück – aber besteht darin, daß die unsere Soziologen und Geisteswissenschaftler spaltende Grund-

23 Solche Erinnerungen aber waren bei uns damals streng verboten. So konnte mein Buch *Ästhetik des Nihilismus*, 1968 geschrieben, sieben Jahre nicht erscheinen, weil es solche Parallelen zwischen der »Neuen Linken« und unserer »Linken« der zwanziger Jahre analysierte. Zweimal wurde der schon fertige Satz des Buches wegen der Zensur vernichtet. Schließlich übergab der Verlag das Buch dem ZK der KPdSU, wo mein »privater« Zensor eigenhändig alle Parallelen strich, die den Leser vermuten lassen konnten, die Rede sei nicht nur von »ihnen«, sondern von »uns«.

24 Viele von diesen unseren ehemaligen Verteidigern der »Neuen Linken« traten später als aktive Teilnehmer oder gar Führer unserer »Perestrojka« auf, wurden Anhänger der Konvergenzidee und vor allem des Privateigentums, wogegen sich die »Neuen Linken« in den sechziger Jahren empört hatten – so z. B. E. Ambarcumov, jetzt Präsident des Außenkomitees in unserem Staatsrat, früher ein glühender Anhänger der westlichen Linken. Er war einer der ersten, die sich bei uns für sie eingesetzt haben, indem er Klaus Mehnerts Buch einer vernichtenden Kritik unterzog, da es die Position des »Sohnes eines russischen Großfabrikanten« ausdrückte (38, 6).

25 Eben dies veranlaßte Mehnert, die Position der antirevolutionär orientierten Kritiker der »Neuen Linken« als besonders beachtenswert hervorzuheben (37, 47-49; 67; 71). Dies verstärkte den Verdacht unserer Macht und Zensur gegen derartige Kritik an der »Neuen Linken« und dem Neomarxismus überhaupt.

frage, die zunächst eine Frage des Verhaltens zu der »Neuen Linken« zu sein schien, in Wirklichkeit ein Problem ethischer Art betraf. Es handelte sich nämlich darum, wie man die gegenkulturelle Feindseligkeit der »Neuen Linken« gegen die protestantische und jede andere Ethik einschätzen sollte. Sie lehnten sie ja wegen ihres »bourgeoisen«, »repressiven«, »ausbeuterischen« Charakters ab.

Die überwältigende Mehrheit unserer Autoren, die über die »Neuen Linken« schrieben, spürte in ihnen eine verwandte Seele – vielleicht nicht so sehr wegen ihrer Antibürgerlichkeit, als vielmehr wegen ihres bohemienhaft gefärbten moralischen Nihilismus, der sich gegen das – wie man bei uns sagte – Philistertum verwenden ließ. Anderen wiederum mißfiel vor allem dieser gegenkulturelle Nihilismus, der für das unter Brežnev immer weiter zerfallende Rußland nichts Gutes versprach.

Jedenfalls trat die Frage der Ethik für aufmerksame Beobachter in den Vordergrund. Und dies machte uns, die Historiker der modernen westlichen Soziologie, sehr empfänglich für den ethischen Aspekt des Weberschen Werkes, der auch von den Vertretern der im Westen beginnenden »Weber-Renaissance« betont wurde. Dabei konnte man ohne Mühe eine Art Wahlverwandtschaft zwischen unserem Interesse an diesem Aspekt der soziologischen Lehre Webers überhaupt und unserem ursprünglichen Interesse an der Rationalitätsidee feststellen.

4

Diese neue Entdeckung Max Webers in Rußland verwandelte sich allmählich in eine »Weber-Renaissance«. Dies geschah gleichzeitig mit einer ähnlichen Entwicklung im Westen, d. h. etwa seit 1975. Unsere Werberforscher aber zeigten sich für die »Weber-Renaissance« im Westen deshalb so empfänglich, weil sie selbst die soziologische Lehre Webers als Einheit verstehen wollten. Dieses Streben aber entstand aus ihrer Unzufriedenheit damit, daß man bei uns das Webersche Werk in eine Menge kaum miteinander verbundener Begriffe und Vorstellungen zerteilt hatte.[26]

26 Bei uns war dies die unvermeidliche Folge einer marxistisch-positivistischen Auffassung Webers (siehe 2a, 131-161).

In dem Interesse an einem »einheitlichen« Weber kam zugleich unsere wachsende Distanzierung vom Marxismus zum Ausdruck. Dieser konnte niemandem mehr so einheitlich und monolithisch erscheinen, wie ihn Lenin noch darzustellen versucht hatte. Zu Weber zog uns aber keineswegs der primitive Wunsch hin, Marx dadurch loszuwerden, daß wir seine Lehren nur mit dem umgekehrten Vorzeichen versahen. Wir wollten vielmehr eine wirkliche Alternative zur marxistischen Dogmatik finden.

Vor der »Perestrojka« war es unmöglich, diese Aufgabe direkt zu formulieren. Man wäre sofort als »Antimarxist« und »Antikommunist« abgestempelt gewesen. Recht lange – von 1968 bis etwa 1977 – dauerte die Periode, die durch den letzten ideologischen Gegenangriff der kommunistischen Macht gekennzeichnet ist. Für uns, deren Namen auf den Schwarzen Listen für Revisionisten und Unterzeichner standen, schien in dieser Zeit die Weberforschung überhaupt aus der Wissenschaft verbannt zu sein, denn über Weber durfte kein Wort in irgendeinem philosophischen oder soziologischen Sammelband oder in einer Zeitschrift erscheinen.

Zum Glück dauerte unser letzter »ideologischer Winter« nicht so lange, wie wir befürchteten. Nach etwa zehn Jahren wurde das Publikationsverbot, das über die theoretischen Arbeiten der »Unterzeichner« verhängt worden war, endlich aufgehoben. Von nun an durften ihre Schriften nicht nur in literarischen und künstlerischen, sondern auch in soziologischen und philosophischen Ausgaben publiziert werden. So wurde im Jahre 1977 das Buch *Kritik der sozialphilosophischen Ansichten der Frankfurter Schule* herausgegeben, das das Schicksal der Weberschen Rationalitätsidee im Neomarxismus zum Leitmotiv hatte. Gleichzeitig wurden einige Materialien zum selben Thema im zweiten Band der kollektiven Arbeit *Soziologie und Moderne* veröffentlicht (19, 74-117, 293-352). Außerdem wurde dasselbe Thema in dem Buch *Kritik der modernen bürgerlichen theoretischen Soziologie* (20, 162-184) aufgenommen. Dennoch muß man unterstreichen, daß dieses Thema zum ersten Mal im Zusammenhang mit kunstgeschichtlichem Material entfaltet wurde, genauer gesagt, im Zusammenhang mit dem Thema Musik. Ein entsprechender Artikel erschien daher im Verlag »Musik« und nicht im Verlag »Wissenschaft« (siehe 21, 49-106).

Wenn wir diese noch unter dem Druck der Zensur geschriebenen

Arbeiten mit denen vergleichen, die nach der Erklärung von »Glasnost'« und nach der Aufhebung der Zensur entstanden, können wir eine gewisse Entwicklung unseres einheimischen Webertums feststellen, obwohl dabei eher terminologische als inhaltliche Veränderungen eine Rolle spielen. Dies hat mit der Entwicklung von der halben »Glasnost'« der Brežnev-Zeit (als alles, auch die Möglichkeit, die Wahrheit zu schreiben, ein offiziell erteiltes Privileg war) zur »Glasnost'« der Gorbačev-Zeit zu tun.

Um den Charakter dieser Entwicklung zu verstehen, genügt es, die Titel von zwei Ausgaben ein und desselben soziologischen Lexikons zu vergleichen. Man bemerkt sofort eine entschiedene Interessenverschiebung in Richtung auf ein neukantianisch-weberianisches System theoretisch-methodologischer und soziologischer Begriffe. Die erste Auflage (1986) hieß *Handbuch zur Geschichte der nichtmarxistischen westlichen Soziologie* (Auflage: 2000); die zweite (1990) *Die moderne Soziologie im Westen: Lexikon* (Auflage: 100 000). In der zweiten Auflage hatten die meisten Autoren nicht nur den Standpunkt der offiziellen marxistischen, sondern auch den der neomarxistischen Soziologie verlassen und ein tiefgreifendes Interesse an der Weberschen Problematik entwickelt.

Und noch ein Beispiel dieser Art läßt sich anführen: 1986 hatte unser Autorenkollektiv ein Buch herausgegeben, das vom gewachsenen Interesse an Weber gekennzeichnet war. *Die bourgeoise Soziologie am Ende des 20. Jahrhunderts. Kritik der neuesten Tendenzen.* Hier mußte noch die ganze ausländische Soziologie »bourgeois« genannt werden.[27] Aber schon zwei Jahre später erschien ein Werk desselben Kollektivs, in dessen Titel jegliche ideologische Klassifikation fehlte: *Die BRD aus der Sicht westdeutscher Soziologen* (1989). Diese unmittelbar vor der »Perestrojka« geschriebene Monographie schildert das recht kritische Verhältnis zum Neomarxismus, der für die Krise der Soziologie um 1970 mit verantwortlich gemacht wird, auf der anderen Seite verrät sie unser gesteigertes Interesse an der Lehre Max Webers.

Es ist bezeichnend, daß in einer der ersten Publikationen der damaligen Gruppe für Geschichte und Theorie der Soziologie am Soziologischen Institut eine Abteilung der »Weber-Renaissance«

27 Dieses Epitheton war keineswegs zu vermeiden, trotz aller Versuche des Herausgebers, das odiöse Wort wegzulassen.

gewidmet war. Hier wurde u. a. betont, erstens, daß die Renaissance dem allgemeinen Geist der moralischen Umrüstung entspricht, der die Suche nach einem Ausweg aus der Krise der
westlichen Soziologie mit Stabilisierungsbewußtsein verbindet
(23, 123); zweitens, daß dieser Geist selbst die an Stabilisierung
orientierte Soziologie veranlaßt, gerade ethische Probleme aufzunehmen, deren Bedeutung für die Gesellschaftswissenschaften im
Westen zuvor unterschätzt worden war – sowohl in den Jahren
nach dem Zweiten Weltkrieg als auch in den sechziger Jahren, in
der Periode des »Sturm und Drang« des »soziologischen Revolutionismus« (23, 123); drittens, daß dadurch die Thematik der
»Wirtschaftsethik« wieder aktuell und die *Protestantische Ethik*
auf die Tagesordnung gesetzt, überhaupt die Untersuchung der
Verhältnisse zwischen Wirtschaftsformen und Ethik wieder zur
Hauptaufgabe der universalgeschichtlichen »verstehenden Soziologie« wurde (23, 123 f.); viertens, daß auch der Neomarxismus
sich diesem Problem stellen mußte (23, 124).

5

So geriet die westliche »Weber-Renaissance« ins Blickfeld unserer
Forscher, und mit ihr eine ganze Kategorie westlicher (meist deut-
scher und amerikanischer) Literatur, sowohl die, welche dieser
Renaissance vorausging (wie z. B. die Werke von B. Nelson,
W. M. Sprondel u. a.), als auch die, welche ihren Anfang mar-
kierte. Unbeachtet dabei blieb zunächst der Umstand, daß schon
damals die ethische Problematik im Mittelpunkt stand. Ich meine
nicht nur die Tatsache, daß in ein und demselben Jahr – 1973 – in
den USA und der BRD zwei speziell der *Protestantischen Ethik*
Webers gewidmete Arbeiten erschienen, nämlich die von Benja-
min Nelson, *Weber's Protestant Ethic: Its Origins, Wanderings
and Forseeable Futures*, und die von Walter M. Sprondel, *Sozialer
Wandel, Ideen und Interessen: Systematisierungen zu Max Webers
Protestantischer Ethik*, sondern vor allem, daß 1975-1976 Kom-
mentare zu Max Weber erschienen, die die ethische Frage zur
Kernfrage nicht nur der Weberschen Weltanschauung, sondern
auch seiner soziologischen Lehre erhoben.
Außer den erwähnten Schriften wurde von uns als besonders
symptomatisch der Artikel von Wolfgang Schluchter, »Die Para-

doxie der Rationalisierung. Zum Verhältnis von ›Ethik‹ und ›Welt‹ bei Max Weber« (25), angesehen, als diejenige Arbeit, »welche der westdeutschen Soziologie Anregung zu einer ganzen Reihe späterer Untersuchungen des auf Grund der protestantischen Wirtschaftsethik entwickelten ›Rationalisierungsparadoxes‹ gegeben hat« (23, 124). Zusammen damit wurden von uns auch die Arbeit von Friedrich H. Tenbruck, *Das Werk Webers* (26) (23, 127), und das Buch von Johannes Weiß, *Max Webers Grundlegung der Soziologie* (27), analysiert.

Aber schon die erste Durchsicht dieser Arbeiten ließ uns glauben, daß sich hier drei verschiedene Richtungen der »Weber-Renaissance« andeuteten, wobei uns, den russischen Weberianern, die von Schluchter gewählte Position am nächsten kam. Denn Tenbrucks übermäßiges Logisieren der soziologischen Lehre Webers ließ an Hegel mit seinem Panlogismus denken, viele von uns aber hatten die Periode des begeisterten Hegelianismus bereits hinter sich.[28] Was Johannes Weiß anbelangt, so war seine Abhängigkeit von Jürgen Habermas zu offensichtlich, und in seiner Interpretation der grundlegenden Begriffe und Kategorien der Soziologie Max Webers zeigte sich dieser Einfluß (28, 153-216).[29] Indessen schien uns der im obenerwähnten Artikel von Wolfgang Schluchter dargestellte Zugang zu Weber einerseits soziologischer zu sein, andererseits aber versprach er ein tieferes Eindringen in jene, schon in der *Protestantischen Ethik* thematisierte Dramatik (oder vielmehr sogar Tragik) der Wechselbeziehung von »Ethos« und Wirklichkeit, deren adäquate Erkenntnis heute eine conditio sine qua non jeder ernsten soziologischen Theorie ist (von der sozialphilosophischen nicht zu sprechen).

Nur Soziologie als Wissenschaft von der Wirklichkeit sichert das nüchterne und objektive Verstehen des ethischen Problems in seinem heutigen sozial-ökonomischen Zusammenhang[30]; dieses Problem auf solche Weise zu verstehen ist Max Webers Forde-

28 Dieser war in der Sowjetunion einer der ersten Versuche, marxistische Dogmatik zu revidieren; erfolgreich aber konnte er kaum sein, weil er nicht über die Grenzen des ebenso für Hegel wie für Marx charakteristischen »Geistes des Totalitarismus« hinausführte.

29 Trotz all seiner Bemühungen ist es ihm doch nicht gelungen, sich vom Neomarxismus der Frankfurter Schule zu emanzipieren.

30 Nur dies kann den Soziologen vor der Gefahr des Moralisierens schützen (ob es »links-« oder »rechts«gerichtet ist, ist ja gleich).

rung, und sie bleibt für uns das erste Kriterium bei der Wahl jener Theorien und Richtungen im Rahmen der »Weber-Renaissance«, die dem »Interesse der Epoche« am besten entsprechen. Dasselbe Kriterium erlaubt es uns auch, selbständig in der von Max Weber gezeigten Richtung weiterzugehen, indem wir unsere eigenen Probleme zu lösen versuchen – nämlich die Probleme der Wechselbeziehung von Ethik und Welt in unserer eigenen Geschichte.

Als die sogenannte »Perestrojka« in unserem Lande einsetzte, zeigte sich sofort eine höchst unangenehme Tatsache: Während der Jahre der totalitären Herrschaft und ihres allmählichen Verfalls war jede Art von wirtschaftlicher Ethik völlig vernichtet worden. Damit erwiesen sich die Grundprobleme Max Webers (nicht nur für Soziologen, sondern auch für Politiker und Wirtschaftler) als die wichtigsten Lebensfragen für uns heute. Sehr bald wurde klar: die Renaissance der Max-Weber-Forschung ist für das heutige Rußland vielleicht noch aktueller als für den Westen. Jetzt konnten wir sagen, daß »die Soziologie Max Webers im Lichte unserer eigenen Probleme manche tieferen Dimensionen zeigt, die für westliche Forscher nebensächlich bleiben, weil sie ihren aktuellen Sinn für historisch erschöpft halten – und darin wohl recht haben« (28, 4). Für uns jedenfalls trat das Problem der Arbeitsethik in den Vordergrund, das schnell aus den speziell soziologischen in die allgemein philosophischen (29) und politisch-publizistischen (30; 31) Zeitschriften auswanderte und zum Objekt alltäglicher Diskussionen in den Zeitungen und im Fernsehen wurde.

Auf den ersten Blick könnte man glauben, daß ein so brennendes Interesse für Ethik, das die »Weber-Renaissance« in unserem Lande auszeichnete, uns hätte veranlassen können, ethische Probleme ohne institutionelle Voraussetzungen zu betrachten. Das aber hätte den Verzicht auf jede soziologische Fragestellung und den Übergang zur reinen Moralisierung bedeutet. Dieser Gefahr sind wir ausgewichen. Die Bedingungen der sozialen Verankerung verschiedener Ethiken bleiben Gegenstand unserer soziologischen Forschung. Leider aber mußten wir dieses Problem etwas anders als Weber betrachten: Für uns handelte es sich nicht so sehr um das Entstehen und die Festigung, als vielmehr um den Zerfall und das Verschwinden institutioneller Voraussetzungen der Arbeitsethik. Dieses Problem wurde zuerst (vor der »Perestrojka«) in bezug auf die moderne europäische Gesellschaft, später (als es erlaubt war) in bezug auf unsere eigene erörtert.

Eine dieser Erörterungen (noch zu Zeiten der Zensur geschrieben und erst zu Gorbačevs Zeiten publiziert) hatte den Titel »Hedonistischer Mystizismus und Geist der ›Konsumgesellschaft‹. Über gegenkulturelle Tendenzen des ästhetischen Bewußtseins im Westen«. Dieser Titel sollte den Leser an Webers *Die Protestantische Ethik und der Geist des Kapitalismus* erinnern und unterstreichen, daß der Autor beabsichtigte, Webers Methode auf die Analyse solcher Situationen anzuwenden, bei denen die institutionellen und psychologischen Voraussetzungen der Arbeitsethik aufgelöst und durch eine hedonistisch orientierte Ästhetik ersetzt sind. Dieser Ästhetik aber liegt eine Religionsform zugrunde – ein hedonistischer Mystizismus. Es wurden hier die soziokulturellen – institutionellen, psychologischen, weltanschaulichen – Bedingungen analysiert, die nicht nur die protestantische, sondern jede Arbeitsethik unmöglich machen (siehe dazu in 33).

Während Max Weber in einigen Fragmenten seines unvollendeten Werkes *Wirtschaft und Gesellschaft* die soziale Verankerung der protestantischen Ethik historisch-theoretisch rekonstruierte, versuchte der Autor des »Hedonistischen Mystizismus«, den entgegengesetzten Prozeß zu analysieren: die Ausbildung und Institutionalisierung des antikapitalistischen, antieuropäischen, antikulturellen Geistes, der der »Bürgerlichkeit« viel radikaler entgegensteht als seinerzeit der sozialistische Geist des »Proletariats«.

Diese Schrift war das Resümee einer ganzen Reihe von Aufsätzen, die von 1970 bis 1974 (größtenteils auch in literarischen Zeitschriften) erschienen waren. Die Gedanken wurden später in drei Büchern weiterentwickelt: *Die Ästhetik des Nihilismus. Die Kunst und die »Neue Linke«* (1975) (34); *Die Flucht aus der Freiheit. Philosophische Mythenbildung und literarische Avantgarde* (1978) (35) und *Die Soziologie in der Gegenkultur. Infantilismus als Typ der Weltanschauung und soziale Krankheit* (1980) (36). In all diesen Büchern stützt sich der Autor auf die Idee Max Webers von der Verbindung der protestantischen Wirtschaftsethik mit dem Kapitalismus, um zu begreifen, was geschieht, wenn sich diese Verbindung auflöst.

6

Bei der Analyse der westlichen Weberforschung folgten wir nicht der Methode, die J. Weiß in seinem Buch über die marxistische Rezeption und Kritik der Lehre Webers angewandt hatte. Wir versuchten vielmehr, *alle* auf Weber bezogenen Studien zu rezipieren: die Arbeiten von Martin Riesebrodt, Richard Münch, Constans Seyfarth, Walter M. Sprondel und Gert Schmidt. Obwohl keiner dieser Autoren seine eigenen Ansichten darstellte, sondern nur Webers Texte kommentierte und dabei einzelne Aspekte des Weberschen Werkes im Auge hatte, war es unser Interesse, die Position des jeweiligen Kommentators zu rekonstruieren, und wir haben uns dabei bemüht, einseitige und zufällige Einschätzungen zu vermeiden.

Vor allem aber waren es die Versuche, Webers Rationalitätsbegriff zu entziffern, die uns anzogen (22, 113-134). Denn unseres Erachtens blieb dieser Begriff, obwohl schon längst in allgemeinem Gebrauch, ungenügend geklärt. Eines unserer Hauptprobleme war dabei die Wechselbeziehung von formaler und materialer Rationalität, also der Zusammenhang des Rationalisierungsmechanismus mit seinen substantiellen Voraussetzungen, sowohl den immanenten als auch den transzendenten. In diesem Punkte berührt das Rationalitätsproblem die religiöse und ethische Problematik. Die monologische Problemstellung wird in eine dialogische, die geschichtsphilosophische in eine geschichtssoziologische überführt. Also muß die Philosophie der Rationalitätsgeschichte, wie sie auch noch der Neomarxismus betrieb, in eine soziologische Untersuchung der wirklichen Rationalitätsgeschichte verwandelt werden.

Die erwähnten Arbeiten von Tenbruck und Weiß[31] bedeuteten nach unserem Eindruck nur einen ersten Schritt auf diesem Weg. Bei Tenbruck wurde der geschichtliche Rationalisierungsprozeß auf die immanente Entwicklungslogik religiöser Ideen reduziert und geriet damit in eine gefährliche Nähe zur panlogistischen Deutung.

Als grundlegend wird bei Friedrich Tenbruck die ethisch-religiöse

---

31 Zu welchen auch der Beitrag von Constans Seyfarth hinzugefügt werden sollte. Er erschien erst 1981 und basiert bereits auf der mehr als fünfjährigen Erfahrung der »Weber-Renaissance« (48).

Erlösungsidee dargestellt – die in den Weltreligionen auf unterschiedliche Weise formulierte Idee des Ausgleichs, wonach der Mensch nach seinem Tode für weltliche Leiden und irdisches Unglück Kompensation erhalten soll. Diese Idee scheint sich nach Tenbruck ganz von selbst in ein Weltbild zu verwandeln. Das macht es aber sehr schwer, eine Grenze zwischen den Begriffen »Idee« und »Weltbild« zu ziehen, die bei Weber durchaus besteht. Daher gewinnt der Leser den Eindruck, daß ihm anstelle der versprochenen soziologischen Entschlüsselung des Rationalitätsbegriffs Webers eine Art panlogistische Deduktion angeboten wird.

Johannes Weiß schildert in seinem Buch den Übergang der westlichen Weberforschung vom Methodologismus mit seinem vorherrschenden Interesse für die *Wissenschaftslehre* Webers zur Problematik der »Weber-Renaissance«, bei der das, was F. Tenbruck die »universalgeschichtliche Soziologie« Webers nannte, eine immer größere Rolle spielte. Ich meine jene Denkart, jene Einstellung, die am deutlichsten in der »Wirtschaftsethik der Weltreligionen« zum Vorschein kommt, wo Webers Aufmerksamkeit hauptsächlich auf den ethisch-religiösen Kern des weltgeschichtlichen Rationalisierungsprozesses konzentriert ist.

Im ersten Teil seines Buches analysiert Weiß die theoretisch-methodologische Position Webers; im zweiten betrachtet er seine Religionssoziologie als Paradigma seiner Soziologie im ganzen. Im ersten Teil wird noch einmal versucht, den Zusammenhang aller Kategorien der »verstehenden Soziologie« Webers darzustellen, wobei sich der Autor auf eine eigenartige Mischung von phänomenologischer Soziologie à la Schütz und Neomarxismus à la Habermas stützt.[32] Mit seinem zweiten Teil betritt Weiß meines Erachtens den Weg der »Weber-Renaissance«, indem er versucht, ethisch-religiöse Impulse und Quellen der »Entzauberung« und Rationalisierung der Welt zu entdecken. Dieser Versuch stellt eine bemerkenswerte Parallele zu dem von Friedrich Tenbruck dar.

Es war vielleicht die damalige Situation in Rußland, unsere tiefe Besorgnis über den sittlichen Verfall, die unser Interesse auf die 1976 in der Bielefelder *Zeitschrift für Soziologie* erschienene Abhandlung von Wolfgang Schluchter lenkte. Seit dem Augenblick

---

32 In unserer einheimischen Literatur erhielt ein solches Amalgam den Namen »soziologischer Radikalismus«.

wurde er für uns, wenn ich das so sagen darf, ein »markiertes Atom« der westlichen Weberforschung. Das aufmerksame Studium seiner Arbeit ermöglichte es uns, den »Tonus« der »Weber-Renaissance« festzustellen. Besonderes Interesse erregten bei uns seine beiden Bände *Religion und Lebensführung* (39), in denen das für uns Russen lebenswichtige Thema weiter und tiefer entwickelt wird, nämlich das sittlich-religiöse Motiv der späten bilanzziehenden Gedanken Webers.

Zusammen mit Max Weber steht Schluchter vor der Frage, welcher ethische Typ der Situation einer völligen Weltentzauberung entsprechen könnte, welche ihrerseits das Ergebnis einer konsequenten Weltrationalisierung ist. Die Lösung dieser Frage aber ist für uns sehr wichtig, sie stellt sich für uns sogar schärfer und dramatischer, weil wir in eine radikal gottlose Welt geraten sind, ohne unsere eigene religiöse Reformation gehabt zu haben, die im Westen eine jahrhundertelange Rationalisierung anstieß und begleitete. Einmal standen wir an der Schwelle zu unserer sittlich-religiösen Reformation – ein Zeugnis dafür sind die Werke von Tolstoj und Dostoevskij, die unser Luther und Calvin hätten werden können. Aber infolge des Ersten Weltkriegs bekamen wir statt einer Reformation eine Revolution samt »Kriegskommunismus« und einige Jahre später statt einer Rationalisierung eine gewaltsame Kollektivierung und Zwangsindustrialisierung, die unserem Volk nicht weniger Opfer abverlangte als der Zweite Weltkrieg.

Was aber die radikale Entgottung der Welt anbelangt, so haben wir den Westen weit hinter uns gelassen. Um so radikaler steht jetzt das Problem der Ethik vor uns, vor allem das Problem der Arbeits- und Wirtschaftsethik, deren Fehlen all unsere Reformen der jüngsten Zeit zum Scheitern verdammt und immer wieder in eine Sackgasse bringt.

Wolfgang Schluchter will, in seinen Überlegungen Max Weber folgend, die Gesinnungsethik, deren Position im Westen, obwohl erschüttert, noch fest genug ist, durch die Verantwortungsethik, die den Bedingungen einer radikal entgotteten Welt angemessener ist, ergänzen. Bei uns aber ist die Ausgangslage anders. Über den Westen kann man sagen: Gestern schuf der moralisch gesinnte Mensch die westliche Zivilisation, heute aber zwingt ihn diese Zivilisation, so zu handeln, als wäre er immer noch wie früher gesinnt, selbst wenn er seine einstige Gesinnung zum großen Teil verloren hat – denn in ihren rechtlichen, politischen, sozialen und wirtschaftlichen Strukturen bleibt die alte Gesinnung erhalten. Unser »totalitärer« Zivilisationstyp dagegen ist nicht die Verkörperung einer frei gewählten ethisch-religiösen Gesinnung, sondern Folge einer jahrzehntelangen hoffnungslosen Angst. Das Schicksal der totalitären Strukturen – sowohl während ihrer Involution nach dem Tode Stalins als auch während ihrer aktiven Demontage nach 1985 – läßt uns immer deutlicher die darunterliegende moralische Leere erkennen, eine Art absolutes ethisches Vakuum.

Welche Voraussetzungen sind in einer solchen Situation nötig, damit ein sittliches Bewußtsein überhaupt entstehen kann? Und was für eine Ethik muß es sein? Eine Verantwortungsethik, welche sich auf keine Gesinnungsethik stützt, da es keine solche gibt? Ist dies möglich? – So ungefähr klingen die Fragen, die man in Rußland im Zusammenhang mit der Wiederentdeckung Max Webers stellt. Bei der Suche nach der Antwort wandten wir uns natürlich auch der westlichen Weberforschung zu, und es waren die Tiefe und die Schärfe, mit denen das Problem »Ethik und Rationalität« in den Arbeiten von Schluchter behandelt wurde, die unsere Aufmerksamkeit erregten.

All diese Fragen aber verweisen auf dasselbe Problem: das der institutionellen Voraussetzungen sozialer Einbürgerung der Ethik überhaupt.

7

Die mit Beginn der »Perestrojka« verkündete Redefreiheit (»glasnost'«) erlaubte es uns, die früher latente antimarxistische Tendenz unserer Forschungen nun offen zu zeigen. Unser kritisches Pathos, das zuvor nur auf den Westen gerichtet werden durfte, konnte sich jetzt an die richtige Adresse wenden – an unsere eigene Wirklichkeit mit ihrer totalitären Vergangenheit und autoritären Gegenwart. Dabei wurde auch das Problem der Wirtschaftsethik aufs neue formuliert.

Im Unterschied zum Westen bestand bei uns die Ursache für den Verfall der Arbeitsethik und ihrer institutionellen Bedingungen keineswegs in der Ideologie der »Konsumgesellschaft« mit ihrer Kultivierung einer hedonistischen »Antiproduktivität«. In Rußland war es der Totalitarismus, der die traditionelle orthodoxchristliche Arbeitsethik ausrottete und an ihre Stelle eine Art »Pistolenethik« setzte, d. h. Zwangsarbeit unter Androhung von Repressalien. Arbeiten zum Totalitarismus erschienen bei uns 1990 (siehe 41; 42), und sie waren eng mit der Problematik der Max-Weber-Forschung verbunden. Im Mittelpunkt stand insbesondere das Problem der Bürokratie und der damit zusammenhängenden Verstaatlichung der Wirtschaft (eine ähnliche Tendenz – nämlich zur Verstaatlichung der Wirtschaft und zur Bürokratisierung – wurde auch in Deutschland während des Ersten Weltkrieges deutlich sichtbar). In diesem Zusammenhang entstand das Bedürfnis, Webers Typologie der Bürokratie durchzuarbeiten und weiterzuentwickeln, um jenen bürokratischen Typ besser beschreiben zu können, der in unserem Lande zum faktischen Schöpfer und Träger des totalitären Systems wurde. Ihn haben wir als einen »totalitären« Typ der Bürokratie bestimmt, der weder auf den »traditionellen« noch auf den »modernen« Typ reduzierbar ist, gleichzeitig aber, paradoxerweise, charakteristische Züge beider in sich vereint.[33]

Man muß besonders betonen, daß sogar zu Zeiten unserer »Perestrojka« das System, das sich in Rußland nach 1917 herausgebildet und bis zum Tode Stalins 1953 existiert hatte, nicht sofort als Totalitarismus identifiziert wurde, weder bei den Intellektuellen noch bei den Fachleuten. Der Grund dafür lag – wie paradox es auch klingen mag – in alten Vorurteilen unserer extremen Demokraten und Anhänger der Marktwirtschaft, die einen unverzüglichen Übergang zum Kapitalismus forderten. Die meisten von ihnen waren vor der »Perestrojka« Sympathisanten des westlichen Neomarxismus mit dem ihm eigenen »antibürgerlichen« Pathos. Bekanntlich waren es auch im Westen die Neomarxisten, insbesondere die radikal Linken unter ihnen, die sich am längsten weigerten, den totalitären Charakter des sowjetischen Sozialismus anzuerkennen. Dieses theoretische Vorurteil hielt sich auch bei den russischen Anhängern des Neomarxismus, nachdem sie eine rasche Wendung vollzogen hatten und nachdem aus radikalen »Antikapitalisten« ebenso radikale »Antisozialisten« geworden waren.

33 Im Unterschied zu einigen anderen Autoren betrachten wir den Totalitarismus als ein allein für das 20. Jahrhundert charakteristisches Phänomen.

Statt des bestimmten, theoretisch ausgearbeiteten Begriffs »Totalitarismus« wurde die Periode der Stalinherrschaft in unserem Lande[34] mit dem wenig aussagekräftigen Wort »administratives Befehlssystem« gekennzeichnet. Diesen neuen Begriff führte bei uns kein anderer als G. Popov ein, nach A. D. Sacharov der zweite Theoretiker unserer »Interregionalen Gruppe« der Deputierten, die an der Spitze der offiziellen Opposition zu Gorbačev stand und den sofortigen Übergang zum kapitalistischen Wirtschaftssystem forderte – ohne alle Zwischen- und Übergangsstadien, in denen, nach Gorbačevs Vorstellungen, verschiedene Wirtschaftstypen in unserem Lande »friedlich koexistieren« sollten.

Die Problematik des Totalitarismus und seines Trägers, der Bürokratie, wurde schon länger wissenschaftlich untersucht – eigentlich schon seit Beginn der sechziger Jahre, d. h. seit der ersten »Liberalisierung« in unserem Land (15; vgl. auch 47, 267-271). Die im Zusammenhang mit der russischen »Weber-Renaissance« ausgearbeitete Konzeption des Totalitarismus aber schloß von Beginn an ein nüchternes Verständnis all jener Schwierigkeiten ein, auf die der Strukturumbau von Wirtschaft und Gesellschaft in unserem Lande unvermeidlich stoßen werde und die »mit einem Sprung« keineswegs zu überwinden seien. Schon die erste Publikation zum Problem des Totalitarismus, die bei uns erscheinen durfte, wurde mit folgenden Worten abgeschlossen: »Jahrzehntelang sind die totalitäre Bürokratie und ihre Strukturen tief in alle Poren unserer Gesellschaft eingedrungen und haben die völlige Umwandlung ihres Gewebes verursacht. Eine schwere Krankheit des Gesellschaftsorganismus ist die Folge, die wohl kaum über Nacht geheilt werden kann. Man muß jedoch gegen sie ankämpfen, sonst droht uns der Tod. Es wäre naiv zu glauben, daß die heutige Behandlungsart des Kranken – nämlich die ›Perestrojka‹ – in wenigen Tagen Erfolg haben kann. Man muß abwarten, bis das entartete Gewebe von selbst abstirbt und aus dem genesenden Organismus verschwindet. Die Krankheit ist zu schwer. Viel Ge-

---

34 Die Leninsche Etappe der Sowjetunion mit der sogenannten »Diktatur des Proletariats« blieb zunächst jeder Kritik entzogen. Darin zeigt sich der Einfluß vieler, nicht nur radikal linker, sondern auch liberaler westlicher Forscher, die die Leninsche Macht der Stalinschen entgegenzusetzen pflegten. Einen solchen Irrtum beging auch Hannah Arendt.

duld, Wachsamkeit und Beharrlichkeit sind erforderlich, um Rückfälle auszuschließen« (41, 51).

Derselbe Gedanke findet sich auch in der nächsten Publikation zum Thema Totalitarismus: »Jetzt werden aus dem Körper unseres Vaterlandes jene künstlichen Strukturen entfernt, die im Laufe einer blutigen, jahrzehntelangen Operation in diesen Körper eingepflanzt wurden. Dabei wird ein sehr trauriger Zustand sichtbar: Unter diesen Strukturen ist das gesellschaftliche Gewebe völlig amorph – ein Zustand, der nötig war, um dieser Gesellschaft ein künstliches, totalitär-bürokratisches System einzupflanzen. Wer den Umbauprozeß will, muß dieser schrecklichen Wahrheit ins Auge sehen.

Es zeigt sich, daß der Totalitarismus den wissenschaftlich-technischen Fortschritt in unserem Lande, der bis jetzt das einzig erwägenswerte Argument zugunsten des Stalinismus ist, nur zu den Kosten eines extremen sozialen Rückschritts erreichte. Die Gesellschaft wurde in den vorgeschichtlichen Zustand des Krieges aller gegen alle versetzt, womit ein jahrzehntelanger Bürgerkrieg und Klassenkampf legitimiert wurde. Das ist die wirkliche Erbschaft, die uns der ›allergrößte Führer‹ hinterließ. Bis zur bürgerlichen Gesellschaft, in der allein die Frage nach dem Rechtsstaat einen Sinn haben kann, ist es noch ein langer Weg« (42, 61).

Und schließlich noch die Schlußpassage einer weiteren Publikation (gewidmet dem Paradox des sowjetischen »Antibürokratismus«, der die Kehrseite des total bürokratisierten Gesellschaftssystems ausmachte): »Vielleicht war der bei uns schon 1917 erklärte ›totale Krieg gegen die Bürokratie‹ nur die Erscheinungsform, in der sich die Geburt eines prinzipiell neuen, Max Weber noch unbekannten und deshalb in seiner Typologie nicht berücksichtigten Bürokratietyps zeigte. Vielleicht war er eine Form der Selbstbehauptung der totalitären Bürokratie, die ihre Blütezeit zu Stalins Zeiten hatte und sich seitdem in einem langwährenden Zerfallsprozeß befand, dessen dramatisches Ende wir heute beobachten und nach Kräften beschleunigen. Laufen wir aber nicht Gefahr, uns vom Reiz einer neuen Illusion ergreifen zu lassen, wenn wir unseren, im übrigen höchst berechtigten Kampf gegen die agonisierenden Reste totalitärer Bürokratie als eine Liquidierung jeder Bürokratie betrachten, einschließlich jener rationalen Bürokratie, die keine moderne Gesellschaft entbehren kann? Anstatt alte antibürokratische Mythen und Motti aus der Epoche vom ›Kriegskommunismus‹ zu galvanisieren, sollte man sich endlich ernste Gedanken darüber machen, welche Gegengewichte man einer künftigen rationalen Bürokratie in unserer neugeborenen Parlamentsdemokratie entgegensetzen kann« (44, 182).

8

Zum Schluß noch einige Worte zu jenem Rätsel allgemein weltanschaulichen Charakters, das uns Max Weber aufgab und das wir zu lösen suchen, seitdem seine Rede »Wissenschaft als Beruf« zum ersten Mal in Rußland veröffentlicht wurde. Ich meine Webers Idee vom »Götterkrieg«. Die allgemeine Verwirrung der Köpfe in den Geisteswissenschaften und in der Soziologie, die mit dem Übergang von Gorbačevs »Perestrojka« zu Jelcins Vertiefung aller Reformen eintrat, erlaubt es uns nur, Fragen zu stellen, nicht aber, allgemeingültige Antworten zu geben.

Unsere Fragen gehen an den »späten« Max Weber, der das Problem der Existenz des modernen Menschen in einer radikal entgotteten Welt bis zu einer Antinomie verschärfte, zur Antinomie zweier Ethiken: von Gesinnungsethik und Verantwortungsethik. Es handelt sich tatsächlich um eine Antinomie – wie es Wolfgang Schluchter vortrefflich im ersten Band seiner Max Weber gewidmeten Arbeit zeigte, denn diese zwei Ethiken schließen einander in dem Maße aus, wie sie einander voraussetzen.

Die erste Frage lautet (sie ist besonders jetzt für uns Russen aktuell, da wir uns nicht nur theoretisch, sondern auch praktisch mitten in einem »Götterkrieg« befinden, in dem einander ausschließende Werte um uns kämpfen): Wie kann man diese Situation des »Götterkriegs«, in dem jeder Gott (Wert) den Anspruch auf *Absolutheit* seiner Forderungen an den Menschen unter Ausschluß aller anderen erhebt, von jener Situation unterscheiden, die Kant in seiner »Religion innerhalb der Grenzen der bloßen Vernunft« beschreibt? Er charakterisiert nämlich diese Situation als einen »ethischen Naturzustand«, der mit dem rechtlichen »Naturzustand«[35] verbunden ist und mit ihm verglichen werden kann. »In beiden« – so Kant – »gibt ein jeder sich selbst das Gesetz, und

---

35 Das heißt dem Zustand völliger Rechtlosigkeit – dem Hobbesschen »Krieg aller gegen alle«.

es ist kein äußeres, dem er sich, samt allen andern, unterworfen erkannte. In beiden ist ein jeder sein eigner Richter, und es ist keine *öffentliche* machthabende Autorität da, die, nach Gesetzen, was in vorkommenden Fällen eines jeden Pflicht sei, rechtskräftig bestimme, und jene in allgemeine Ausübung bringe« (40, 164) (B 131 f.). Ist dieser »Krieg der Gesetze« nicht dasselbe, was wir, Max Weber folgend, »Götterkrieg« nennen?

Und was können wir auf die weiteren Erörterungen Kants zum selben Thema erwidern? »So wie der juridische Naturzustand ein Zustand des Krieges von jedermann gegen jedermann ist, so ist auch der ethische Naturzustand ein Zustand der unaufhörlichen Befehdung durch das *Böse* ...« (40, 165) (B 134).

Erinnert uns nicht der von Kant beschriebene »ethische Naturzustand« an jene Situation des tödlichen »Götterkriegs«, den Weber beschreibt, wenn er die Relevanz von Verantwortungsethik begründen will, jener Ethik, die nicht nur ein Recht, sondern eine moralische Pflicht des Menschen darin sieht, daß er sich in diesen Krieg einmische und seine freie Wahl zugunsten eines der ewig kämpfenden Götter treffe? Aber genügt es, sich seinen Gott frei zu wählen und seinen Geboten zu gehorchen, um als moralisch gelten zu können? Ist diese sogar den Kantischen Formalismus weit hinter sich lassende Forderung nicht zu formal, um wirklich ethisch zu sein? Ist es tatsächlich die »Entschlossenheit« der freien Wahl, die sie in eine moralische Handlung verwandelt? Oder ist dafür etwas Substantielleres erforderlich?

Und schließlich: Was kann man auf folgende Schlußfolgerungen Kants entgegnen? »So wie nun *ferner* der Zustand einer gesetzlosen äußeren (brutalen) Freiheit und Unabhängigkeit von Zwangsgesetzen ein Zustand der Ungerechtigkeit und des Krieges von jedermann gegen jedermann ist, aus welchem der Mensch herausgehen soll, um in einen politischbürgerlichen zu treten: so ist der ethische Naturzustand eine *öffentliche* wechselseitige Befehdung der Tugendprinzipien und ein Zustand der innern Sittenlosigkeit, aus welchem der natürliche Mensch, so bald wie möglich, herauszukommen sich *befleißigen soll*« (40, 165 f.) (B 135 f.).

Wir, die wir unter der totalitären Herrschaft in einem permanenten Bürgerkrieg der totalitären Bürokratie gegen das ganze Volk oder, mit Kants Worten, in einem Naturzustand gelebt haben, treten jetzt, mit der Demontage der totalitären Strukturen, noch keineswegs aus diesem Zustand heraus – wir decken ihn nur auf.

Unser politisches, rechtliches und moralisches Leben wird so lange »natürlich« bleiben, bis wir einen bürgerlichen Zustand im Sinne Kants erreicht haben.

Ist also in dieser Situation nicht die Kantische Gesinnungsethik relevanter als die Verantwortungsethik? Dies um so mehr, als die letztere sich zur Apologetik des Naturzustandes zu verwandeln droht – solange wir noch nicht in einen »ethischen öffentlichen Zustand« eingetreten sind?

Und die zweite Frage: Begehen wir nicht einen Fehler, wenn wir dem Wort »Verantwortungsethik« (als Korrelat zur »Gesinnungsethik«) eine allgemeinere Bedeutung zuschreiben, als ihm in Webers Rede »Politik als Beruf« ursprünglich zukam?[36] Denn nach Webers Ansicht war der ethische Aspekt der Politik in seiner Erörterung mit dem Problem ihrer Professionalisierung verbunden und dadurch mit dem Problem der Berufsethik überhaupt und insbesondere mit der Ethik eines professionellen Politikers.

Aber um dieses Problem lösen oder auch nur formulieren zu können, muß man über eine conditio sine qua non verfügen: Es muß nämlich eine »Ethik überhaupt« existieren, mit der dann die berufliche Ethik eines Politikers verglichen werden kann.

Wie jede Berufsethik, so ist auch die politische Ethik einem Kentauren ähnlich: Nur ihr Oberteil ist Ethik, ihr Unterteil aber gehorcht ganz anderen Gesetzen. Die Forderungen, diese zwei Gesetzeskomplexe zu optimieren und ins Gleichgewicht zu bringen, ist nicht die Aufgabe der Ethik, sondern der Lebenskunst und -weisheit. Aber wenn wir dies behaupten, geben wir dann nicht alle Ethik auf?

Als Berufsethik, die gleichberechtigt neben der »absoluten« Gesinnungsethik auftaucht, diente Weber die politische Ethik, eine Ethik für die Politik in der Epoche des Ersten Weltkrieges, als Waffengewalt noch ein entscheidendes und wichtiges politisches ›Argument‹ war. Hat dieser Umstand nicht auch der Weberschen Deutung des »Götterkrieges« sein Gepräge gegeben und damit auch dem Begriff »Verantwortungsethik«, die er als eine »militärpflichtige« Ethik verstand? Führt dies nicht zu einer gewissen Beschränktheit von Webers Deutung der Verantwortungsethik,

---

36 Allerdings hat Weber selbst Anlaß für eine solche unberechtigt weite Deutung gegeben, da er selbst in seiner Rede immer wieder die von ihm bestimmten Grenzen überschreitet.

selbst wenn wir sie nur als Berufsethik der Politik und des politischen Kampfes verstehen? Heute ist diese Frage nicht mehr rein hypothetisch, da es eine völlig reale Gefahr gibt, daß die Menschheit sich selbst im nächsten »Götterkrieg« vernichtet, denn die heutigen Götter werden einander mit Hilfe moderner Kernwaffen bekämpfen.

Heute sind wir *gezwungen*, nicht nur eine »Friedensformel« für kämpfende Götter zu suchen, sondern sogar mitunter die »andere Wange« darzubieten und dadurch den strengen Realismus[37] der Evangelienethik zu demonstrieren. Heute kommt uns eine Verantwortungsethik höchst unrealistisch vor, in deren Namen Weber so viele Pfeile gegen die Bergpredigt abschoß.[38] Daraus folgt, daß sich der »Götterkrieg« und mit ihm auch die Verantwortungsethik oder, genauer gesagt, ihre »imperialistischen Ansprüche« dem Untergang nähern. Denn ein Prinzip ist zum Vorschein gekommen, das über allen Göttern steht – das Sein der Menschheit.

Dieses Prinzip können wir nicht unberücksichtigt lassen. Die letzte sittliche Wahl darf nur so getroffen werden, daß dadurch nicht das Nichtsein gewählt wird. Der Gegensatz von Gut und Böse, der sich uns im Akte einer wirklich moralischen Wahl offenbart, zeigt uns endlich seine ontologische Natur. Die Grenze zwischen ihnen ist die Grenze zwischen dem Sein und dem Nichtsein, wo das Sein das Gute ist und seine Abwesenheit das Böse. Auch wenn wir uns für Hamlet begeistern, der in absoluter Freiheit über sein »to be or not to be« entscheidet, müssen wir uns daran erinnern, daß man, um diese Frage überhaupt stellen zu können, schon *sein* muß. Also hat auch hier das Sein eine zweifelsfreie Priorität selbst vor dem Willen desjenigen Menschen, der es bezweifelt oder sogar ablehnt.

Und die letzte Frage, die uns zu unserem Ausgangspunkt zurückbringt: Indem wir Webers Gedanken dort in einen konsequenten Zusammenhang zu bringen versuchen, wo er dies selbst nicht tun wollte oder konnte; indem wir manchmal nicht nur »zusammen mit Weber«, sondern auch »an Stelle von Weber« und in einigen Fällen sogar »gegen Weber« (nach Schluchter) zu denken beginnen, machen wir nicht aus Webers Lehre unsere eigene Philoso-

---

37 Und nicht, wie man oft glaubt, den träumerischen Utopismus.
38 Im ganzen kann man Webers Verhältnis zur Lehre Christi keineswegs negativ nennen – es war vielmehr ambivalent.

phie? Und ferner: Indem wir durch interpretierendes Kommentieren seiner Texte diese Philosophie Weber selbst zuschreiben, ungeachtet der Warnung von Heinrich Rickert, verwandeln wir ihn nicht in einen Philosophen?

Daß wir alle – jeder auf seine Art – heute geneigt sind, aus Webers Lehre eine Philosophie zu machen, wozu wir ebenso ein Recht haben wie z. B. Karl Jaspers, dessen Philosophie vieles den Weberschen Ideen verdankt – das ist meines Erachtens Zeichen einer wirklichen »Weber-Renaissance«: Der Geist seiner Lehre ist wieder lebendig geworden, ist auferstanden. Nur müssen wir uns fragen: Sollen wir *ihm* unsere eigene Philosophie zuschreiben? Und wenn wir es tun, wird dies als Bescheidenheit und Dankbarkeit des demütigen Lehrlings dem großen Lehrer gegenüber eingeschätzt? Oder nur als Angst vor der Verantwortung für unsere *eigene* Philosophie, für die Schlüsse, die man aus ihr ziehen kann?

Literatur

1. Arendt, H./K. Jaspers, Briefwechsel, München/Zürich 1985.
2. Weiß, J., Das Werk Max Webers in der marxistischen Rezeption und Kritik, Opladen 1981.
3. Kon, I. S., Der Positivismus in der Soziologie. Geschichtlicher Abriß, Berlin 1968.
4. Gaidenko, P. P., Sociologičeskie aspekty analiza nauki (Sociologia nauki Maksa Vebera) Učenie o nauke i eë razvitii, Moskva 1971.
5. Gaidenko, P. P., Idea racional'nosti v sociologii M. Vebera (Sovetskaja muzyka), Moskva 1975, Nr. 9.
6. Gaidenko, P. P., Sociologija Maksa Vebera. Istorija buržuasnoj sociologii XIX – načala XX veka, Moskva 1979.
7. Weber, M., Nauka kak prizvanie i professija (die Übersetzung). Sud'ba iskusstva i kultury v zapadno-evropejskoj mysli XX v., Moskva 1979.
7a. Neomarksizm i problemy sociologii kultury, Moskva 1980.
8. Davydov, J. N., Maks Veber: Zapadnoevropejskij gumanizm i liberalizm pered licom raspada carstva, istiny, dobra i krasoty (ibidem, S. 218).
9. Davydov, J. N., Kritika social'no-filosofskich vozzrenij frankfurtskoj školy, Moskva 1977.
10. Käsler, D., Max Weber. Sein Werk und seine Wirkung, München 1972.
11. Davydov, J. N., Čert Adriana Leverkjuna (Otčuždennoje iskusstvo v zerkale buržuaznoj sociologii i filosofii kultury. Voprosy literatury. Moskva 1965, Nr. 9 (139-165).

12. Davydov, J. N., Chudožnik i otčuždennoje iskusstvo. Voprosy estetiki, Moskva 1968, Nr. 8 (197-250).

12a. Davydov, J. N., Die sich selbst negierende Dialektik. Kritik der Musiktheorie Theodor Adornos, Berlin 1971.

13. Davydov, J. N., Estetika i sociologija. Dekorativnoje iskusstvo, Moskva 1967, Nr. 5 (8-11), Nr. 6 (8-11).

14. Davydov, J. N., Zapadnoevrepejskoje iskusstvo XX veka pered licom techničeskogo razuma. Realizm i chudozestvennye iskanija XX veka, Moskva 1969.

15. Davydov, J. N., Trud i svoboda, Moskva: Vysšaja škola 1962 (Ersch. in der DDR: Davydov, J., Arbeit und Entfremdung, Berlin 1963).

16. Il'enkov, E. V., Dialektika abstraktnogo i konkretnogo v »Kapitale« K. Marksa, Moskva 1959.

17. Davydov, J. N., Surrealističeskij revoljucionizm H. Marcuse. Voprosy literatury, Moskva 1970, Nr. 9 (62-96).

18. Buržuaznaja sociologija na ischode XX veka. Kritika novejščich tendencij, Moskva 1986.

19. Sociologija i sovremennost'. Kn. 2, Moskva 1977.

20. Kritika sovremennoj buržuaznoj teoretičeskoj sociologii, Moskva 1977.

21. Krizis buržuaznoj kultury i muzyka. Vyp. 2, Moskva 1976.

22. FRG – glazami zapadno-germanskich sociologov. Technika – intellektualy – kul'tura, Moskva 1989.

23. Novejščie tendencii v sovremennoj buržuaznoj sociologij (analitičeskii obzor.). Sociologičeskie issledovanija. 1984, Nr. 4 (120-129).

24. Fromm, E., Escape from freedom, New York 1941.

25. Schluchter, W., Die Paradoxie der Rationalisierung. Zum Verhältnis von »Ethik« und »Welt« bei Max Weber. Zeitschrift für Soziologie, Heft 5 (1976) S. 256-284.

26. Tenbruck, F. H., Das Werk Max Webers. Kölner Zeitschrift für Soziologie und Sozialpsychologie, 27. Jg. (1975), S. 663-702.

27. Weiß, J., Max Webers Grundlegung der Soziologie, München 1975.

28. Gaidenko, P. P./Davydov, J. N., Istorija i racionalnost'. Sociologija Maksa Vebera i veberovskij renessans. Moskva 1991.

29. Trudovaja etika kak problema otečestvennoj kultury: sovremennye aspekty (materialy »kruglogo stola«). Voprosy filosofii, Moskva 1992 (3-30).

30. Davydov, J. N., Kto ty, homo oeconomicus? Nauka i žizn', Moskva 1990, Nr. 11 (106-111).

31. Homo oeconomicus. Dialog. Moskva 1990, Nr. 14 (94-102).

32. Davydov, J. N., Gedonističeskij misticizm i duch potrebitel'skogo obščestva. Teorii, školy, koncepcii (kriticeskije analizy), Moskva 1975 (227-298).

33. Davydov, J. N./Rodnjanskaja, I. B., Sociologija kontrkultury (Infantilizm kak tip mirosozerčanija i socialnaja bolezn'), Moskva 1980.
34. Davydov, J. N., Estetika nigilizma (Iskusstvo i novye levye), Moskva 1975.
35. Davydov, J. N., Begstvo ot svobody, Moskva 1978.
36. Sociologija kontrkultury, Moskva 1980.
37. Mehnert, K., Moskau und die »Neue Linke«, Stuttgart 1973.
38. Ambarcumov E., Laputjanin v roli »sovetologa«. O knige Klausa Menerta »Moskva i novaja Levaja«, Literaturnaja gazeta, Nr. 6, 6-go fevralja 1974.
39. Schluchter, W., Religion und Lebensführung. Bd. I und II, Frankfurt am Main 1988.
40. Kant I., Religija v predelach tol'ko razuma. I. Kant. Traktaty i pis'ma, Moskva 1980 (78-278).
41. Davydov, J. N., Totalitarizm i totalitarnaja bjurokratija. Nauka i žizn', Moskva 1989, Nr. 1 (44-51).
42. Davydov, J. N., Totalitarizm i bjurokratija. Političeskoje samoobrazovanije, Moskva 1989, Nr. 16 (52-61).
43. Davydov, J. N., Totalitarizm i bjurokratija. Drama obnovlenija, Moskva 1990.
44. Gaidenko, P. P./Davydov, J. N., Problemy bjurokratii u Maksa Vebera. Vobrosy filosofii, Moskva 1991, Nr. 3 (174-182).
45. Davydov, J. N., Weber i Lenin: Kto prav? Dialog. Moskva 1991, Nr. 15 (53-60).
46. Davydov, J. N., Totalitarizm i technika. Političeskije issledovanija (POLIS), Moskva 1991, Nr. 4.
47. Davydov, J. N., Iskusstvo i elita, Moskva 1986.
48. Seyfarth. C., Gesellschaftliche Rationalisierung und die Entwicklung der intellektuellen Schichten: Zur Weiterführung eines zentralen Themas Max Webers, in: M. Sprondel und C. Seyfarth (Hg.), Max Weber und die Rationalisierung sozialen Handelns, Stuttgart 1981.

suhrkamp taschenbücher wissenschaft
Geschichte, Sozialgeschichte, Zeitgeschichte, Dokumentation

206/1/8.92

Über sämtliche bis Mai 1992 erschienenen suhrkamp taschenbücher wissenschaft (stw) informiert Sie das Verzeichnis der Bände 1 – 1000 (stw 1000) ausführlich. Sie erhalten es in Ihrer Buchhandlung.